民國歷史與文化研究

十五編

第 **5** 冊

民國時期國家意識形態的變遷：以儒學為探討中心

張道奎 著

花木蘭文化事業有限公司

國家圖書館出版品預行編目資料

民國時期國家意識形態的變遷：以儒學為探討中心／張道奎 著
-- 初版 -- 新北市：花木蘭文化事業有限公司，2022〔民111〕
序 4+ 目 2+212 面；19×26 公分
（民國歷史與文化研究 十五編；第 5 冊）
ISBN 978-986-518-924-2（精裝）
1.CST：儒學 2.CST：國家主義 3.CST：意識型態
4.CST：中國
628.08   111009772

民國歷史與文化研究
十五編 第 五 冊   ISBN：978-986-518-924-2

民國時期國家意識形態的變遷：以儒學為探討中心

作　者　張道奎
總 編 輯　杜潔祥
副總編輯　楊嘉樂
編輯主任　許郁翎
編　輯　張雅淋、潘玟靜、劉子瑄　美術編輯　陳逸婷
出　版　花木蘭文化事業有限公司
發 行 人　高小娟
聯絡地址　235　新北市中和區中安街七二號十三樓
　　　　　電話：02-2923-1455／傳真：02-2923-1452
網　址　http://www.huamulan.tw　信箱 service@huamulans.com
印　刷　普羅文化出版廣告事業
初　版　2022 年 9 月
定　價　十五編 14 冊（精裝）新台幣 42,000 元

民國時期國家意識形態的變遷：以儒學為探討中心

張道奎 著

作者簡介

張道奎，男，1991 年生，山東山亭人。2015 年考入山東大學儒學高等研究院攻讀中國史專業碩士學位，2018 年考入山東大學儒學高等研究院攻讀中國史專業博士學位。現為山東大學儒學高等研究院博士研究生，目前主要致力於中國近現代思想史、中國儒學史等方面的研究。碩士學位論文《民國時期國家意識形態的變遷：以儒學為中心》完成於 2018 年 5 月，曾獲評 2019 年山東大學優秀碩士學位論文、2019 年山東省優秀碩士學位論文。此文即在碩士學位論文的基礎上改訂而成。

提　　要

儒學與傳統文化的復興，是當代中國的新動向。而要探明儒學在當代中國的去脈，則必察其來龍。以歷史學視角來觀察、分析民國時期兩屆中央政府在「國家意識形態」重建過程中對儒學進行取捨改造的基本史實，或將能夠為探索當代儒學復興的合理方向、回答「中國向何處去」的問題提供一個歷史鏡鑒。

儒學曾長期作為古代中國國家意識形態引導著中國社會的發展。辛亥革命後，自由主義的傳入劇烈衝擊了帝制儒學的國家意識形態地位。袁世凱政府在二次革命爆發後打擊了自由主義民主政治的勢力，並以尊孔為旗幟走上了保守主義的政治道路。然而此時的保守主義道路尚未能區分中央集權與帝制集權的差別，帝制儒學也尚未能在平等民主思潮中完成從傳統到現代的轉型。新文化運動時期的「打孔家店」運動，促進了自由主義的廣泛傳播和儒學的理論更新進程，並催生了儒學與民主科學相結合的當代新儒學的發展路徑。但因帝制儒學意識形態的當代化與自由主義本土化仍在初步探索中，國家意識形態建設仍處於迷茫狀態。南京國民政府時期，真正取代儒學的國家意識形態地位的，是由孫中山、戴季陶和蔣介石等人創造並發展的三民主義。儒學化的三民主義意識形態，則以自由主義民主政治為制度框架、以宋明道學的政治理想為精神內核。在全民抗戰的特殊時期，南京國民政府對三民主義儒學化的理論探索為意識型態實踐，因沒有明晰且切中時弊的思想指導而逐漸迷失了方向。

以歷史學學科的思維來觀察、總結作為「國家意識形態」的儒學在民國時期演化的基本經驗與教訓，或可以認識到：當下對儒學的理論再造應告別帝制儒學的泥淖、走出宋明心學的體系。充分總結近代以來中國國家意識形態建設的經驗，則更須自覺順應意識形態融合的思想演化趨向。

自　序

　　這本小書中所呈現出的一些觀點及思考，大都是圍繞儒學在近代中國的演變問題而展開的，討論對象則集中於民國年間（1911～1949）。因主體部分是由碩士學位論文改訂而成，所以這裡仍大致維持了學位論文的一般體例。這是首先需要交代的。其次，若僅從題名來看，或許讀者對於「國家意識形態」與「儒學」的綰合不免存有疑問，因而仍有必要對選題的寫作意圖略作交代。

　　儒學在近代中國的演變問題，是中國近代史研究領域具有全局性影響的重要課題之一。而如何定位儒學的基本屬性，就成為了能否恰當理解儒學在近代中國演變過程的認識基礎。在面臨「三千年未有之大變局」的近代中國，劇烈的社會轉型過程必然同時決定著意識形態領域的轉捩。儒學、自由主義、馬克思主義三者各自演化、發展並相互接觸、鬥爭、借鑒乃至融合的過程，同樣是近代中國這一轉型過程的重要表現內容。離開這兩個轉型過程來觀察儒學在近代中國的命運，來反思自由主義在中國的本土化趨向，來理解馬克思主義中國化的歷史進程，無論是在史實上還是在理論上，都將失之偏頗。關於儒學的意識形態屬性，在馬克思主義的唯物史觀傳入中國以後，就已經由中國學者提出。本選題沿用了這一提法。同時，本選題也試圖在馬克思主義意識形態理論改造世界的理論指意的基礎上，側重分析儒學在中國近代政治社會形態轉型過程中的作用及啟示。

　　具體到作為國家意識形態的儒學問題，本選題則在分析民國時期相關史實的基礎上，試圖表達以下三個方面的理論關切：

　　其一，意圖化解政治儒學與心性儒學之爭。當下中文學界中的大陸新儒

學與港臺新儒學的相關論爭，主要表現之一是政治儒學與心性儒學的立場差異。而從國家意識形態的角度來看，試圖對人間秩序作出全面安排的儒學必然包括政治秩序方面的設計，同時也內含著對現代公民乃至國家領導人的內在修養的要求。在民國年間，儒學的上述兩方面分別在袁世凱政府時期與蔣介石政府時期發揮了作用，其相關史實是今天重新探討儒學復興問題的寶貴思維材料。但我們應該有一個基本的判斷，即政治儒學與心性儒學皆是儒學意識形態的一部分；二者將能夠在不同領域發揮作用，因而不可偏廢。

其二，意圖回應儒學是否宗教的問題。儒學是否宗教的討論，自從民國初年康有為、陳煥章等人發起孔教會運動從而引發爭議以來，直至當下「新康有為主義」在中國大陸的興起，相關議題至今仍爭論不休。從本選題正文中闡釋的意識形態的三個發展階段來看，作為國家意識形態的儒學已經試圖對人間秩序作出全面安排，這其中必然在一定程度上涉及宗教領域的相關問題。而把儒學劃歸為西方式的宗教的做法，顯然完全拋棄了儒學意識形態更關心的此岸世界的秩序建構問題。這一主張在民國初年的康有為那裡固然有使儒學在轉型中延續的用意，但其在民國年間的具體實踐也只是曇花一現並未能持久。若今天仍持此立場並尋求落實，則不啻於掛一漏萬、舉其一不計其十。

其三，意圖回應儒學在當代中國的價值正義性問題。儒學在中國 20 世紀後半期的歷史命運，在很大程度上源於對儒學的「封建社會意識形態」的理論定位。這是今天的大陸學界迴避儒學意識形態屬性的理論根源。對儒學的這一定位是意識形態理論在發展中表現出來的階段性特點，因而也必須在與時俱進的理論發展過程中去解決。在實踐的層面上，中國大陸已經鮮明提出「馬克思主義基本原理與中華優秀傳統文化相結合」的理論命題，這其中最重要的組成部分即是「馬克思主義與儒學相融合」，因而兩者之間已經走出了非此即彼的認知階段。這一命題對儒學在當代中國的價值正義性的肯定，與海外儒學研究的基本立場逐漸趨於一致。而民國時期儒學的演化及其與自由主義意識形態的關係問題，毫無疑問能夠為探索儒學在當代中國復興的道路提供最深刻、最生動的歷史鏡鑒。然而，如果迴避了儒學作為國家意識形態的基本屬性，許多關鍵問題將無法得到完整呈現，那麼這個民國時期的歷史鏡鑒的價值也將隨之大打折扣。

總體來看，民國時期作為國家意識形態的儒學基本上是處於崩潰與轉型

階段。因而回顧民國時期的儒學演變問題，更多地是總結儒學意識形態在這一轉型期的失敗教訓乃至實踐陷阱的問題。儒學意識形態在近代中國崩潰又不斷重生的過程中，其內部曾出現過多種理論主張和各色實踐探索。今天中國大陸「你方唱罷我登場」的所謂祭孔讀經，政治儒學，新康有為主義，賢能政治等等，皆能夠在民國時期覓得二三蹤跡。子夏曰：「雖小道，必有可觀者焉；致遠恐泥，是以君子不為也。」故今日實在沒有必要把民國時期已經證明無效的諸多嘗試，再次改頭換面一一實驗一番，那除了耗費學者精力，耗費國家財力，耗費國民耐心外，幾無益處。更為關鍵的是，當下中國正處在最為關鍵的歷史機遇期；中國近代的歷程已經表明，當下這個能夠從容思考、從容探索的歷史機遇期是極其寶貴的。在 2017 年初的開題報告會上，對這個選題也曾有過「十年前不能做，十年後不必做」的大致判斷，至今雖未塵埃落定但也有些許大勢可見。具體到當下的儒學發展問題上，當務之急應該還是能夠取得一些當代儒學復興的方向性共識。而這個共識的取得，僅靠純粹的理論論證是略顯蒼白的，仍須以史事梳理與例證為必要的認識基礎。如誠能圍繞當代儒學復興形成一定共識乃至頂層設計，則在思想理論界就能夠避免一些不必要的爭論，在實踐領域或許就可以避免一些不可回頭的陷阱。正因問題意識集中於此，相關史實探討與理論總結才能夠發揮「知興替、明得失」的歷史鏡鑒的作用。更具體的相關史實述論將在正文部分漸次展開，此處不贅述。

另外，附錄中的三篇短文，因在主題上與正文部分共同呈現了「儒學在近代中國的演變及未來」這一最初的選題關切與思考所得，思慮再三仍覺有必要以完整面貌呈現出來以供諸方家批評指導；而又因三者與正文分屬不同的論述體系，無法彼此相融，故以附錄形式呈現。如果說正文部分著重在探討當代儒學復興的實踐陷阱的問題，那麼附錄部分則意在探索儒學在當代中國健康發展的方向與路徑的問題。在體例上雖屬附錄，但在個人思考所得及其成文的時間順序上，卻是附錄三文在先，正文部分在後。四者共同組成了破立並舉的思考格局，即意在討論儒學在當代中國如何能夠從塵埃裡開出花來。因而四者構成一個整體，能夠表達出現階段對這一問題的較為完整的看法。

正文及附錄中的觀點及文字，皆是在兩年時間內（2016～2018）形成的。即便上溯到關注新文化運動中「打孔家店」問題的學士學位論文寫作時期，

也不過是自 2014 年方才有所瞭解及思考。因學識積累尚淺且行文中多不拘思維，雖經此次修訂，其中仍不免多有齟齬疏漏，本不應該於此時示人；但因先賢曾教導「君子之心事天青日白，不可使人不知」「獨學而無友，則孤陋而寡聞」，所以不揣鄙陋忝列於諸前輩力作之末者，惟願能夠有機會求教於方家而已。

2022 年 4 月於山東大學校內寓所

目

次

緒　論

一、選題意義及現實關照

在當下的中國，一種新的極富生機的東西正在生長。這是一種文化，是一條道路，也是一種理解世界的方式。

近三十年來，隨著中國傳統文化的復興，優秀傳統文化的價值不斷彰顯，可供國家治理借鑒的思想資源又逐漸呈現三方並存的態勢：居於主導地位的馬克思主義，自由主義民主政治，以儒家學說為代表的中國傳統文化。儒家學說作為中國傳統文化的核心部分，在當代中國的影響力不斷上升。大陸學界逐漸出現了政治儒學、制度儒學、生活儒學、「現象學儒學」〔註1〕、鄉村儒學、「新康有為主義」、儒家原教旨主義等流派爭鳴的狀態，同時也包括已經存在的孔教主義和港臺新儒家等等各種各樣的主張，社會上「祭孔讀經」的活動也已如火如荼。早在此前，隨著中國改革開放的逐漸深入，西方思想與文化也曾一度盛行起來，在新中國成立後已絕跡的全盤西化主張曾一時喧囂塵上。時至今日，西方自由主義的民主政治模式對一些人仍有吸引力；而且西方國家建設實踐的經驗也有許多可借鑒之處。對其簡單粗暴的一概否定或一概肯定，都不是理性的學術研究應有的態度。

在這樣的時代背景下，學界實在有必要重提「中國向何處去」這個貫穿中國近現代史的重要問題。在中國特色社會主義建設取得豐碩成果、馬克思

〔註1〕參見崔罡等著：《新世紀大陸新儒家研究》，合肥：安徽人民出版社2012年版。

主義中國化發展到新時代的今天，立足於當代中國特色社會主義的實踐，應該如何借鑒中國傳統的與國外的優秀思想資源，奠定中華民族偉大復興的思想文化基礎，探索當代中國國家建設與學術思想發展的光明前景，已成為當代中國哲學社會科學工作者最重要的時代課題之一。

「中國向何處去」的問題，是近代中國最重要的思想問題之一；因近代中國民族危機日益加深，政治局勢不斷惡化，也是政治探索中最重要的問題。近代中國各種政治力量所主張的國家建設理想和文化發展方向的差異，歸根結底是在回答這一問題時所依據的思想資源和理論形態的不同。因此，這是一個能夠在一定程度上統攝近代中國政治實踐和文化選擇的根本性問題。對這一問題最具思想價值和實踐意義的回答，就是國家走向的頂層設計，即國家意識形態的選擇和實踐。

歷史地看，辛亥革命推翻了兩千年的帝制政治，中國在帝制儒學之外真正有了另外的選擇。在 1911 到 1915 年間，中國不僅存在著孫中山、蔡元培、宋教仁等主張的自由主義民主政治的理想，也存在著袁世凱集團所選擇的帝制儒學保守主義道路，中國曾一度徘徊於君主立憲和民主共和之間。這是國家意識形態在實踐上的第一次抉擇時期。〔註2〕

1917 年俄國無產階級革命爆發之後，無產階級的馬克思主義意識形態開始傳入中國，從而一大批激進的民主主義者找到了一個新的觀察國家命運的工具，「走俄國人的路——這就是結論。」〔註3〕從此馬克思主義在理論上，而且在一定程度的實踐上，成為了中國國家意識形態的一種新的選擇。

在南京國民政府成立、儒學化的三民主義意識形態逐步成熟並在實踐上探索「中國向何處去」〔註4〕的 20 世紀 30 年代，幾種政治主張並存於中國。1935 年前後，儒學化的三民主義意識形態在中國全面推行，而不同意識形態的交鋒陣地轉向了思想文化領域。在「全盤西化」與「中國本位文化」兩種主張針鋒

〔註2〕 辛亥革命前革命黨和保皇黨有過論戰。那時論戰的中心是，要不要推翻滿清政權。而要不要實行民主政治是第二位的問題，並且在辛亥革命前雙方對民主政治的理解差別極大，並沒有對等討論的意義。

〔註3〕 毛澤東：《論人民民主專政（1949 年 6 月 30 日）》，見《毛澤東選集》第四卷，北京：人民出版社 1991 年版，第 1471 頁。

〔註4〕 馮契先生認為，孫中山提出的以三民主義為實踐基礎的「天下為公」的社會理想，「是繼洪秀全、康有為之後解決『中國向何處去』問題的第三個方案，較前有一定的現實性。」參見馮契主編：《中國近代哲學史》，北京：三聯書店 2014 年修訂版，第 475 頁。

相對的情況下，思想界自然又一次生出「中國到哪裏去」〔註5〕的追問。胡適
等人提出「我們走哪條路？」〔註6〕的疑問，鄧演達在此時也有「中國到哪裏
去？」〔註7〕的思考。而實際上，南京國民政府的主張，就是中國此時的主流
方向。在三民主義意識形態的統治上升時期，馬克思主義的無產階級革命實踐
正處於低潮，而其他主張顯然並沒有實踐空間而只具有理論的意義。

　　解放戰爭時期，中國又一次處在歷史轉折的關口。在新民主主義和儒學
化的三民主義之外，中國出現了「第三條道路」〔註8〕的主張。占中國大多數
人口的工農群眾傾向於馬克思主義的中國共產黨，解放戰爭的勝利就是中國
共產黨領導的工農群眾的勝利，就是馬克思主義的勝利。中國從此走上了由
中國共產黨領導的社會主義的國家發展道路。

　　改革開放之初，面對「姓資姓社」的問題，許多人因對「文革」時期意識
形態的殘酷鬥爭而心有餘悸裹足不前，改革一度陷入停頓。〔註9〕此時是鄧小
平「三個有利於」理論，暫時擱置了理論爭議，號召以經濟建設為中心而推
動了中國改革開放的步伐。〔註10〕然而在國門大開之後，西方思想迅速湧入，
青年知識分子群體中的一部分人曾一度迷失在「大陸文明」和「海洋文明」
的理論中，模擬於百川入海的自然現象，產生「河殤」的悲觀和對「海洋」文
明的嚮往。〔註11〕於是，又一次出現了「我們走什麼路」〔註12〕的疑問。而

〔註5〕王懋和：《中國到那裡去？（1935年4月14日）》，見馬芳若編：《中國文化
　　　　建設討論集》下編，《民國叢書》第一編第43冊，上海：上海書店1989年版，
　　　　第63～66頁。

〔註6〕胡適：《我們走那條路？》，《新月》1929年第2卷第10期。

〔註7〕鄧演達：《中國到那裡去？》，《革命行動》1930年第1期。

〔註8〕參見張東蓀：《一個中間性的政治路線：五月二十二日在天津青年會演講稿》，
　　　　《再生》1946年第118期；楊人楩：《自由主義者往何處去》，《知識與生活
　　　　（北平）》1947年第2期。

〔註9〕參見馬立誠：《交鋒三十年：改革開放四次大爭論親歷記》，南京：江蘇人民
　　　　出版社2008年版，第136～139頁。

〔註10〕參見馬立誠：《交鋒三十年：改革開放四次大爭論親歷記》，南京：江蘇人民
　　　　出版社2008年版，第154～155頁。

〔註11〕參見劉建軍：《當代中國政治思潮》，上海：復旦大學出版社2010年版，第67
　　　　～72頁。

〔註12〕這一時期關於中國走向的討論是比較多的。參見沙健孫、龔書鐸主編：《走什
　　　　麼路：關於中國近現代歷史上的若干重大是非問題》，濟南：山東人民出版社
　　　　1997年版；王學典：《把中國「中國化」：人文社會科學的近期走向》，上海：
　　　　上海人民出版社2017年版，第261頁。

四十年來中國改革開放與社會建設所取得的輝煌成就，證明了「以經濟建設為中心」的決策和「社會主義市場經濟」理論的正確性和科學性。

在今天，中華優秀傳統文化的當代價值正被官方重新肯定；儒學作為中國兩千多年帝制社會的政治遺產、作為今天治國理政的重要思想資源，其價值也正在被重新發掘。在這種情況下，學術界出現了一種「中國必須再儒化」〔註13〕的聲音。這種新的思想變動，促使我們不得不從思想演進和理論探索的角度再一次思考：中國向何處去？

近代中國面臨的是一個大轉型時代，直至今天我們仍處在這個轉型之中。在革命戰爭的極端年代，毛澤東就強調，我們不能割斷傳統。我們回顧近百年的中國歷史可以看到：中華優秀傳統文化中的有益成分不應該丟掉，但是儒學意識形態在一百年前就已經無法指導中國的國家建設了；自由、平等、民主、法制，也是現代中國必不可少的，但自由主義意識形態無法在中國落地生根，也早已經被歷史證明。迷戀自由主義意識形態的一小部分人沒有看到這種主張一旦落到實處，將會造成宗派主義、地方主義的泛濫，進而不可避免地導致國家的分裂。在當下的中國，只有在馬克思主義意識形態的框架下，吸收儒學和自由主義的有益成分，才是穩妥的和健康的。而關於「中、西、馬」三者融合匯通的主張，張申府早在 1932 年就已經提出了。〔註14〕經過張岱年的「文化綜合創新」說的改造，方克立的「馬魂、中體、西用」〔註15〕說的發展，這一主張在學界得到了越來越多的關注。因回應現實關切的需要而提出某種主張時，如果我們不能充分理解前人在面對這個問題時的歷史境遇及其歷史意義，我們就不能在今天做出恰當的選擇；如果我們像自己認為的那樣是個愛國者，就應該充分考慮到某些主張的實踐後果。在回答「中國向何處去」這個問題上，我們沒有假想的敵人，只有在探索中或對或錯的前輩；也沒有需要我們批判的對象，只有或取或捨的思想資源。

〔註13〕參見蔣慶、陳明、康曉光、余東海、秋風：《中國必須再儒化》，新加坡：新加坡世界科技出版公司 2016 年版。

〔註14〕張申府先生「三流合一」的具體內容是指「合孔子、列寧、羅素而一之」，「孔子表示最高的人生理想」、「列寧表示集過去世界傳統最優良成分大成的一般方法，即唯物辯證法與辯證唯物論」、「羅素表示最進步的邏輯與科學」。參見張申府著，張燕妮選編：《我相信中國》，桂林：廣西師範大學出版社 2017 年版，第 187 頁。

〔註15〕參見方克立等著，謝青松編：《馬魂中體西用：中國文化發展的現實道路》，北京：人民出版社 2015 年版。

　　「中國向何處去」這個已經探索了百餘年的問題，在今天仍具有一定程度上的理論意義。近百年來，真正決定中國的發展方向的，是國家意識形態的選擇與實踐。「意識形態雖然是社會學家和哲學家所最愛討論的理論問題，但事實上它是一個歷史的問題，最宜通過具體的歷史個案的研究而獲得清楚的瞭解。」〔註16〕歷史學科給予我們的深厚的歷史感、廣闊的歷史視野和敏銳的歷史洞察力，將為這個問題的回答提供一個不可替代的思考視角；「民國時期國家意識形態變遷」的選題或許能為這個問題的回答提供一個提綱挈領式的觀察窗口；多學科思維的方式或許可能有助於學術理論界突破自說自話的門派之見，突破學統、道統之類的宗法式束縛，共同為新時代中國思想與中國道路的發展建設添磚加瓦。

　　綜上所述，以中國近代的國家意識形態演變為基本線索，對民國時期袁世凱主導的中華民國北京政府、蔣介石主導的南京國民政府兩個階段的以儒學思想資源參與國家意識形態探索重建的工作做一個清晰而準確的歷史學的說明，從而對「民國時期國家意識形態」的發展趨向和基本得失做一個理論總結，具有一定的理論價值和現實意義。

二、相關學術史的回顧

　　在中國民主主義革命時期，孔子曾是帝制復辟者、獨裁統治者的一面旗幟；中國共產黨領導的反帝國主義、反封建主義的新民主主義革命運動就要求必須把儒學稱作「封建文化」來批判。此時的儒學是新民主主義革命的「絆腳石」。新中國建立後較長一段時間仍強調「階級鬥爭」，馬克思主義理論家和史學家們在論述中國近現代史時，繼承了革命年代對儒學的理論定位。

　　改革開放以來，「文化熱」「國學熱」興起，有關民國儒學問題的研究在文化保守主義的範疇內得到推進；但在經濟建設和古籍整理的熱潮中，儒學只是無關時代宏旨的「路邊石」。21世紀特別是2010年以來，儒學在「文化自信」、「中華優秀傳統文化傳承發展」的號召下重新被重視，中國學術界正在興起儒學研究的熱潮。在中國特色社會主義建設的新時代，儒學是構建中國特色哲學社會科學的寶貴思想資源，是探索中國道路、中國方案的理論「鋪路石」。

〔註16〕余英時：《意識形態與學術思想》，見《中國思想傳統的現代詮釋》，臺北：聯經出版事業公司1987年版，第68頁。

　　從意識形態視角研究民國儒學史，則是一個新指向。「實事求是」、讓歷史成為歷史的態度應是當下重寫儒學史的理論前提之一。當下學術思想在發展中呈現出的某些特點，可以從學術史中尋找到原因；因而也只有從學術史發展的脈絡中，才有可能理解當下思想發展的趨向。

（一）關於民國時期儒學問題的研究以及對儒學的理論定位

　　在新民主主義革命時期，馬克思主義理論家們順應革命戰爭年代特殊的時代要求，堅持用唯物史觀的觀點研究中國近代以來的歷史，分析民國社會的發展方向，進而為當時的政治鬥爭提供理論支撐。

　　這一時期經典案例就是 20 世紀 20 年代末到 30 年代中期的關於中國社會性質和社會史的論戰。在這場影響深遠的論戰中，馬克思主義理論家們以五種社會形態依次演進的社會發展規律為理論依據，認為當時的中國處於由封建社會向資本主義社會的過渡時期，同時又面臨帝國主義列強的侵略，因此得出了中國革命的性質是「反帝反封建」、革命的對象是帝國主義列強、國內的地主階級和帶買辦性質的大資產階級的結論。〔註 17〕

　　20 世紀 30 年代共產主義的知識分子陳伯達、艾思奇、何乾之等人為反對日本奴化教育和國民黨「愚民政策」又發起了「新啟蒙運動」，特別強調要繼承「五四運動『打倒孔家店』的口號」，又針對「科玄論戰」提出「反對玄學鬼」的號召。〔註 18〕在新民主主義革命的過程中，「五四」新文化運動反傳統的意義被逐漸強化。到 1942 年，毛澤東在延安主持召開文藝工作座談會時強調，文藝工作要服務於當下的政治鬥爭〔註 19〕。毛澤東在此前所作的《新民主主義論》一文中就提出了「文化戰線」的理論，文中把中國近代以來「文化戰線或思想戰線」的鬥爭分作「五四」前和「五四」後兩個歷史時期：「五四」前是「資產階級的新文化和封建階級的舊文化的鬥爭」〔註 20〕，但是對當

〔註 17〕參見何乾之編：《中國社會性質問題論戰》、《中國社會史問題論戰》，見《民國叢書》第二編第 78～80 冊，上海：上海書店 1991 年版。

〔註 18〕參見陳伯達：《國防總動員特輯：哲學的國防動員》，《讀書生活》1936 年第 4 卷第 9 期；艾思奇：《新啟蒙運動和中國的自覺運動》，《文化食糧》1937 年第 1 卷第 1 期。

〔註 19〕參見毛澤東：《在延安文藝座談會上的講話（1942 年 5 月）》，見《毛澤東選集》第三卷，北京：人民出版社 1991 年版，第 848 頁。

〔註 20〕毛澤東：《新民主主義論（1940 年 1 月）》，見《毛澤東選集》第二卷，北京：人民出版社 1991 年版，第 696 頁。

下來說，舊的資產階級民主主義文化已經腐化無力，已經被「外國帝國主義的奴化思想和中國封建主義的復古思想的反動同盟所打退了」〔註21〕；「五四」以後的中國則是以「中國共產黨人所領導的共產主義的文化思想」這支生力軍為主力，「向著帝國主義文化和封建文化展開了英勇的進攻。」〔註22〕

馬克思主義理論家們普遍認為，在「五四」前封建主義復古思想的代表是袁世凱，「五四」以後與美帝勾結的大地主大資產階級的代表是蔣介石。在中國共產黨領導的新民主主義革命後期，共產黨人對袁世凱的宣傳性定位是「竊國大盜」，對蔣介石的宣傳性定位就是「人民公敵」，對儒學的理論定位就是「封建文化」。毛澤東強調「革命不是請客吃飯」〔註23〕，必須要明確我們的敵人和朋友，因此在新民主主義革命時期馬克思主義理論家對袁世凱、蔣介石以及儒學的這種理論定位是符合革命年代的政治鬥爭需要的。

新中國成立以來，在革命戰爭年代成長起來的馬克思主義史學家們在馬克思列寧主義、毛澤東思想的指導下，對中國歷史進行重新書寫。在民國史的書寫方面，馬克思主義史學家對 1911 至 1919 年間的論述，以翦伯贊主編的《中國史綱要》〔註24〕和胡繩的《帝國主義與中國政治》〔註25〕為代表。這一時期的著作大都以階級分析法和五種社會形態理論貫穿其中，以人民群眾的革命鬥爭為主線。

對於 1911 至 1919 年間的歷史，這一時期的著作大都認為，在近代中國革命形勢逐步高漲的過程中，袁世凱的洪憲帝制是逆這個潮流而動的，是必須進行徹底批判的；而康有為、梁啟超、嚴復、徐世昌、勞乃宣等人都曾支持、參與袁世凱政權，都應該以封建地主階級、頑固派視之。在侯外廬主編的《中國近代哲學史》中，孔教儒學就是「封建道德」，在袁世凱倡導下興起的儒學運動的性質就是「意識形態領域裏的尊孔復古逆流」〔註26〕，而不合

〔註21〕毛澤東：《新民主主義論（1940 年 1 月）》，見《毛澤東選集》第二卷，北京：人民出版社 1991 年版，第 697 頁。

〔註22〕毛澤東：《新民主主義論（1940 年 1 月）》，見《毛澤東選集》第二卷，北京：人民出版社 1991 年版，第 697 頁。

〔註23〕毛澤東：《湖南農民運動考察報告（1927 年 3 月）》，見《毛澤東選集》第一卷，北京：人民出版社 1991 年版，第 17 頁。

〔註24〕參見翦伯贊主編：《中國史綱要》第四冊，北京：人民出版社 1964 年版。

〔註25〕參見胡繩：《帝國主義與中國政治》，北京：人民出版社 1952 年版。此書雖寫於 1948 年，但在新中國成立後不斷再版，產生了很大影響。

〔註26〕參見侯外廬：《中國近代哲學史》，北京：人民出版社 1978 年版，第 458 頁。

於革命大勢的逆流，是必然要遭到人民唾罵和歷史唾棄的。關於「五四」新文化運動前後的研究成果有丁守和、殷敘彝的《從五四啟蒙運動到馬克思主義的傳播》〔註27〕等。

1919 年以後的民國史則被劃歸到中國現代史的範疇，其歷史主線就是中國共產黨人領導的、以工農群眾為主體的、中國人民反帝反封建的鬥爭。因此 1919 到 1949 年的「中國現代史研究的主要內容又侷限於新民主主義革命史和中共黨史，民國史只能作為陪襯被一筆帶過」〔註28〕。在新民主主義革命史和中共黨史的研究視角中，蔣介石是國民黨右派，是大地主、大買辦資產階級的利益代言人，是中國共產黨領導的無產階級新民主主義革命的對象；儒學化的三民主義就是戴季陶主義，蔣介石的「力行哲學」是「愚民政策」、「法西斯主義」；國民黨政權利用儒學的一些政策是封建文化的反映，尊孔讀經是「封建教育」，是和「民主的科學的大眾的新民主主義的文化」不兼容的，〔註29〕因此必須進行徹底的批判。南京國民政府中的蔣介石、戴季陶、陳立夫、孫科、宋子文，以及張君勱、胡適等人，在新中國成立後被列為「戰犯」〔註30〕，都是革命的對象。在新中國成立後相當長的一段時期內，學界仍把「儒學」看作是需要批判、打倒的「封建文化」。甚至「文革」時期的「批儒」，也是在這一理論定位的延長線上發展的。

1978 年以來，中共中央放棄「以階級鬥爭為綱」的口號，糾正了文革時期的錯誤思想，提出「解放思想，實事求是」的號召，做出「撥亂反正」、「改革開放」的歷史決策。在這種情況下，史學界逐漸出現了一種「歷史人物再評價」的研究熱潮。在儒學研究方面，龐樸《孔子思想的再評價》、張豈之《真孔子與假孔子》等文章可以說是發時代之先聲，稍後有李澤厚的《孔子再評價》，匡亞明的《對孔子進行再研究和再評價》等一系列文章發表。〔註31〕對孔子的再評價，直接影響到隨後對民國時期的以「現代新儒家」為身份的梁

〔註27〕丁守和、殷敘彝：《從五四啟蒙運動到馬克思主義的傳播》，北京：三聯書店（1963 年第 1 版），1979 年第 2 版。

〔註28〕汪朝光：《民國政治史》，見曾業英主編：《五十年來的中國近代史研究》，上海：上海書店出版社 2000 年版，第 45 頁。

〔註29〕參見中共中央黨校中共黨史教研室編：《三民主義歷史文獻選編》，北京：中共中央黨校科研辦公室 1987 年版，第 12～38 頁。

〔註30〕《中共宣布「戰犯」名單》，《中美週報》1948 年第 317 期。

〔註31〕相關文章可參見孔凡嶺主編：《孔子研究》，見傅永聚、韓鍾文主編：《20 世紀儒學研究大系》，北京：中華書局 2003 年版。

漱溟、熊十力、馮友蘭、馬一浮等人的評價問題，也為國內學界接續海外現代新儒家的思想做了輿論上和知識上的準備。

改革開放以來，史學界對近代史上的重要人物如慈禧、嚴復、林則徐、曾國藩、李鴻章、梁啟超、袁世凱等人的歷史作用進行了再評價，在維新運動、辛亥革命、五四運動、抗日戰爭等歷史事件的研究上提出了一些新看法。雖然史學界在認識「革命與改良」、「侵略與開關」等一些理論問題上存在著不同主張，雖然對一些歷史人物如李鴻章、袁世凱等人的評價出現了一味頌揚的錯誤觀點，但某些新主張、新觀點的提出也在一定程度上推動了民國史研究的新開展〔註32〕。

民國史的研究領域出現了以李新、李宗一主編的《中華民國史》〔註33〕和張憲文主編的《中華民國史》〔註34〕為代表的一系列成果，這一類的著作把1911到1949年作為一個連續的歷史階段來敘述，對袁世凱、蔣介石時期的一些官方政策作了較詳細的交代和學術化的評價。對五四時期「打倒孔家店」的評價，史學界在繼續肯定其反對封建道德的正義性之外，也出現了一些否定性的觀點。因「五四時期」在中國近現代史上和儒學史上的特殊地位，對「五四時期」的評價和研究，實際上成為了民國史研究領域的風向標。針對袁世凱、蔣介石時期的儒學運動，改革開放以來史學界的研究基本上是站在批判立場上加以分析的。

隨著對外開放、經濟體制改革、思想解放的逐步深入，20世紀80年代學界出現了一股文化研究的熱潮。經濟改革的深化促進了對傳統文化的反思，對外開放的擴大使得國外的一些文化研究理論風靡一時。有學者認為，這個文化研究的熱潮是從1984年開始的，〔註35〕甘陽認為這個「八十年代文化熱」持續了僅僅四年（1985～1988）〔註36〕，郭齊勇認為這個文化熱潮是以「對中國傳統文化的深刻反思、重新評價和對中西文化的比較研究」〔註37〕

〔註32〕參見沙健孫、龔書鐸主編：《走什麼路：關於中國近現代歷史上的若干重大是非問題》，濟南：山東人民出版社1997年版。

〔註33〕參見李新、李宗一主編：《中華民國史》，北京：中華書局1981年版。

〔註34〕參見張憲文主編：《中華民國史》，南京：南京大學出版社2005年版。

〔註35〕劉志琴：《文化史》，見曾業英主編：《五十年來的中國近代史研究》，上海：上海書店出版社2000年版，第162頁。

〔註36〕參見甘陽編：《八十年代文化意識》序言，上海：上海人民出版社2006年版。

〔註37〕郭齊勇：《現代化與中國傳統文化芻議》，《武漢大學學報（社會科學版）》1986年第5期。

為內容的。

1984年以後，直接反映並推動這個文化熱潮的三股力量是中國文化書院、「走向未來」叢書和「文化：中國與世界」編委會。〔註 38〕針對中國傳統文化在新時期的作用，學界在 1984 年前後出現了余英時、杜維明等學者主張的「儒學復興」說，甘陽、金觀濤等學者主張的「徹底重建」說，李澤厚等學者主張的「西體中用」說，以及張岱年、方克立、郭齊勇等學者主張的「綜合創新」說等等。

1989 年在復旦大學召開了以「儒家思想與未來社會」為主題的國際學術研討會，在此次會議上，與會學者就儒家思想與馬克思的會通〔註 39〕，與華人社會現代化〔註 40〕，與個人主義、近代中國的自由學說〔註 41〕，以及忠君觀念〔註 42〕和義利之辨〔註 43〕等等一系列理論問題進行了深入的探討；同時，與會學者在孔子思想的核心，漢代經學和宋明道學，以及近代儒學等一些學術問題上發表了意見。在此前後召開的一些以儒學為主題的學術會議，如 1987 年曲阜的「儒學國際學術討論會」，1988 年新加坡的「儒學發展的問題及前景」國際研討會，1992 年四川的「儒學及其現代意義」國際學術研討會，1996 年北京的「儒學與中國文化現代化」學術討論會等等，對 90 年代興起的文化保守主義思潮和隨後的儒學史的研究產生了一些影響。

從 20 世紀 80 年代的「文化熱」到 90 年代的「國學熱」，學界實際上形成了兩條路徑——居於主流地位的「回到乾嘉」的文獻學方向和處於潛流的「文化保守主義」的方向。劉志琴認為，「1989 年以後的文化史研究無疑進入

〔註 38〕 參見陳來：《思想出路的三動向》，見甘陽編：《八十年代文化意識》，上海：上海人民出版社 2006 年版，第 541～547 頁。

〔註 39〕 參見謝遐齡：《孔、孟與馬克思之會通處》，見復旦大學歷史系、復旦大學國際交流辦公室合編：《儒家思想與未來社會》，上海：上海人民出版社 1991 年版，第 87～88 頁。

〔註 40〕 參見王滬寧：《儒家文明與華人社會的現代化》，見《儒家思想與未來社會》，上海：上海人民出版社 1991 年版，第 89～102 頁。

〔註 41〕 參見（香港）馬丁：《個人主義和儒家的道德理論》、馮契：《儒家的理想和近代中國的自由學說》，見《儒家思想與未來社會》，上海：上海人民出版社 1991 年版，第 33～48、1～7 頁。

〔註 42〕 參見寧可、蔣福亞：《中國古代的皇權和忠君觀念》，見《儒家思想與未來社會》，上海：上海人民出版社 1991 年版，第 31～32 頁。

〔註 43〕 參見錢遜：《儒家義利、理欲之辨及其現代意義》，見《儒家思想與未來社會》，上海：上海人民出版社 1991 年版，第 49～59 頁。

了低潮，並且處於某種困境之中」〔註44〕，實際上這種現象在很大程度上是
對來自國外的各種文化理論研究的低潮。方克立認為，「『大陸新儒家』的呼
喚，是文化保守主義已逐漸形成氣候的一個重要標誌，在80年代是聽不到這
種聲音的」〔註45〕。但是在90年代「思想家淡出，學問家凸顯」〔註46〕的大
背景下，大陸新儒家並不是學術舞臺上的主角；風平浪靜之後，「水落」而「石
出」，這個主角是「整理國故」的文獻學。在經濟建設的高速路上，90年代社
會上流傳著「十億人民九億商，還有一億待開張」的詼諧說法，在這種情況
下並沒有儒家思想的位置，於是儒學被遺棄道旁。

　　以1981年《中共中央關於整理我國古籍的指示》為新時期的起點，北京
大學、復旦大學、南開大學、南京大學、山東大學、四川大學、吉林大學、浙
江大學、北京師範大學、華東師範大學等高校陸續設立了古籍所，培養了大
批人才〔註47〕；由於政策和資金的支持，出版界也掀起了古籍整理出版的熱
潮。從20世紀90年代到21世紀初，以高校為單位陸續上馬了一系列大規模
的古籍整理項目，儒學類有北京大學的「儒藏」，四川大學的「儒藏」，清華大
學的「清華簡」整理與釋讀，山東大學的「十三經注疏匯校」、「子海」和「域
外漢籍合璧」等等。因「文革」時期以及80年代末以來產生的對極端政治運
動的牴觸心理，「為學術而學術」的主張一時間成為學界的主流價值追求。民
間也逐漸出現了一股「民國熱」，民國人物軼事廣為流傳，民國時期的一些知
名學者被冠以「國學大師」的稱號熱捧。

　　這種情況反映到民國史的研究領域，主要有三個方面的表現。

　　其一，大陸學界對一些上承乾嘉考證學傳統的學者又重新重視起來，並
對他們進行了再評價和再研究。如對胡適、顧頡剛、陳寅恪、王國維、傅斯年
等人的研究，以及對古史辨派、史語所派等學派的發掘。這一系列研究熱點
的形成，也促成了大陸史學界與海外尤其是與港臺史學界的合作。

　　其二，對傳統文化的反思促進了儒學史方面的研究。儒學史方面有龐樸

〔註44〕　參見劉志琴：《堅持科學和理性，走出文化史研究的低谷（提要）》，見《儒家
　　　　　思想與未來社會》，上海：上海人民出版社1991年版，第103頁。
〔註45〕　參見方克立：《略論90年代以來的文化保守主義思潮》，見沙健孫、龔書鐸主
　　　　　編：《走什麼路：關於中國近現代歷史上的若干重大是非問題》，濟南：山東
　　　　　人民出版社1997年版，第149頁。
〔註46〕　此語雖有多個版本，但始出於李澤厚。參見李澤厚：《三邊互動》，《二十一世
　　　　　紀》1994年6月號，總第二十三期。
〔註47〕　高蝦偉：《高校古籍整理卅五年》，《中國出版史研究》2018年第1期。

主編的《中國儒學》〔註48〕，姜林祥主編的《中國儒學史》〔註49〕，朱維錚的《中國經學史十講》〔註50〕，黃宣民、陳寒鳴主編的《中國儒學發展史》〔註51〕，湯一介、李中華主編的《中國儒學史》〔註52〕等等一系列著作。在近現代儒學方面有馮契主編的《中國近代哲學史》〔註53〕，湯志鈞的《近代經學與政治》〔註54〕，宋仲福、趙吉惠、裴大洋的《儒學在現代中國》〔註55〕，許全興、陳戰難、宋一秀的《中國現代哲學史》〔註56〕，陳少明的《儒學的現代轉折》〔註57〕，干春松的《制度化儒家及其解體》〔註58〕，徐慶文的《20世紀儒學發展研究》〔註59〕以及方克立主編的《現代新儒學輯要叢書》〔註60〕等等。學界對「現代新儒家」熊十力、梁漱溟、牟宗三、馮友蘭、張君勱等人也展開了較深入的研究，其中的一些研究成果集中在哲學領域。

其三，「文化熱」推動了中國近代文化史的研究。龔書鐸〔註61〕、焦潤明〔註62〕、章開沅〔註63〕、耿雲志〔註64〕、馮天瑜〔註65〕、丁偉志〔註66〕等諸

〔註48〕龐樸主編：《中國儒學》，上海：東方出版中心1997年版。
〔註49〕姜林祥主編：《中國儒學史》，廣州：廣東教育出版社1998年版。
〔註50〕朱維錚：《中國經學史十講》，上海：復旦大學出版社2002年版。
〔註51〕黃宣民、陳寒鳴主編：《中國儒學發展史》，北京：中國文史出版社2009年版。
〔註52〕湯一介、李中華主編：《中國儒學史》，北京：北京大學出版社2011年版。
〔註53〕馮契主編：《中國近代哲學史》，北京：三聯書店2014年修訂版。
〔註54〕湯志鈞：《近代經學與政治》，北京：中華書局2000年版。
〔註55〕宋仲福、趙吉惠、裴大洋：《儒學在現代中國》，鄭州：中州古籍出版社1991年版。
〔註56〕許全興、陳戰難、宋一秀：《中國現代哲學史》，北京：北京大學出版社1992年版。
〔註57〕陳少明：《儒學的現代轉折》，瀋陽：遼寧大學出版社1992年版。
〔註58〕干春松：《制度化儒家及其解體》，北京：中國人民大學出版社2012年修訂版。
〔註59〕徐慶文：《20世紀儒學發展研究》，濟南：山東文藝出版社2010年版。
〔註60〕方克立主編：《現代新儒學輯要叢書》，北京：中國廣播電視出版社1992～1996年版。
〔註61〕龔書鐸主編：《中國近代文化概論》，北京：中華書局1997年版。
〔註62〕焦潤明：《中國近代文化史》，瀋陽：遼寧大學出版社1999年版。
〔註63〕章開沅：《離異與回歸：傳統文化與近代化關係試析》，北京：中國人民大學出版社2010年增訂版。
〔註64〕耿雲志：《近代中國文化轉型研究導論》，成都：四川人民出版社2008年版。
〔註65〕馮天瑜：《中國文化近代轉型管窺》，北京：商務印書館2010年版。
〔註66〕丁偉志：《中國近代文化思潮》，北京：社會科學文獻出版社2011年版。

多學者都有文化史方面的專著問世。張昭軍、孫燕京主編的《中國近代文化史》以近代政治史的線索為主，把近代文化的演變劃分為「求變」、「中體西用」、「戊戌」、「清末十年」、「五四」、「南京國民政府」、「抗戰」、「新民主主義」的八個時期〔註 67〕，對每個時期主要的文化事件和思想派別進行了基本的敘述。直接以文化保守主義為題的近代文化史的著作有胡逢祥的《社會變革與文化傳統：中國近代文化保守主義思潮研究》〔註 68〕、何曉明的《返本與開新：近代中國文化保守主義新論》〔註 69〕等。在胡逢祥的著作中，晚清時期的中體西用和國粹思潮，「五四」時期的東方文化派和學衡派以及其後的中國本位文化運動，「五四」新文化運動之後興起的現代儒學復興思潮，都被作為文化保守主義思潮的重要發展階段和流派來論述。在文化保守主義的研究思路下，在中國近現代史的研究上長期「失蹤」的、以中國傳統文化為立足點的一批學者和學派被再次「發現」：如以劉師培、章太炎、鄧實等為代表的國粹派，以杜亞泉、章士釗、陳嘉異等為代表的東方文化派（包括對梁啟超、梁漱溟的相關論著的研究），以吳宓、梅光迪、柳詒徵等為代表的學衡派，以王新命、何炳松、陶希聖等為代表的中國本位文化派等等。學術界對現代新儒家的研究也日趨深入。同時，近代中國革新派與保守派的文化論戰也納入學者的視野，如科玄論戰研究，東西方文化論戰研究，中國本位文化建設問題論戰研究等等。對民國時期的儒學相關問題的研究，在儒學史、文化史等研究方向上取得了較大進展。

2012 年以來，中共中央對中華優秀傳統文化的提倡態度更加鮮明，明確指出中華優秀傳統文化是構建中國特色哲學社會科學的三方資源之一，〔註 70〕強調「中國共產黨人始終是中國優秀傳統文化的忠實繼承者和弘揚者」。〔註 71〕具體到當下的中國學術界，對儒學以及傳統文化的研究正逐漸成為學界的主流研究方向，中國內陸與港臺及海外儒學一脈的第三代「現代

〔註 67〕張昭軍、孫燕京主編：《中國近代文化史》，北京：中華書局 2012 年版。

〔註 68〕胡逢祥：《社會變革與文化傳統：中國近代文化保守主義思潮研究》，上海：上海人民出版社 2000 年版。

〔註 69〕何曉明：《返本與開新：近代中國文化保守主義新論》，北京：商務印書館 2006 年版。

〔註 70〕習近平：《在哲學社會科學工作座談會上的講話（2016 年 5 月 17 日）》，人民網 2016 年 5 月 19 日。

〔註 71〕習近平：《中國共產黨人始終是中國優秀傳統文化的忠實繼承者和弘揚者》，《黨建》2014 年第 10 期。

新儒家」的對話、合作也日趨頻繁。

儒學於此時迎來了新的歷史機遇期，90 年代興起的以儒學復興為主要指向的文化保守主義，由潛流逐漸成為學界的新潮流。中國大陸學術界在哲學界的帶動下逐漸形成了「九科治儒」〔註72〕、百家爭鳴的新局面，「整個中國的精神氣候、文化氣候、學術氣候……正在朝著更加本土化的方向發展。」〔註73〕蔣慶、康曉光等人因旗幟鮮明地主張儒學復興，曾一度被視為「大陸新儒家」的代表人物；杜維明、貝淡寧等一批海外儒學研究者在中國學界正受到熱捧。早年曾以西學為主要治學路徑的學者如姚中秋等，近年也逐漸轉移到儒學與儒教的研究上來。政治理論上的回溯直接促成了「文化保守主義」研究取向的井噴式發展，儒學毫無疑問已經成為構建中國特色哲學社會科學的寶貴思想資源，是探索中國道路、中國方案的理論「鋪路石」。

在儒學與國學的研究方面，2010 年前後成立的中國人民大學國學院、山東大學儒學高等研究院、武漢大學國學院等一批高校科研院所因得風氣之先，正逐漸成為中國大陸儒學研究的中心。在山東曲阜舉辦的歷屆「世界儒學大會」、「尼山世界文明論壇」，也正在一步步地擴大其世界影響。

馬克思主義與儒學的關係問題，也成為大陸理論界、學術界的一個研究熱點。由許嘉璐領銜的國家社科基金特別委託項目「馬克思主義與儒學」於 2011 年開展立項研究，最終目標「是探索馬克思主義與儒學之間的某種內在關係及其相互融合的可能性」〔註74〕，何中華、黃玉順、楊朝明、顏炳罡、沈順福分別負責其中的六大子課題。2014 年 12 月，在山東大學舉行了「『重寫儒學史』與『儒學現代化版本問題』」學術研討會，與會學者如干春松提出的「在 20 世紀，儒家先是失去了其持續了近兩千年的獨佔性價值的地位，後來又不斷成為其他意識形態競爭中的一種變量」的觀點，對 20 世紀的儒學有一個基本的定位〔註75〕；任劍濤認為，重寫儒學史必須「掙脫古代史意識形

〔註72〕王學典：《十八大以來儒學變遷之大勢》，《中華讀書報》2017 年 12 月 13 日。
〔註73〕王學典：《中國向何處去：人文社會科學的近期走向》，《清華大學學報（哲學社會科學版）》2016 年第 2 期。
〔註74〕許嘉璐：《重寫儒學史：「儒學現代化版本」問題》總序，北京：人民出版社 2015 年版，第 3 頁。
〔註75〕干春松：《儒法鬥爭和儒教：意識形態化歷史敘事中的儒家》，見許嘉璐主編：《重寫儒學史：「儒學現代化版本」問題》，北京：人民出版社 2015 年版，第 2 頁。

態制約」〔註 76〕；崔罡從「一般思想史研究範式」出發，討論了儒學史書寫的還原與重構等。〔註 77〕與會學者的一系列討論，無疑將會對今後儒學史的書寫和儒學的研究產生一定的影響。

在馬克思主義與儒學的關係以及儒學的創造性轉化問題上，近些年來不僅有湯一介〔註 78〕、方克立〔註 79〕、郭齊勇〔註 80〕、貝淡寧〔註 81〕等學者的個人思考，國家層面也在加大對這一重大理論問題研究的支持力度，其中具有引領性與代表性的，是清華大學教授陳來主持的中宣部「馬克思主義理論研究和建設工程」〔註 82〕暨國家社科基金重大項目「中華優秀傳統文化的創造性轉化與創新性發展」。

馬克思主義與儒學的關係問題，是當下中國大陸學術理論研究與國家社會治理道路相結合的重要理論生長點，是在批判借鑒西方民主政治思想、批駁歷史虛無主義、文化虛無主義謬誤等過程中生成並發展起來的思想進路。〔註 83〕

（二）意識形態視角下民國儒學問題的研究

在民國政治思想史的研究領域，改革開放以來也取得了新的研究進展，有一些成果從意識形態視角觀察儒學在近代中國的命運。

以政治史的發展脈絡敘述近代中國思想演變的著作有彭明、程嘯主編的《近

〔註 76〕　參見任劍濤：《重寫儒學史與古代史意識形態》，見許嘉璐主編：《重寫儒學史：「儒學現代化版本」問題》，北京：人民出版社 2015 年版，第 119 頁。

〔註 77〕　參見崔罡：《還原與重構——試論重寫儒學史的必要性與可能性》，見許嘉璐主編：《重寫儒學史：「儒學現代化版本」問題》，北京：人民出版社 2015 年版，第 296～306 頁。

〔註 78〕　湯一介：《傳承文化命脈　推動文化創新——儒學與馬克思主義在當代中國》，《中國哲學史》2012 年第 4 期。

〔註 79〕　方克立：《關於馬克思主義與儒學關係的三點看法》，《高校理論戰線》2008 年第 11 期。

〔註 80〕　郭齊勇：《儒學與馬克思主義中國化及中國現代化》，《馬克思主義與現實》2009 年第 6 期。

〔註 81〕　參見貝淡寧：《儒家學說與社會主義的和解？》，見范瑞平、貝淡寧、洪秀平主編：《儒家憲政與中國未來》，上海：華東師範大學出版社 2012 年版，第 234～245 頁。

〔註 82〕　參見奚潔人主編：《科學發展觀百科辭典》，上海：上海辭書出版社 2007 年版。

〔註 83〕　關於對西方民主政治道路、普世價值、歷史虛無主義、新自由主義經濟學的批判，參見求是雜誌社編：《正本清源觀萬象：關於意識形態領域重大問題的辨析》，北京：學習出版社 2017 年版。

代中國的思想歷程：1840～1949》〔註 84〕，吳雁南等主編的《中國近代社會思潮》〔註 85〕，田海林主編的《中國近代政治思想史》〔註 86〕和俞祖華、王國洪主編的《中國現代政治思想史》〔註 87〕等。以階級和政治立場作思想劃分標準的代表性著作有陳哲夫、江榮海、謝慶奎、張曄主編的《現代中國政治思想流派》〔註 88〕等。以時間為主線、以思想流派作區分，述評頗為詳細的有陳旭麓主編《五四以來政派及其思想》〔註 89〕，高軍、王檜林、楊樹標主編《中國現代政治思想評要》〔註 90〕，高瑞泉主編《中國近代社會思潮》〔註 91〕，朱義祿、張勁《中國近現代政治思潮研究》〔註 92〕等等。這些在改革開放以來陸續出現的政治思想史的研究著作，基本上把近代中國歷史上有一定影響的政治流派都納入了研究視野，是後學展開進一步研究的必不可少的基礎。因此，史學界在有關於民國政治思想史上的民初孔教會運動〔註 93〕，五四新文化運動〔註 94〕，

〔註 84〕彭明、程嘯主編：《近代中國的思想歷程：1840～1949》，北京：中國人民大學出版社 1999 年版。

〔註 85〕吳雁南等主編：《中國近代社會思潮：1840～1949》，長沙：湖南教育出版社 2011 年第 2 版。

〔註 86〕田海林主編：《中國近代政治思想史》，濟南：山東大學出版社 1999 年版。

〔註 87〕俞祖華、王國洪主編：《中國現代政治思想史》，濟南：山東大學出版社 1999 年版。

〔註 88〕陳哲夫、江榮海、謝慶奎、張曄主編：《現代中國政治思想流派》，北京：當代中國出版社 1999 年版。

〔註 89〕陳旭麓主編：《五四以來政派及其思想》，上海：上海人民出版社 1987 年版。

〔註 90〕高軍、王檜林、楊樹標主編：《中國現代政治思想評要》，北京：華夏出版社 1990 年版。

〔註 91〕高瑞泉主編：《中國近代社會思潮》，上海：上海人民出版社 2007 年版。

〔註 92〕朱義祿、張勁：《中國近現代政治思潮研究》，上海：上海社會科學院出版社 1998 年版。

〔註 93〕宋淑玉：《近代中國尊孔讀經的歷史考察》，山東師範大學碩士學位論文，1999 年；韓華：《民初孔教會與國教運動》，四川大學博士學位論文，2003 年。

〔註 94〕有關「五四」時期的研究，一直是近現代史領域的熱點。這方面的成果主要有彭明：《五四運動史》，北京：人民出版社 1998 年版；陳平原《觸摸歷史與進入五四》，北京：北京大學出版社 2005 年版；楊念群：《「五四」九十週年祭：一個「問題史」的回溯與反思》，世界圖書出版公司 2009 年版；歐陽哲生：《五四運動的歷史詮釋》，北京：北京大學出版社 2012 年版；楊華麗：《「打倒孔家店」與「五四」：以新文化-新文學運動為中心》，新北：花木蘭文化事業有限公司 2012 年版；楊劍龍：《「五四」新文化運動與基督教文化思潮》，上海：上海人民出版社 2012 年版等等。以及耿雲志、羅志田、許紀霖、王奇生、陳方正、左玉河、孫郁、姚中秋、白彤東等諸多學者的相關論述。

三民主義〔註95〕，中國社會性質和社會史論戰〔註96〕，國民黨統治思想的儒化〔註97〕，南京國民政府鄉村建設運動〔註98〕等等一系列個案研究，以及對袁世凱、孫中山、蔣介石等歷史人物的研究方面都有較大的進展。

改革開放以來史學界較早出現的從意識形態視角研究民國儒學問題的成果當推吳江的《中國封建意識形態研究》。作為馬克思主義理論家的吳江，對「中國封建意識形態」的儒家學說的發展演變及其在近代中國的歷史作用有著獨到而深刻的理解。書中把「意識形態」基本作為「統治思想」的近義詞來使用。吳江認為，「中國兩千餘年的封建社會的統治思想是儒家學說」「儒家學說在為中國封建宗法等級制度和君主專制制度服務的過程中逐步形成和發展起來，它能適應各個時期統治階級的需要，是一個善於兼容並蓄、融匯各家學說而又自成系統的罕見的官方學說。」〔註99〕在本書第八篇「封建社會的解體與儒學統治地位的終結」中，作者把中國兩千年封建社會行將解體稱作「天崩地解」，作者認為封建社會的解體表現在思想學術上，就是儒學「定於一尊」的地位基本結束；儒學在這種獨尊地位結束以後，又表現出種種變異和力圖適應新潮流的趨勢。作者提出或進一步解釋了「如果說辛亥革命從政治制度上標誌著儒學統治地位的開始終結，但真正宣告儒學統治地位終結的還是『五四』新文化運動」「從各方面肅清這一封建意識所留給我們的影響，對於我們決非輕而易舉」〔註100〕等一系列論斷，這些論斷在今天仍擲地有聲。

金觀濤、劉青峰在著作《開放中的變遷——再論中國社會超穩定結構》〔註101〕中用「超穩定系統」的新歷史觀來把握近代社會的變遷，詳細分析了對外開放條件下近代中國社會結構轉化的「傳統一體化解體—意識形態更替

〔註95〕賀淵：《三民主義與民國政治》，北京：社會科學文獻出版社2002年第3版。

〔註96〕陳峰：《社會史論戰與現代中國史學》，山東大學博士學位論文，2005年。

〔註97〕呂厚軒：《接續「道統」：國民黨實權派對儒家思想的改造與利用（1927～1949）》，濟南：山東人民出版社2013年版。

〔註98〕王先明：《走近鄉村——20世紀中國鄉村發展論爭的歷史追索》，太原：山西人民出版社2012年版。

〔註99〕吳江：《中國封建意識形態研究——儒家學說述評》，蘭州：蘭州大學出版社2003年版，第3頁。本書初版於1992年。

〔註100〕參見吳江：《中國封建意識形態研究——儒家學說述評》，蘭州：蘭州大學出版社2003年版，第216、221頁。

〔註101〕參見金觀濤、劉青峰：《開放中的變遷——再論中國社會超穩定結構》，北京：法律出版社2010年版。

―新一體化結構建立」三個環節。這個意識形態的更替，實際上就是儒學意識形態的解體、馬克思主義的新意識形態一體化結構建立的過程。作者在具體論述中把意識形態細分為倫理道德之價值觀、合理社會模式之社會觀和對自然萬物解釋之哲學觀三個子系統，由此提出了意識形態局部認同危機和意識形態全面危機，以此來分析傳統一體化結構解體至重新整合過程中的意識形態作用。作者把中國近代史分為洋務運動時期的意識形態認同危機，清末新政至辛亥革命時期的以儒學為核心的一體化結構解體，北洋政府時期社會整合危機，新文化運動時期的意識形態更替，以及國民大革命後國共兩黨重建新一體化結構的努力幾個階段。在傳統一體化結構解體至重新整合的過程中，意識形態與政治結構的關係經歷了由合到分、再由分到合的演變。

傅靜的博士論文《意識形態與近代中國社會變革》〔註102〕從近代以來「中國向何處去」的探索出發，詳細論述了 1840～1949 年間意識形態與中國社會發展之間的關係。文中認為五四前是封建地主階級意識形態逐步消亡、資產階級意識形態日趨強勢的過程，社會政治制度也由封建專制向民主共和演變；五四時期意識形態多元化，呈現馬克思主義、自由主義和儒家思想文化三足鼎立的局面，此時的中國社會正處於選擇的歷史關頭；五四後是新儒家、自由主義、三民主義、馬克思主義四大意識形態之爭，在這種局面下，只有馬克思主義中國化的新民主主義理論，真正抓住了中國社會的三大主題——獨立、民主、富強，因而取得了最終勝利。

蘇雙碧在《意識形態和中國近代化》中堅持認為，封建社會的意識形態對中國近代化的歷史進程的阻力一直很大，「歷史的進程是被舊的文化、落後的意識形態拉了後腿」〔註103〕。在這一總的認識之下，文章著重討論了嘉道年間「經世致用」和「師夷長技」思想、洋務時期「中體西用」思想、戊戌時期改良主義思想、國粹派守舊思想及五四新文化時期的新舊思想鬥爭的幾個階段。作者認為，直至五四時期中國才興起了與封建專制主義徹底決裂的新思潮。作者關於封建社會的意識形態（主要指儒學）的基本觀點是：雖然「五四」後馬克思主義開始成為改造中國、推動中國近代化的進步思潮，但封建專制主義的意識形態並沒有從此銷聲匿跡，在很長一段時間裏，它變換面孔

〔註102〕 參見傅靜：《意識形態與近代中國社會變革》，山東大學博士學位論文，2005年。
〔註103〕 蘇雙碧：《意識形態和中國近代化》，《東南學術》1998年第3期。

一次又一次地重新出現在中國的政治文化舞臺上。

　　高華觀察了中國社會轉型的政治、經濟和意識形態基礎，認為儒家意識形態是傳統中國治國安邦的基本原則，內在於中國人的心理深層，維繫著君主專制制度，起著阻礙中國向現代社會轉變的作用。關於中國現代化的經驗教訓，其論述主要圍繞著中國以外的現代化模式對中國變革起著巨大的示範影響；注入了變革因素的民族主義為中國現代化提供了強大動力；近代以來形成的「中學為體，西學為用」的思維和選擇方式，嚴重阻礙了中國變革的全面展開等三個方面展開。〔註104〕

　　其中肅清封建意識並非輕而易舉、它又變換面孔重新出現等論斷顯然是針對前一時期的歷史事件而發的，這一現象在民國時期的典型表現就是蔣介石的家長式專制統治。這種「唯我獨尊」「一貫正確」的家長心態，一旦運用到政治領域，必然會造成政治上的獨裁。從學理上來說，這是儒學意識形態經程朱理學發展到陸王心學的必然表現〔註105〕，理清這個問題，或許是剔除儒學的帝制外殼的必經之路。

　　此外，還有一些從意識形態視角進行的對具體歷史時期或人物個案的研究，如《塑造與被塑造：「五四「闡釋與革命意識形態建構》〔註106〕、《「五四」後中國早期馬克思主義者意識形態宣傳的思維視角》〔註107〕、《民國時期的知識分子與政黨及其意識形態》〔註108〕、徐樹英《民國時期政黨意識形態的主導地位解析》〔註109〕、《孫中山著作的植入與國民黨三民主義教育》〔註110〕、《蔣介石與國民黨意識形態》〔註111〕、《「戴季陶主義」與國民黨實

〔註104〕高華：《近代中國社會轉型的歷史教訓》，《戰略與管理》1995年第4期。

〔註105〕相關論述參見陳鐵健，黃道炫：《王學及其現代命運》，《歷史研究》1994年第4期。

〔註106〕郭若平：《塑造與被塑造：「五四「闡釋與革命意識形態建構》，北京：社會科學文獻出版社2014年版。

〔註107〕朱慶躍、楊曉偉：《「五四」後中國早期馬克思主義者意識形態宣傳的思維視角》，《北方論叢》2010年第2期。

〔註108〕王曉梅、徐舒映：《民國時期的知識分子與政黨及其意識形態》，《東嶽論叢》2010年第2期。

〔註109〕徐樹英：《民國時期政黨意識形態的主導地位解析》，《社會科學輯刊》2007年第2期。

〔註110〕何建國、周武：《孫中山著作的植入與國民黨三民主義教育》，《求索》2013年第9期。

〔註111〕於維君：《蔣介石與國民黨意識形態》，《綿陽師範學院學報》2013年第4期。

權派的意識形態》〔註112〕等等。

回顧近百年來思想學術界對民國時期儒學問題的評價和研究的歷史，我們可以看到，隨著時代問題的不斷演變，儒學有一個「絆腳石」—「路邊石」—「鋪路石」的角色變化過程；回顧儒學兩千餘年的演變歷程，我們也可以發現當下儒學進行自我理論更新的必要性——當下的儒學需要的是「貞下起元」的理論新生，否則只有因僵死而被埋葬。任何無法回答人民群眾在實踐中提出的時代問題的思想流派，必然會在歷史的長河中走向枯萎和衰敗，儒學自然也無法例外。

具體到民國史和儒學史的研究領域，在建構中國特色哲學社會科學的今天，中國的歷史學者不再是新民主主義革命的直接參與者，當年革命的對象都已經成為歷史的塵埃；也絕不能做冷眼旁觀的路人甲，因為我們都生活在先輩們浴血奮戰所開創的統一繁榮的時代裏。看清先輩們走過的路，才能更有利於我們探索今後的路。讓歷史成為歷史，我們就必須告別那種找古人算帳的心態（其較為明顯地表現在對「五四」時期的研究中）。正是當下的中國所面臨的時代問題，要求我們必須適時調整對儒學的理論定位，進而還原儒學在中國歷史上的本來面目，如此才能恰當地評估儒學的思想資源在歷史上發揮的作用。從意識形態視角觀察儒學，將有利於我們更好地理解儒學的思想特點，從而讓儒學在構建中國特色哲學社會科學、探索中國道路與中國方案的過程中發揮其應有的價值。

三、「國家意識形態」及相關概念說明

在使用「國家意識形態」、「帝制儒學」、「保守主義」、「雙軌規則」等相關概念時，本文賦予了其概念一些新的涵義。同時又因意識形態概念的複雜性，在學界基本認識上使用「意識形態」概念及賦予「國家意識形態」概念新的意涵時，也有必要對「意識形態」概念的產生、流變、傳入中國的歷史過程及其特點作一個基本的梳理論證，以期取得一些概念使用上的共識。

（一）意識形態概念產生、演變及傳入中國

意識形態概念是西方哲學發展過程中的產物，屬於認識論的範疇，在其

〔註112〕 呂厚軒、馬望英：《「戴季陶主義」與國民黨實權派的意識形態》，《北方論叢》2008 年第 4 期。

概念發展初期，帶有濃厚的西方哲學的邏輯思辨色彩。意識形態的概念外殼
與自由主義、馬克思主義思想實質的結合，標誌著意識形態由理論領域走向
實踐領域，逐漸開啟了近代政治思想史上一個意識形態獨領風騷的時代。其
伴隨著馬克思主義傳入中國，並在中國 20 世紀現代化國家的建設過程中發揮
了重大的歷史作用。

1. 意識形態概念的產生及馬克思主義話語體系的改造

意識形態概念產生於對思維進行反思的邏輯學和理性概念產生之後，
是西方哲學發展到認識論階段的產物。並且，「意識形態的自覺得益於如下
事實：第一，認識論的崛起；第二，科學的發達；第三，對宗教的普遍不
滿。」〔註 113〕

「意識形態」在 18 世紀末法國學者特拉西那裡首次使用，指的是「一種
學習理論，一種描述人心中不是由感官經驗形成的抽象觀念起源的理論。」
〔註 114〕因而這是一個基於認識論而產生的概念。特拉西是在觀念學意義上使
用「意識形態」概念的：「如果人們只考慮主題，也許可以把這門科學稱為意
識形態；如果人們只考慮它的方法，則可以稱它為普通語法；而如果人們只
考慮它的意圖，則可以稱它為邏輯學……這門有關觀念的科學既包括關於這
些觀念的表達的科學，也包括關於這些觀念的起源的科學。」〔註 115〕而稍後
黑格爾對邏輯學的發展和對「異化」理論的改造創新，培根「四相假說」的提
出都對意識形態概念的演變產生了重要影響。〔註 116〕

黑格爾對意識形態的認識，在其理論演化史中具有承前啟後的重要作用。
黑格爾認為法國的觀念學（Idéologie）「是一種抽象的形而上學，是對於最簡
單的思維規定的一種列舉和分析。這些思維規定並沒有得到辯證的考察，反
之它們的材料是從我們的反思和思想裏取得的，而包含在這種材料中的各種

〔註 113〕季廣茂：《意識形態》，桂林：廣西師範大學出版社 2005 年版，第 25 頁。

〔註 114〕（美）克拉莫尼克、（美）華特金斯著，章必功譯：《意識形態的時代》，上
　　　　海：同濟大學出版社 2006 年版，第 2 頁。

〔註 115〕（法）德·特拉西著：《意識形態的要素》（Paris，1817，第 3 版），第 4 頁
　　　　腳注；轉引自（德）曼海姆著，霍桂桓譯：《意識形態和烏托邦：知識社會
　　　　學引論》，北京：中國人民大學出版社 2013 年版，第 77 頁。

〔註 116〕卡爾·曼海姆和俞吾金都持此觀點。參見（德）曼海姆著，霍桂桓譯：《意
　　　　識形態和烏托邦：知識社會學引論》，北京：中國人民大學出版社 2013 年
　　　　版，第 66～67 頁。另見俞吾金：《意識形態論》，上海：上海人民出版社 1993
　　　　年版，第 15～16 頁。

規定又必須在材料中得到證明。」〔註117〕同時，黑格爾明確提出了宗教也是一種意識形態的判斷，「宗教是意識的一種形態，正如真理是為了所有的人，各種不同教化的人的。但對於真理的科學認識乃是這種意識的一特殊形態。」〔註118〕黑格爾對意識形態概念發展的貢獻主要體現在他的異化理論中。蘭克認為，異化概念是馬克思意識形態批判中的一個基本概念。正是黑格爾的理論探索，使得馬克思、恩格斯在使用意識形態概念時，充分意識到虛假意識形態中人的異化問題。〔註119〕

據侯惠勤先生考證，卡爾‧馬克思在 1837 年 3 月已經接觸到「意識形態」一詞。〔註120〕根據相關資料，馬克思在 1844 年（或之前）就已經讀到特拉西的《意識形態原理》（1826 年巴黎版）一書。關於特拉西的這本書及其相關的內容，馬克思在寫於 1844 年上半年的《詹姆斯‧穆勒〈政治經濟學原理〉一書摘要》和《1844 年經濟學哲學手稿》中有大量提及。〔註121〕並且，馬克思在《資本論‧剩餘價值理論》中，曾專門討論了「德斯杜特‧德‧特拉西伯爵〔關於利潤起源的庸俗見解。宣稱『產業資本家』是唯一的最高意義上的生產勞動者〕」的觀點。〔註122〕

在馬克思主義的辯證唯物論創立的過程中，黑格爾的以絕對精神作為世界本源的思辨的唯心主義體系受到馬克思的無情批判。從批判宗教開始，層層剝去虛幻的意識形態，露出這個世界的真實本質──物質經濟的過程，也就是一個去蔽的過程，就是一個克服認識假象的過程。對於這個批判的過程，科爾施說得比較明確：「馬克思的發展可以被總結如下：首先，他在

〔註117〕參見（德）黑格爾著，賀麟譯：《歷史哲學講演錄》第四卷，北京：商務印書館 2009 年版，第 238 頁。

〔註118〕參見（德）黑格爾著，賀麟譯：《小邏輯》，上海：上海人民出版社 2008 年版，第 38 頁。

〔註119〕關於馬克思、恩格斯對異化理論的理解和運用，參見馬克思、恩格斯：《德意志意識形態》，見《馬克思恩格斯全集》第三卷，北京：人民出版社 1960 年版，第 38～39 頁。

〔註120〕參見侯惠勤等：《馬克思主義意識形態論》，南京：南京大學出版社 2011 年版，第 81～82 頁。

〔註121〕參見馬克思：《詹姆斯‧穆勒〈政治經濟學原理〉一書摘要》、《1844 年經濟學哲學手稿》，見《馬克思恩格斯全集》第四十二卷，北京：人民出版社 1979 年版，第 25、110、146 頁。

〔註122〕參見馬克思：《〈資本論〉第四卷‧剩餘價值理論》，見《馬克思恩格斯全集》第二十六卷，北京：人民出版社 1972 年版，第 277 頁。

哲學中批判了宗教；然後，他在政治上批判了宗教和哲學；最後，他在經濟學上批判了宗教、哲學、政治和所有其他意識形態。」〔註 123〕對宗教等各種意識形態的批判就成了把顛倒的世界觀再顛倒過來的第一步，而重建符合一個真實的物質經濟基礎的世界觀的過程，就是建立辯證的唯物主義的過程。

馬克思、恩格斯認為「整個歷史的基礎」，是「從直接生活的物質生產出發」的，與「生產方式相聯繫的，它所產生的交往形式，即各個不同階段上的市民社會」；「然後必須在國家生活的範圍內描述市民社會的活動，同時從市民社會出發來闡明各種不同的理論產物和意識形式。」唯物的歷史觀徹底否定了黑格爾的「絕對精神」的展開理論，「歷史並不是作為『產生於精神的精神』消融在『自我意識』中，歷史的每一階段都遇到有一定的物質結果、一定數量的生產力總和，人和自然以及人與人之間在歷史上形成的關係，都遇到有前一代傳給後一代的大量生產力、資金和環境。」〔註 124〕

關於意識形態，馬克思和恩格斯都認為，「中世紀只知道一種意識形態，即宗教和神學。但是到了十八世紀，資產階級已經強大得足以建立他們自己的、同他們的階級地位相適應的意識形態了。」〔註 125〕恩格斯也從歷史的角度清楚地說明了宗教、意識形態和資產階級革命之間的關係——「當路德的宗教改革在德國已經蛻化並把德國引向滅亡的時候，加爾文的宗教改革卻成了日內瓦、荷蘭和蘇格蘭共和黨人的旗幟，使荷蘭擺脫了西班牙和德意志帝國的統治，並為英國發生的資產階級革命的第二幕提供了意識形態的外衣。」〔註 126〕

同時馬克思、恩格斯提出了「資產階級的意識形態」的說法，並且馬克思和恩格斯還同時使用了「資產階級自由主義」一詞，「因此當這種強有力的資產階級自由主義的實踐以恐怖統治和無恥的資產階級鑽營的形態出現的時候，德

〔註 123〕 參見（德）卡爾·柯爾施著，王南湜，榮新海譯：《馬克思主義和哲學》，重慶：重慶出版社 1989 年版，第 44 頁注釋。

〔註 124〕 參見馬克思、恩格斯：《德意志意識形態》，見《馬克思恩格斯全集》第三卷，北京：人民出版社 1960 年版，第 42～43 頁。

〔註 125〕 恩格斯：《路德維希·費爾巴哈和德國古典哲學的終結》，見《馬克思恩格斯全集》第二十一卷，北京：人民出版社 1965 年版，第 328 頁。

〔註 126〕 恩格斯：《路德維希·費爾巴哈和德國古典哲學的終結》，見《馬克思恩格斯全集》第二十一卷，北京：人民出版社 1965 年版，第 350 頁。

國小資產者就在這種資產階級自由主義的實踐面前畏縮倒退了。」〔註127〕馬克思、恩格斯對它因階級利益的狹隘性而產生的欺騙性做了徹底的批判——「資產者的假仁假義的虛偽的意識形態用歪曲的形式把自己的特殊利益冒充為普遍的利益」〔註128〕，「法律、道德和宗教，在他看來全都是掩蔽資產階級利益的資產階級的偏見。」〔註129〕

顯然，馬克思恩格斯已經把自由主義作為資產階級的統治原則。但在馬克思、恩格斯這裡尚未發現「自由主義意識形態」的提法，這是因為「意識形態」一詞尚未具有「統治原則」或「國家治理的思想體系」的含義。他們認為，「在康德那裡，我們又發現了以現實的階級利益為基礎的法國自由主義在德國所採取的特有形式不管是康德或德國市民（康德是他們的利益的粉飾者），都沒有覺察到資產階級的這些理論思想是以物質利益和由物質生產關係所決定的意志為基礎的。」〔註130〕

需要特別注意的是，《Die deutsche Ideologie》也可以譯為「德意志思想體系」。「馬克思和恩格斯用作書名的『德意志意識形態』一詞，原文是《Die deutsche Ideologie》，這個詞有其特殊的含義，它是指當時德國條件下出現的一種特殊的哲學思潮，它的代表是當時在政治經濟上十分軟弱並沉溺於幻想的德國資產階級和小資產階級的思想家。他們把意識、思想同客觀物質世界，同政治經濟關係割裂開來，認為人類的主要任務是擺脫思想的統治，而不是消滅陳腐的社會政治制度。」〔註131〕但總的來看，馬克思和恩格斯對「意識形態」概念的批判方向逐漸由認知上的虛假性轉向了利益上的虛偽性，〔註132〕使這一概念帶有現實政治鬥爭的鋒芒，並延續至今。

但應該認識到，直到馬克思、恩格斯的時代，關於意識形態的討論仍停

〔註127〕 參見馬克思、恩格斯：《德意志意識形態》，見《馬克思恩格斯全集》第三卷，北京：人民出版社1960年版，第213～214頁。

〔註128〕 馬克思、恩格斯：《德意志意識形態》，見《馬克思恩格斯全集》第三卷，北京：人民出版社1960年版，第195頁。

〔註129〕 馬克思、恩格斯：《共產黨宣言》，見《馬克思恩格斯全集》第四卷，北京：人民出版社1965年版，第477頁。文中的「他」代指無產者。

〔註130〕 參見馬克思、恩格斯：《德意志意識形態》，見《馬克思恩格斯全集》第三卷，北京：人民出版社1960年版，第213～214頁。

〔註131〕 參見馬克思、恩格斯：《馬克思恩格斯全集》第三卷譯後記，北京：人民出版社1960年版，第741～742頁。

〔註132〕 參見季廣茂：《意識形態》，桂林：廣西師範大學出版社2005年版，第30頁。

留在認識論的範圍內。雖然馬克思、恩格斯直接指導了許多國家的工人運動，雖然有巴黎公社政治實踐的偉大嘗試，但此時無產階級並未成功掌握政權，因此也尚未具有進行政權建設的經驗。這一時期的共產主義是以科學的理論形態存在的，它尚未經受實踐的檢驗。因此，馬克思、恩格斯的意識形態理論也只具有理論意義，而尚未具有現代意義上的政權建設的實踐意義。

2. 意識形態概念在近代世界的流變

列寧繼承了馬克思、恩格斯對資產階級意識形態批判的一面，並結合共產主義政權的建設需要，進一步鮮明地強調意識形態在階級對立和階級鬥爭中的作用，並首次把馬克思主義（共產主義科學）稱為「科學的意識形態」。這是意識形態概念使用上的第一次影響深遠的大轉折，即不再作為認識領域上的虛幻的東西來批判，而是作為指導不同階級進行階級鬥爭的武器來捍衛或批判。

列寧在領導政治鬥爭的過程中認為，「既然談不到由工人群眾在其運動進程中自己創立的獨立的思想體系，那麼問題只能是這樣：或者是資產階級的思想體系，或者是社會主義的思想體系。這裡中間的東西是沒有的（因為人類沒有創造過任何『第三種』思想體系，而且在為階級矛盾所分裂的社會中，任何時候也不可能有非階級的或超階級的思想體系）」。〔註133〕列寧在這篇文章中認為，工人階級單靠自身的自發性力量，只能產生工聯主義的意識，而這意味著工人運動繼續受資產階級思想奴役，因此俄國社會民主黨必須具有社會主義的意識形態自覺性。「對社會主義意識形態的任何輕視和任何脫離，都意味著資產階級意識形態的加強。」

為了進一步明確無產階級的階級意識以區別於資本主義政權建設，列寧也在稍後明確指出：「無產階級的黨是一個自由的聯盟，建立這個黨就是為了同資產階級「思想」（應讀作：意識形態）作鬥爭，為了捍衛和實現一種明確的世界觀，即馬克思主義的世界觀。」〔註134〕

〔註133〕列寧：《怎麼辦？》，見《列寧全集》第六卷，北京：人民出版社1986年版，第38頁。括號內容為原文。在這裡列寧繼承了考茨基的無產階級的階級意識必須由馬克思主義知識分子從外部灌輸的主張。參見曹天予：《權力與理性：世界中的馬克思主義與自由主義》，上海：華東師範大學出版社2016年版，第18～19頁。

〔註134〕在人民出版社2013年版的《列寧全集（增訂版）》中，把此處的「思想體系」譯成了「意識形態」。參見列寧：《論「前進派分子」的派別組織》，見《列寧全集》第十九卷，北京：人民出版社1986年版，第309頁。

斯大林作為列寧的繼任者，也努力把社會主義（馬克思主義，即列寧所說的共產主義科學）轉化為官方的意識形態。應當承認，在斯大林時代，這種轉化是取得了一定功效的。在斯大林那裡，明確了自由主義和社會主義（馬克思主義）的對立：「現代社會生活的軸心是階級鬥爭。在這個鬥爭進程中，每個階級都以自己的思想體系為指南。資產階級有自己的思想體系，這就是所謂自由主義。無產階級也有自己的思想體系，大家知道，這就是社會主義。」〔註135〕斯大林認為「社會主義分成三個主要派別：改良主義、無政府主義和馬克思主義。」在此文中，斯大林以批駁無政府主義理論的方式闡明了馬克思主義作為無產階級意識形態的科學性。

列寧和斯大林完成了意識形態的概念外殼和馬克思主義、自由主義的思想實質之間的結合，現代意義上的「意識形態」開始以完整而明晰的面貌出現。有學者認為，「作為一種政治思潮和智識傳統，作為一個在理論和實踐上與眾不同的思想流派，自由主義的出現不早於 17 世紀。實際上，自由主義的（liberal）一詞第一次被用來指稱一種政治運動，只是 19 世紀的事情——1812 年它為西班牙的自由黨所採納。」〔註136〕作為現代意義上的意識形態的自由主義，早在 1776 年即開始發揮實際的政治作用。雖然後來的政治學家們把 1776 年稱作「意識形態的元年」〔註137〕，雖然「法國大革命標誌著自由主義登上世界政治舞臺，自由主義登上世界政治舞臺是意識形態上的一項重大抉擇」〔註138〕；但這一概念與自由主義的首次結合，卻是在列寧和斯大林這裡。

更重要的是，在列寧那裡，「意識形態」一詞實現了語義上的真正轉向，從哲學上的認識論概念轉向了政治學和社會學意義上的思想體系概念，從側重認識世界轉向了側重改造世界。隨著社會主義政治實踐的不斷推進和與自由主義意識形態鬥爭的不斷展開，「意識形態」概念的政治意味不斷掩蓋其原本的哲學意味，不斷增添政治鬥爭的鋒芒，成為政治實踐中極重要的領域之一。

〔註135〕斯大林：《無政府主義還是社會主義？》，見《斯大林全集》第一卷，北京：人民出版社 1953 年版，第 271 頁。

〔註136〕（英）約翰‧格雷著，曹海軍、劉訓練譯：《自由主義》導論，長春：吉林人民出版社 2005 年版，第 1 頁。

〔註137〕參見（美）克拉莫尼克、（美）華特金斯著，章必功譯：《意識形態的時代》，上海：同濟大學出版社 2006 年版，第 10～11 頁。

〔註138〕（美）伊曼努爾‧華勒斯坦等著，郝名偉、張凡譯：《自由主義的終結》，北京：社會科學文獻出版社 2002 年版，第 95 頁。

　　世界上第一個社會主義國家的建立，使列寧、斯大林的意識形態理論在蘇聯獲得了官方理論的地位。但在匈牙利、德國、意大利等一些國家裏，它們正處於自由主義和馬克思主義兩大意識形態鬥爭的前沿陣地，從 20 世紀 20 年代初期開始就漸漸產生了不同於「正統馬克思主義「的一些學派，後人稱為「西方馬克思主義」。他們自稱是研究馬克思主義，實際上是向著不同於列寧主義的方向，也在某些方面不同於馬克思、恩格斯之正統派的方向，把馬克思主義的學術研究向前大大推進了。他們「不僅關心哲學問題，而且更關注社會政治理論問題」〔註 139〕，「對當代資本主義批判的重點在於文化及意識形態方面。」〔註 140〕

　　「西方馬克思主義」等流派對意識形態概念也進行了一些理論探索：匈牙利的哲學家盧卡奇在《歷史與階級意識》〔註 141〕（1923）一書中，把意識形態基本等同於自覺的階級意識；德國的柯爾施提出「意識形態專政」概念，並批判了蘇聯無產階級專政名義下的「精神壓迫制度」〔註 142〕；葛蘭西特別強調意識形態的實踐功能，提出「意識形態領導權」〔註 143〕的理論；法蘭克福學派提出「科學技術即是意識形態」的命題〔註 144〕；「結構主義的馬克思主義」的代表人物法國的阿爾都塞於 1970 年提出「意識形態國家機器」的概念〔註 145〕等等。

　　意識形態間的對立由來已久。出生於匈牙利的曼海姆在 20 世紀 30 年代就發現，「追溯資產階級思想的意識形態的基礎並且因此而敗壞其名聲，已經

〔註 139〕陳振明、陳炳輝、駱沙舟：《「西方馬克思主義」的社會政治理論》，北京：中國人民大學出版社 1996 年版，第 1 頁。

〔註 140〕陳振明、陳炳輝、駱沙舟：《「西方馬克思主義」的社會政治理論》，北京：中國人民大學出版社 1996 年版，第 31 頁。

〔註 141〕（匈）盧卡奇著，杜章智、任立、燕宏遠譯：《歷史與階級意識：關於馬克思主義辯證法的研究》，北京：商務印書館 2009 年版。

〔註 142〕（德）卡爾·柯爾施著，王南湜，榮新海譯：《馬克思主義和哲學》，重慶：重慶出版社 1989 年版，第 80～87 頁。

〔註 143〕（意）安東尼奧·葛蘭西著，曹雷雨等譯：《獄中簡記》，北京：中國社會科學出版社 2000 年版，第 213～214 頁；另參見俞吾金：《意識形態論》，上海：上海人民出版社 1993 年版，第 243 頁。

〔註 144〕代表人物包括霍克海默、馬爾庫塞和哈貝馬斯。參見陳振明、陳炳輝、駱沙舟：《「西方馬克思主義」的社會政治理論》，北京：中國人民大學出版社 1996 年版，第 144 頁。

〔註 145〕參見陳振明、陳炳輝、駱沙舟：《「西方馬克思主義」的社會政治理論》，北京：中國人民大學出版社 1996 年版，第 281～282 頁。

不再僅僅是社會主義思想家們才具有的特權。」意識形態批判正逐漸成為一個有力武器，堅持任何一種意識形態觀點的群體，「都運用這種武器來反對其他所有各種群體。所以，我們正在進入一個嶄新的社會發展和學術發展的時代。」〔註146〕批判的常用方式就是宣稱對方的意識形態的「虛假性」。

從世界近代史的視角來看，馬克思主義和自由主義兩大意識形態在世界政治實踐上的對立開始於冷戰。在世界範圍內最早公開宣布是共產主義的敵人並採取行動的，是法西斯主義政權。1936年11月，德日簽訂《德日反共產國際協議》稱：「日本帝國政府及德國政府認為，共產國際（即第三國際）之目的在採取一切手段以破壞及威脅現存的國家；深信忽視共產國際對於各國國內關係的干涉，不但將危及其國內安寧及社會福利，且將威脅全世界的和平，為協力防止共產主義的破壞起見，協議如下…」〔註147〕1937年11月意大利加入這個協議，更進一步宣稱：「鑒於意大利自法西斯政權建立以來以不屈不撓的決心與此危險鬥爭，將共產國際排斥於其領土之外，現已決定與具有保衛自己及反共產國際的同樣決心的德國和日本聯合起來對付共同敵人。」〔註148〕意識形態之間從此被賦予直接對抗、甚至付諸戰爭的鬥爭鋒芒。

顯而易見，冷戰的爆發及其走向本質上是兩大意識形態之間的直接對抗，這極大地激發了自由主義世界研究「意識形態」問題的熱情。加繆在1946年第一個提出「意識形態終結」的論斷，認為意識形態已經走向了自我毀滅。法國的雷蒙·阿隆和美國的丹尼爾·貝爾繼承並發展了這一理論。東歐劇變後，共產主義意識形態危機徹底暴露出來，自由主義世界開始歡呼自由主義在全球的勝利，意識形態終結論再度成為備受關注的焦點。美籍日裔學者弗朗西斯·福山在1989年發表《歷史的終結》一文，1992年又在這篇文章的基礎上寫出了專著，即《歷史的終結與最後的人》〔註149〕。弗朗西斯·福山繼承了英國首相撒切爾夫人「別無選擇」的口頭禪，宣稱人類除了自由主義，已經沒有別的選擇了。自由主義民主的理念已經無可匹敵，歷史的演進過程

〔註146〕（德）曼海姆著，霍桂桓譯：《意識形態和烏托邦：知識社會學引論》，北京：中國人民大學出版社2013年版，第81頁。

〔註147〕《德日反共產國際協議》，見《國際條約集：1934～1944》，北京：世界知識出版社1961年版，第111頁。

〔註148〕《關於意大利加入德日反共產國際協議的議定書》，見《國際條約集：1934～1944》，北京：世界知識出版社1961年版，第153頁。

〔註149〕（美）弗朗西斯·福山著，陳高華譯：《歷史的終結與最後的人》，桂林：廣西師範大學出版社2014年版。

已經走向完成，因此而構成歷史的終結。

自由主義世界的意識形態終結論的主要矛頭是指向了蘇聯的馬列主義，但自由主義知識分子也同樣意識到了自由主義本身的一系列問題，並為自由主義的命運深感憂慮。極具有代表性的《自由主義的終結》一書中提出了這樣一種觀點：「自由主義作為一種有效的政治規劃已是日薄西山，在資本主義世界經濟結構性危機的影響下在日益衰落。⋯⋯人們已不再需要什麼意識形態來處理這種狀況所導致的後果了。」〔註150〕塞繆爾・亨廷頓儘管不同意福山的關於自由主義最終獲勝的過於樂觀的判斷，但也認為意識形態的鬥爭已經結束，將來全球範圍內的衝突將是文明形態的衝突。〔註151〕

此外，作為「一種政治策略」的意識形態概念，不晚於 1938 年就已經傳入到伊斯蘭世界。伊斯蘭教遜尼派「穆斯林兄弟會」的官方刊物《嚮導》在 1938 年公開宣稱：「伊斯蘭是一種廣泛的意識形態，它有能力創建一種能為它的信仰者規範政治、經濟、社會生活的制度。」〔註152〕而穆斯林兄弟會以宗教狂熱推行「聖戰」，並建立「伊斯蘭國」的行為，使今天的阿拉伯世界更加動盪。

3. 意識形態概念傳入中國的基本過程考論

意識形態概念是伴隨著唯物史觀、階級分析法等理論傳入中國的。中國人直接接觸到的是經列寧、斯大林改造後的意識形態理論，革命的需要是其在中國傳播的最大推動力。意識形態概念在認識論方面的哲學意味已被極大地忽視了。

意識形態概念在民國時期中國知識分子的翻譯、使用過程中，曾存在留日學生群體的日本譯法、留蘇學生群體的意譯和英、德文的音譯三種譯法；但以民國刊物中的使用頻率看，其在傳入中國的初期就以日本譯法為主。這一概念使用的基本演化方向是保留了日本音譯譯法的文本表達，而逐漸以俄語世界的馬列主義理論填充，英德文音譯和中文意譯則逐漸被廢棄。這一過

〔註150〕（美）伊曼努爾・華勒斯坦等著，郝名偉、張凡譯：《自由主義的終結》，北京：社會科學文獻出版社 2002 年版，第 91 頁。

〔註151〕參見（美）塞繆爾・亨廷頓著，周琪等譯：《文明的衝突與世界秩序的重建》，北京：新華出版社 2010 年版。

〔註152〕（巴基斯坦）德里布・希羅著，阿卜杜・哈米德譯：《現代伊斯蘭原教旨主義》（阿文版），開羅：埃及圖書總局 1997 年版，第 119 頁，轉引自蔡偉良：《埃及與穆斯林兄弟會》，《阿拉伯世界研究》2012 年第 1 期。

程約從 1919 年開始，至 1938 年左右基本完成。在意識形態概念經由日本傳入中國的初期，留日學生發揮了重要的譯介、搬運作用。

　　意識形態（Ideology）作為馬列主義話語體系中的一個重要概念，是在俄國十月革命以後才傳入中國的。作為一個完全外來的詞彙，中文語境中找不到可以與之對應的詞語，因此在最初的翻譯時借鑒了日本的譯法，譯為「意識形態」或「觀念形態」（觀念體）。從俄文中意譯過來，則為「社會思想」、「精神工具」或「思想體系」；同時又存在著從英文或德文中音譯的方式，譯為「意德沃羅基」、「意特沃羅基」、「意德渥洛奇」或「伊地奧邏輯」等等。而在中文語境中，最初譯自日本的「意識形態」，日語為「イデオロギー」，實際上也是音譯，因為無論是德文的「Ideologie」，法文的「Idéologie」，英文的「Ideology」，俄文的「идеология」，其發音都類似於中文的音譯「意德沃羅基」。〔註 153〕因此總的來說，在中文語境中只存在兩大類的譯法，即「意識形態」、「意德沃羅基」等音譯和「觀念形態」、「社會思想」、「思想體系」等意譯，這一翻譯特點與中國古代學者翻譯佛教典籍時頗為相似。而今天我國通用的「意識形態」概念的表述，毫無疑問是馬列主義的思想內涵和日本的音譯譯法相結合的產物，中文意譯的方式在 1949 年以後除在第一版的《列寧全集》和《斯大林全集》中使用之外，現在已不常使用；中文音譯的方式除在臺灣等地區有所保留〔註 154〕外，我國學界也已經基本不再使用。

　　意識形態概念最早傳入中國時使用的是日本譯法的方式，無論是日本譯法的「觀念形態」，還是意譯的「社會思想」等，包括譯音的「意德沃羅基」等甚至包括德文「Ideologie」的直接使用，在民國刊物中出現的時間都要晚於「意識形態」這一表述。「意識形態」一詞最早出現於 1919 年 5 月的北京《晨

〔註 153〕據考證，日本學者河上肇在日譯文中以日語「意識形態」對應了德語中的「意識形式」，而以「觀念上的形態」對應了德語中的「Ideologie」，因此中文語境中首先出現的「意識形態」一詞並不是馬克思所使用的德語「Ideologie」，德語「Ideologie」在日文中的準確譯法是「觀念上的形態。」在 1926 年由櫛田民藏、森戶辰男翻譯的日文版《德意志意識形態》，已把觀念形態與譯音的「イデオロギー」作為同義詞使用。參見張秀琴：《馬克思意識形態概念在中國的早期傳播與接受：1919～1949》，《馬克思主義與現實》2013 年第 1 期。

〔註 154〕即「意底牢結」，參見李亦園、古偉瀛、黃俊傑等編：《觀念史大辭典（政治與法律卷）》，臺灣：幼獅文化事業股份有限公司 1987 年版，第 630 頁。

報》副刊「馬克思研究」專欄上，〔註155〕出自陳溥賢（署名淵泉）的譯文《馬克思的唯物史觀》，《新青年》對這篇文章作了轉載。隨後李大釗在《新青年》上的《我的馬克思主義觀》一文中，也明確使用了中文「意識形態」一詞：「生產關係的總和，構成社會的經濟的構造——法制上及政治上所依以成立的、一定的社會的意識形態所適應的真實基礎」。〔註156〕1920 年《解放與改造》發表了陳築山譯述的《社會主義簡明史》〔註157〕，也使用了意識形態一詞，明確把「社會意識形態」看作是經濟基礎的對應產物。

隨後，留日學生群體大量譯述了日本學者關於馬克思主義唯物史觀的著作，其中以河上肇、藏原惟人、青野季吉、永田廣志等學者的著作影響最大。河上肇的有關意識形態的著作有：1924 年由范壽康、施存統、化魯譯述，商務印書館出版的《馬克思主義與唯物史觀》是河上肇的《社會問題研究》第三冊《馬克思主義的理論體系》〔註158〕，其中對意識形態的介紹是「社會的意識形態就是說：社會中所行的思想上精神上之主義思潮及其他關於人類意識的狀態」。〔註159〕1926 年由何松齡翻譯了河上肇譯著《唯物史觀研究》上篇的第一、二、三章，分別為《經濟學批評序中之唯物史觀公式》、《唯物史觀公式中之一句》、《唯物史觀中所謂「生產」「生產力」「生產關係」的意義》，商務印書館又合輯了研究唯物史觀的其他文章以《唯物史觀研究》為書名出版。〔註160〕這一時期經河上肇的著作傳入中國的意識形態理論，受塞利格曼的經濟史觀〔註161〕影響，具有典型的唯物史觀機械論的特徵。

同年，李培天較為完整地翻譯了河上肇 1919 年在日本信州和東京作的關於近世經濟思想的演講，命名為《改訂近世經濟思想史論》出版。書中第三講為《加爾・馬克思》，介紹了社會主義經濟學、唯物史觀、資本主義的經濟

〔註155〕　參見張秀琴：《馬克思意識形態概念在中國的早期傳播與接受：1919～1949》，《馬克思主義與現實》2013 年第 1 期。

〔註156〕　李大釗：《我的馬克思主義觀（上）》，《新青年》1919 年第 6 卷第 5 號。

〔註157〕　陳築山（築山醉翁）：《讀書錄・社會主義簡明史》，《解放與改造》1920 年第 2 卷第 1 號。

〔註158〕　范壽康、施存統、化魯譯述：《馬克思主義與唯物史觀》，上海：商務印書館 1924 年版，第 2 頁。

〔註159〕　范壽康、施存統、化魯譯述：《馬克思主義與唯物史觀》，上海：商務印書館 1924 年版，第 5 頁。

〔註160〕　何松齡等：《唯物史觀研究》，上海：商務印書館 1926 年版，第 7 頁。

〔註161〕　參見（美）塞利格曼：《經濟史觀》下，陳石孚譯，上海：商務印書館 1922 年版。

組織之批評、社會民主主義等內容，在書中唯物史觀部分中 3 次使用「意識形態」一詞。〔註162〕青野季吉的《觀念形態論》，1930 年由若俊譯出，書中把觀念形態作為意識形態的同義詞使用，分為觀念形態一般論、法制論、宗教論、藝術論、哲學論五篇，大量引用馬克思、昂格司（今譯恩格斯）、蒲哈林（今譯布哈林）〔註163〕等人的觀點，比較系統地闡述了觀念形態的理論系統。〔註164〕稍後有藏原惟人作、錢歌川譯的《觀念形態論》一文發表，文中對觀念形態（即意識形態）的介紹採用了布哈林在《歷史唯物主義》中的定義：「觀念形態是社會心理底凝結物。」〔註165〕這一時期還有早瀨利雄作、夫合譯《美國革命的意識形態》〔註166〕，永田廣志作、田知譯的《意識形態的發展法則（意識形態之史的理解）》〔註167〕等文章在中文期刊問世。

留日學生不僅翻譯、介紹日本學人的講義，還把蘇俄馬克思主義理論家的作品由日文翻譯成中文。根據日文轉譯的著作中，波格達諾夫著的《經濟科學大綱》，先後有了周佛海 1926 年商務印書館中譯本，施存統 1927 年新青年社中譯本以及施存統 1930 大江書鋪中譯本（施存統的《經濟科學大綱》譯本再版了 3 次以上，影響很大），書中均已使用「意識形態」。由波格達諾夫著，陳望道、施存統合譯的《社會意識學大綱》於 1929 年首次出版了節譯本，陳望道在譯者序言中表示，「譯時是施先生用的力較多」，因此意識形態的用

〔註162〕本文中關於「意識形態」的統計數字皆出自「瀚文民國書庫」（www.hwshu.com）。該書庫同時提供了部分相關民國版圖書的查閱服務，在此表示感謝。

〔註163〕布哈林作為列寧之後的蘇共最重要的理論家，被認為是列寧與斯大林之間的理論橋樑，「布哈林的事業跨過布爾什維主義史上的一個時期，即布爾什維主義的意識形態還處於過渡狀態的時期。」參見（美）悉尼·海特曼：《列寧和斯大林之間：尼古拉·布哈林》，見《世界評布哈林》，北京：東方出版社 1988 年版，第 12 頁。
在 1924 年至 1928 年之間，「斯大林和布哈林在政治上是盟友，他們的看法基本上一樣，但是，在整個蘇聯思想領域中，居於支配地位的並不是斯大林，而是布哈林。」參見（美）悉尼·海特曼：《列寧和斯大林之間：尼古拉·布哈林》，見《世界評布哈林》，北京：東方出版社 1988 年版，第 24 頁。在這一時期的中國，在對蘇聯馬列主義思想的引入過程中，在意識形態概念的使用中，也能體現出布哈林在中國的理論影響力。

〔註164〕參見青野季吉著，若俊譯：《觀念形態論》，上海：南強書局 1930 年版。

〔註165〕藏原惟人著，錢歌川譯：《觀念形態論》，《北新》1930 年第 4 卷第 10 期。

〔註166〕早瀨利雄著，夫合譯：《美國革命的意識形態》，《史社季刊》1933 年創刊號。

〔註167〕永田廣志著，田知譯：《意識形態的發展法則》，《民心月刊》1936 年第 1 卷第 1 期。

法很可能是施存統的翻譯。在 1930 年的完整譯本中,「意識形態」一詞在《社會意識學大綱》之中的使用頻率已達到 164 次。〔註 168〕同一時期,在蒲列罕諾夫的《馬克思主義底哲學問題》1930 年的中譯本中也出現了意識形態的表述。〔註 169〕

　　早在 1920 年,陳望道根據《星期評論》編輯戴季陶提供的日文本和《新青年》主編陳獨秀提供的英文本翻譯了《共產黨宣言》,但該譯本並未使用「意識形態」的表述。例如,陳望道譯本中的一句:「至於宗教,哲學,及一般理想家,非難共產主義的話,是不值得嚴密討論。」〔註 170〕而現行的譯法是「從宗教的、哲學的和一切意識形態的觀點對共產主義提出的種種責難,都不值得詳細討論了。」〔註 171〕又例如,陳望道 1920 年譯本中為「那形式(即概念),在階級對抗沒有完全消滅的期內,不能完全消失」〔註 172〕,現在譯為「這些形式,這些意識形式,只有當階級對立完全消失的時候才會完全消失」〔註 173〕。並且在陳望道傾向於把「意識」譯成「自覺」。

　　留蘇的瞿秋白〔註 174〕在 1924 年出版的《社會科學概論》中也沒有使用「意識形態」一詞,而是用意譯的方式譯為「社會思想」。在上層建築的中,哲學和科學是「社會思想」居於最上層,其次是社會心理——宗教、藝術、道德和法律,再次是社會制度——即政治、法律等。社會思想、社會心理、社會

〔註 168〕參見波格達諾夫著,陳望道、施存統合譯:《社會意識學大綱》,上海:大江書鋪 1930 年版。

〔註 169〕蒲列罕諾夫著,章子健譯:《馬克思主義底哲學問題》,上海:樂群書店 1930年版。

〔註 170〕馬格斯、安格爾斯合著,陳望道譯:《共產黨宣言》,《陳望道文集》第四卷,上海:上海人民出版社 1990 年版,第 21 頁。

〔註 171〕卡·馬克思和弗·恩格斯:《共產黨宣言》,中共中央馬克思恩格斯列寧斯大林著作編譯局:《馬克思恩格斯文集》第 2 卷,北京:人民出版社 2009 年版,第 50 頁。

〔註 172〕馬格斯、安格爾斯合著,陳望道譯:《共產黨宣言》,《陳望道文集》第四卷,上海:上海人民出版社 1990 年版,第 22 頁。

〔註 173〕卡·馬克思和弗·恩格斯:《共產黨宣言》,見《馬克思恩格斯文集》第 2 卷,北京:人民出版社 2009 年版,第 52 頁。

〔註 174〕瞿秋白 1917 年考入北洋政府外交部部立俄文專修館學習俄文,1920 年以《晨報》特派記者身份赴蘇俄,1923 年應陳獨秀要求回國參加革命。大革命失敗後擔任中共中央臨時政治局常委,1928 年為組織並參加在莫斯科召開的中共六大再次赴蘇聯,1930 年受共產國際委派回國。參見張秋實:《解密檔案中的瞿秋白》,北京:東方出版社 2011 年版。

制度統稱社會建築，是位於生產力和經濟關係的社會基礎之上的。〔註 175〕並把「社會思想」與「階級鬥爭的工具」相對應：「治者階級不但以經濟力量（佔有生產資料及工具，因而佔有受治階級勞動的生產品之一部分）剝削受治階級，並且用政治、法律、宗教、道德、風俗、藝術、科學來輔助他的剝削行為。這些社會現象便成治者階級的階級鬥爭的工具。」〔註 176〕

在瞿秋白那裡，與社會思想的指代最接近的還有「精神工具」一詞——「舊社會裏新階級的勢力膨脹，自然創造自己階級鬥爭的『精神工具』：發現新政治理想，鼓勵群眾的社會心理凡此一切都不過新階級取得政權的預備——革命工具不完備，當然革命難以成功，所以政治理想及社會心理當然是革命及其他變革的必要的助緣。」〔註 177〕在 1930 年的《共產黨宣言》華崗譯本中，已經使用了觀念形態的譯法：「至於從宗教，哲學及一般從觀念形態的見地非難共產主義的話，都是不值得嚴密討論的。」〔註 178〕華崗譯本是根據恩格斯親自校閱的 1888 年英譯本翻譯的，「觀念形態的見地」完全對應了英譯本中的「ideological standpoint」。

成仿吾在《全部的批判之必要》一文中準確使用了「意識形態」一詞，強調「文學的變革過程應由意識形態與表現方法兩方面聯合說明」，在革命進入低潮的時候，文藝「決不應止於是社會生活的反映，它應該積極地成為變革社會的手段」〔註 179〕；文章中對同一詞彙同時採用了音譯的「意德沃羅基」的表達，因此此時意識形態概念的使用在共產黨群體中還未固定下來。但在成仿吾、徐冰 1938 年的《共產黨宣言》譯本中，上面那段話已經翻譯成「從宗教，哲學與一般意識形態的觀點上來反對共產主義的那種非難是不值得詳細辯論的」〔註 180〕，1943 年博古譯本也已經使用「意識形態」這一詞彙。

中共黨內對意識形態概念的使用，實際上經歷了意識形態的日本譯法和

〔註 175〕 參見瞿秋白：《社會科學概論》，長沙：文化書社 1924 年版，第 77～78 頁，見《民國叢書》第一編。

〔註 176〕 瞿秋白：《社會科學概論》，長沙：文化書社 1924 年版，第 18 頁。

〔註 177〕 書中同樣使用了「精神上的武器」的說法。參見瞿秋白：《社會科學概論》，長沙：文化書社 1924 年版，第 37～38 頁。

〔註 178〕 馬克思、恩格斯著，華崗譯：《共產黨宣言》，上海：華興書局 1930 年版；見《共產黨宣言：漢譯紀念版》，北京：中華書局 2011 年版，第 94 頁。

〔註 179〕 成仿吾：《全部的批判之必要》，《創造月刊》1927 年第 1 卷第 10 期。

〔註 180〕 馬克思、恩格斯著，成仿吾、徐冰譯：《共產黨宣言》，延安：延安解放社 1938 年版，第 40 頁。

意識形態理論的俄蘇理論內涵的結合。促使「意識形態」的概念與理論內涵在黨內翻譯家群體的使用中逐步定型的，則是左翼作家群體。

中國共產黨成立以後，在共產國際幫助下，中國的馬克思主義者們通過接觸共產國際中國專員或去蘇聯培訓學習的方式直接地接觸到了馬列主義思想，而這自然與來自留日學生群體在意識形態或觀念形態的譯法方面存在文本對接的困境。通過瞿秋白的例證可以發現，沒有日語學習背景的中國馬克思主義者最初並沒有使用「意識形態」來表述與之相應的概念，他們或用意譯，或用音譯；而最終解決這個文本對接困境的方式是借用意識形態（或觀念形態）的表述來翻譯蘇聯文藝理論家的作品，這是由左翼作家群體在文藝領域中實現的。

相關文獻翻譯方面，在魯迅、郁達夫、馮雪峰、李一氓（筆名民治，創造社）、徐玉諾（明天社〔註181〕）等人創辦的《奔流》、《拓荒者》、《明天》、《語絲》、《流沙》等刊物上翻譯、介紹了蘇俄馬克思主義理論家的思想。左翼作家主編的刊物還出版了盧那卡爾斯基作的《意識形態與藝術》〔註182〕、布哈林作《歷史唯物主義》的節譯《社會心理學與社會觀念形態學》〔註183〕，《葉賽寧傾向底清算》〔註184〕、《革命十年間蘇俄的詩的輪廓》〔註185〕、《蘇俄普羅文藝發達史》〔註186〕等等一些介紹蘇聯文藝理論的文章。

這一時期「第一回無產階級作家全聯邦大會的決議」的翻譯，對意識形態及觀念形態概念的傳播影響巨大。魯迅等人在 1928 年翻譯的《觀念形態戰線和文藝》〔註187〕，是對俄蘇「第一回無產階級作家全聯邦大會的決議」的部分內容的翻譯。這個決議 1925 年 1 月第一次無產作家全聯邦大會決議通過，同年 7 月 1 日《真理報》全文發表。藏原惟人於 1927 年 5 月將其介紹到日本，1928 年 5 月，魯迅根據藏原惟人和外村史郎所輯日文本轉譯為

〔註181〕　參見程中原：《關於「明天社」》，《新文學史料》1983 年第 3 期；嚴恩圖：
　　　　　《「五四」時期皖籍作家與新文學團體「明天社」》，《阜陽師範學院學報（社
　　　　　會科學版）》2003 年第 6 期。
〔註182〕　盧那卡爾斯基：《意識形態與藝術》，《拓荒者》1930 年第 1 卷第 1 號。
〔註183〕　布哈林著，武者譯：《社會心理學與社會觀念形態學》，《明天》1929 年第 2
　　　　　卷第 7 期。
〔註184〕　《葉賽寧傾向底清算》，《語絲》1929 年第 5 卷第 23 期。
〔註185〕　《革命十年間蘇俄的詩的輪廓》，《語絲》1930 年第 5 卷第 48 期。
〔註186〕　《蘇俄普羅文學發達史》，《語絲》1930 年第 5 卷第 44 期。
〔註187〕　魯迅譯：《觀念形態戰線和文藝》，《奔流》1928 年第 1 卷第 1 號。

中文，1928 年 6 月 20 日《奔流》雜誌創刊，即在此刊發表。〔註 188〕1930
年 6 月，水沫書店集結了《關於文藝政策評議會速記錄》（瓦浪斯基、布哈
林、阿衛巴赫、雅克波夫斯基、普列忐內夫、托羅茲基、羅陀夫等在文藝政
策討論會上的發言）、《觀念形態戰線和文藝──第一回無產階級作家全聯
邦大會的決議》和正文《關於文藝領域上的黨的政策─俄國共產黨中央委
員會的決議》等文章，加上日本岡澤秀虎著、馮雪峰譯的《以理論為中心的
俄國無產階級文學發達史》一文，這些文章以《蘇俄的文藝政策》為書名出
版了單行本，「魯迅翻譯的《蘇俄的文藝政策》對 30 年代中國的左翼文學
是影響巨大的。」〔註 189〕

　　1928 年的《布爾塞維克》上發表了《共產國際第六次世界大會宣言》
〔註 190〕，以及布哈林在共產國際六大上做的《國際形勢與共產國際之任務》
〔註 191〕的大會報告，使用了「帝國主義之意識形態」、資本主義內部的「社
會民主派的意識形態」等中文譯法。有左聯背景又直接參與中國共產黨機關
刊物《布爾塞維克》翻譯的知識分子李一氓，在翻譯《共產國際第六次世界
大會宣言》和《共產國際綱領》時依據的是英文版，但李一氓同時也關注魯
迅他們的《語絲》、創造社的《洪水》、《創造週報》等刊物。〔註 192〕

　　蘇俄文藝理論的大量傳入，恰恰是在大革命陷入低潮之後，因而對無產
階級革命文學的強調，正是為了從文藝上推動革命高潮的到來。〔註 193〕正因
如此，中國共產黨的馬克思主義理論家對意識形態概念使用的真正接受，在
一定程度上是通過左翼作家群體領導的無產階級革命文學運動而逐步得以實
現的。

　　左聯的成立對意識形態概念的革命性話語運用具有重要影響。在左聯成
立之前的左翼作家群體中，創造社的成仿吾就立足於無產階級的文藝立場，

〔註 188〕參見姚辛：《左聯史》，北京：光明日報出版社 2005 年版，第 664 頁。魯迅
　　　　同時也說明了，翻譯時只有一種日譯本，沒有其他文本可以參考。參見魯迅：
　　　　《〈奔流〉校編後記》，見《集外集》，北京：北京聯合出版公司 2014 年版，
　　　　第 143～146 頁。

〔註 189〕參見姚辛：《左聯史》，北京：光明日報出版社 2005 年版，第 664～665 頁。

〔註 190〕《共產國際第六次世界大會宣言》，《布爾塞維克》1928 年第 2 卷第 1 號。

〔註 191〕布哈林：《國際形勢與共產國際之任務》，《布爾塞維克》1928 年第 2 卷第 1
　　　　號。

〔註 192〕參見李一氓：《李一氓回憶錄》，北京：人民出版社 1993 年版，第 94、43 頁。

〔註 193〕參見成仿吾：《全部的批判之必要》，《創造月刊》1927 年第 1 卷第 10 期。

明確地宣稱「我們要努力獲得階級意識，我們要使自己我們的媒質接近農工大眾的用語」，進而「以明瞭的意識努力你的工作，驅逐資產階級的『意德沃羅基』在大眾中的流毒與影響，獲得大眾，不斷地給他們以勇氣。」〔註 194〕中國左翼作家聯盟成立大會確定的行動總綱領為無產階級文學運動進一步指明了前進方向：「我們文學運動的目的在求新興階級的解放……確立馬克斯主義的藝術理論及批評理論……從事產生新興階級文學作品」，大會確定的藝術立場是反封建階級、反資產階級、反小資產階級，立足點就是無產階級藝術，「我們不得不站在無產階級的解放鬥爭的戰線上，攻破一切反動的保守的要素。」〔註 195〕

在 20 世紀 30 年代的文藝活動中，左翼作家群體在藝術理論方面大量引入了蘇俄無產階級的文藝理論，堅守了文藝理論的無產階級立場和意識形態屬性。朱璟在《關於「創作」》中認為五四時期的「靈感主義，情緒之神聖不可侵犯主義，是新興資產階級的意識形態所顯現於文學上的個人主義」，五四時期的新文學運動要打倒的「『貴族文學，古典文學，山林文學』換言之即中國傳統的舊文學，可說都是封建階級意識形態之產物，新興資產階級的意識形態對封建思想開始鬥爭的『五四』時期而言，個人主義成為文藝創作的主要態度和過程」。〔註 196〕在對馬克思主義的文藝批評理論的運用中，左聯作家把矛頭指向鴛鴦蝴蝶派式的消遣文藝，認為《彎弓集》中的作者序言「反映了為封建餘孽部分的小市民層所狂熱歡迎著的這作家對於「小說」的認識，大部分是建築在封建的意識形態上的。」〔註 197〕在影視評論中，眾多左翼評論家大都持這樣的觀點：「始終認定電影是和其他藝術同樣的是『意識形態』，同樣是服務或者代表製作者本身和他的階級。」〔註 198〕

文藝的階級立場和意識形態立場是左聯群體區別於其他文學流派的最重要的特徵，左聯作家具有更加鮮明的時代使命感、革命意識與無產階級的文藝立場，主動地繼承了五四以來的文學革命運動，並有意識地克服「小資產

〔註 194〕成仿吾：《從文學革命到革命文學》，《創造月刊》1927 年第 1 卷第 9 期。
〔註 195〕《國內外文壇消息：中國左翼作家聯盟的成立》，《拓荒者》1930 年第 1 卷第 3 期。
〔註 196〕朱璟：《關於「創作」》，《北斗》1931 年第 1 卷第 1 期。
〔註 197〕錢杏邨（阿英）：《上海事變與鴛鴦蝴蝶派文藝》，《北斗》1932 年第 2 卷第 2 期。
〔註 198〕摩爾：《電影專刊·評「爵士歌王」King of Jazz》，《申報（新聞）》1933 年第 21691 號增刊。

階級的意識形態」的「惡劣的根性」。無產階級的階級意識與農工大眾的結合，是馬列主義的意識形態由精神力量轉化為物質力量的關鍵。從左聯這一時期對意識形態概念的使用中可以看出，左聯的文藝活動特別是無產階級文藝批評理論的運用，與黨的宣傳工作一道，共同承擔了喚醒中國無產階級的階級意識的歷史任務。此時左聯的文藝活動綱領與稍晚的延安時期的黨的文藝政策都含有某些一以貫之的精神特質。

在意識形態概念的使用方面，與文學領域的左翼運動相呼應的是中國社會性質與社會史的論戰。這場旨在探明中國革命的當下階段與任務的論戰雖然是以思想學術形式表現出來，但其根本的指向是政治性的。論戰中使用的術語毫無疑問是從屬於馬列主義話語體系的，意識形態概念自然是論戰中必不可少的重要詞彙。中國社會性質和社會史的論戰催生了中國社會經濟史的研究，而社會經濟史的研究離不開對國外社會學理論的介紹，這一時期影響較大的著作除了前文提到的波格達諾夫著，陳望道、施存統合譯的《社會意識學大綱》，瞿秋白的《社會科學概論》，還包括李達的《現代社會學》〔註199〕和《社會學大綱》〔註200〕，布哈林著、陶伯譯的《唯物史觀》〔註201〕，蒲列漢諾夫著、李麥麥譯的《現代經濟的基本問題》〔註202〕，馬克斯著、郭沫若譯的《德國觀念形態論》〔註203〕，吳黎平、艾思奇合著的《唯物史觀》〔註204〕、沈志遠的《社會科學基礎講座》〔註205〕等等。

用歷史學的方法分析研究中國當下各階級的意識形態的一系列作品中，朱其華的《中國布爾喬亞意識形態之史的發展》詳細分析了中國近代史上的著名人物曾國藩、李鴻章、張之洞、康有為、梁啟超、孫逸仙、譚嗣同、鄒容、宋教仁、戴季陶、陳獨秀、胡適的思想主張，認為這些人的思想都是中國資產階級意識形態的代表。〔註206〕傅克興的《意識形態的變革與唯物

〔註199〕李達：《現代社會學》，上海：崑崙書店1929年第7版。

〔註200〕李達：《社會學大綱》，上海：筆耕堂書店1939年版。

〔註201〕布哈林著，陶伯譯：《唯物史觀》，上海：泰東圖書局1930年版。

〔註202〕蒲列漢諾夫著，李麥麥譯：《現代經濟的基本問題》，〔出版地不詳〕：社會科學研究會，1930年版。

〔註203〕馬克斯著，郭沫若譯：《德國觀念形態論》，上海：神州國光社1932年版。

〔註204〕吳黎平、艾思奇：《唯物史觀》，膠東聯合社，1941年版。

〔註205〕沈志遠：《社會科學基礎講座》，香港：智源書局1947年版。

〔註206〕朱其華：《中國布爾喬亞意識形態之歷史的發展》，《流火月刊》1931年第1卷第1號。

辯證法》用唯物史觀立場分析了當下社會的意識形態走向,「在現代資本主義沒落的過程裏面,資本主義的意識形態如何暴露他的矛盾,而必然地產生了新的意識形態——無產階級底意識形態——來把資產階級從來對於客觀對象所歪曲了的認識矯正,同著社會的經濟的發展同時進於更高的一個階段。」〔註207〕

　　另外,《中國社會的解剖》〔註208〕、《中國社會與中國革命》〔註209〕、《中國社會發展史綱》〔註210〕等分析了我國封建的意識形態,在這其中孔子的儒家學說是主要內容。鄧演達在著名的《南京統治的前途及我們今後的任務》一文中,把南京政府的意識形態區分為「中學為體西學為用」的「蔣介石群」、「勇於改過」的孔教正統派的「胡漢民群」、比胡漢民更右傾的孔教信徒「戴季陶群」、黃老思想與機械唯物論相駁雜的「李石曾群」、類似與歐洲民主主義者以蔡元培為代表的「名流群」以及以孫科、孔祥熙、宋子文、張靜江等為代表的「基督教徒群」,而分析南京統治的意識形態的最終結論是:「反孔教反基督教的革命行動一時未曾成功,則中國必定暫時會由孔教與基督教聯合統治著。」〔註211〕熊得山於1934年有《中國目前社會意識形態之觀察》一文,也從意識形態角度分析了中國社會現狀,文章認為中國目前的兩大類意識形態,其一為封建意識形態,主要是個人中心的和國粹主義的;其二是半殖民地的意識形態,主要是非自主的和忍辱的。並明確提出,「一種意識形態如果把握了廣大群眾,雖是一種精神的力,就不啻是一種物質的力,即其影響甚大。」〔註212〕

　　與國民黨的意識形態相關,從動員全國人民一致抗日的目的出發,陳安仁在《民族的意識形態與其對外抗鬥所經的階段》中認為「我們知道一個民族對外的抗鬥行為,是否持久?是否堅忍?是否努力?是否一致?均可在他的意識形態中為決定的條件。中國民族嘗被外人譏誚為一盤散沙,又嘗被日本人譏誚只有五分鐘的熱度;就歷來對外的民族運動中經過的種種事實來觀

〔註207〕傅克興:《意識形態的變革與唯物辯證法》,《思想》1928年第2期。
〔註208〕楊一帆編:《中國社會的解剖》,北平:君中書社1932年版。
〔註209〕陶希聖:《中國社會與中國革命》,上海:新生命書局1935年版。
〔註210〕張軍光:《中國社會發展史綱》,上海:中華書局1935年版。
〔註211〕鄧演達:《南京統治的前途及我們今後的任務》,《革命行動》1930年第3期。
〔註212〕熊得山:《中國目前社會意識形態之觀察》,《申報月刊》1934年第3卷第7期。

察一下，這種譏評，都有幾分的理由，這就是表現中國民族意識形態薄弱的象徵。」作者認為，想要解決這個問題，就要把國民黨的主義作為意識形態的重要內容，從而作為團結抗日的理論基礎：「如果中國四萬萬的民眾不能在本黨主義領導之下，而統一意志行動，如果中國國民黨內仍然受一種派別成見所牽制發生糾紛，不能在主義領導之下，而團結全黨的意志行動，則中國民族的意識形態，有瓦解分裂之象徵，而國家也同時陷於危亡不可超拔的境地啊！」〔註213〕這是把「本黨主義」即三民主義和意識形態概念直接相關聯的較早的一篇文章。

意識形態概念與階級分析法結合的具體體現，在文學領域是「無產階級革命文學」的提出，在史學領域是五種社會形態與不同類型的意識形態的一一對應，在政治領域則是中國共產黨的領導人毛澤東對無產階級意識形態領導權的強調。與此相關的一個重要現象是：左翼作家普遍認為，文學是意識形態的一個重要門類，階級性是文學的基本屬性。因此文藝鬥爭是階級鬥爭的體現，階級鬥爭與意識形態鬥爭等同，在這個意義上，「無產階級革命文學」運動與「無產階級文化大革命」具有革命理論上的關聯性。

意識形態概念在中共黨內發揮重要影響，真正開始於延安時期，這一時期也是毛澤東思想逐步走向成熟的關鍵階段。據現已發現的資料，毛澤東是在 1938 年讀到了李達《社會學大綱》一書的，並且在批註中總結概括了對意識形態的理解：「社會意識形態是理論上再造出現實社會。」〔註214〕在李達關於古代觀念論哲學的討論部分，批註為：「代表古代反動貴族的意識形態是古代觀念論哲學。其發生發展的歷史根據有六：（一）由於希臘奴隸經濟的向下發展而產生的深刻的階級分化與鬥爭，引起貴族主義與民主〔主〕義之意識形態的鬥爭，前者便以觀念論為基礎。」〔註215〕在 1939 年閱讀的艾思奇編的《哲學選輯》中批註：「哲學是一定階級的意識形態的集

〔註213〕陳安仁：《民族的意識形態與其對外抗鬥所經的階段》，《僑務月報（廣州）》1931 年第 2 期。

〔註214〕毛澤東：《讀李達著〈社會學大綱〉一書的批註（1938 年 1 月～3 月）》，見中共中央文獻研究室：《毛澤東哲學批註集》，北京：中央文獻出版社 1988 年版，第 210 頁。

〔註215〕參見毛澤東：《讀李達著〈社會學大綱〉一書的批註（1938 年 1 月～3 月）》，見《毛澤東哲學批註集》，北京：中央文獻出版社 1988 年版，第 225～226 頁。

中表現。」〔註216〕毛澤東對意識形態的理論認識飽含著強烈的現實關懷，「提高中國人民的能動性、熱情，鼓吹變革現實的中國是可能的。」〔註217〕「意識形態」與「階級鬥爭」的關係，此時已經清晰地展現出來了。「階級鬥爭是馬克思主義對毛澤東革命思想的形成的重要貢獻之一……在毛澤東1926 年論農民各階級的文章中可以明顯看出，他傾向於使用階級分析來區分不同群體的苦難以及他們的革命潛力。使毛澤東感興趣的是階級鬥爭而不是生產關係。」〔註218〕

　　結合新民主主義革命的歷史進程，從《中國社會各階級的分析》中體現的初步使用的階級分析法中我們可以看到，毛澤東用承認階級差異的階級分析法，統攝地分析了中國社會上各主要階級即利益派別的力量，從而明確了在革命實踐過程中把各階級力量放在恰當戰略位置上的方法；1939 年前後，又把「意識形態」理論引入到階級分析法中，這無疑推動了毛澤東階級鬥爭理論在革命實踐的錘鍊中的進一步成熟。

　　在毛澤東關於意識形態的重要論著《新民主主義論》中，雖然沒有明確使用「意識形態」一詞，但卻使用了「觀念形態」〔註219〕以及與之相近的「文化思想」和「思想體系」的表述。〔註220〕毛澤東在《新民主主義論》中特別強調了意識形態（即觀念形態）的領導權問題和三種意識形態的當下命運。文章認為馬克思的存在決定意識的觀點「是自有人類歷史以來第一次正確地解決意識和存在關係問題的科學的規定，而為後來列寧所深刻地發揮了的能動的革命的反映論之基本的觀點」。〔註221〕「沒有資本主義經濟，沒有資產

〔註216〕毛澤東：《讀艾思奇編〈哲學選輯〉一書的批註（1939 年 5 月以後）》，見《毛澤東哲學批註集》，北京：中央文獻出版社 1988 年版，第 310 頁。

〔註217〕毛澤東：《讀艾思奇編〈哲學選輯〉一書的批註（1939 年 5 月以後）》，見《毛澤東哲學批註集》，北京：中央文獻出版社 1988 年版，第 311 頁。

〔註218〕（美）沃馬克著，霍偉岸、劉晨譯：《毛澤東政治思想的基礎：1917～1935》，北京：中國人民大學出版社 2013 年版，第 188 頁。

〔註219〕意識形態概念在中共內部的具體使用上一直存在多種表達方式。雖然意識形態作為主流詞彙在新中國成立後已經基本固定並且普及，但仍有「思想體系」、「觀念形態」的使用存在，我國學者在翻譯列寧、斯大林的著作時，也曾把「思想體系」作為「意識形態」的同義詞使用。

〔註220〕相關討論參見俞吾金：《意識形態論》，上海：上海人民出版社 1993 年版，第 218 頁。

〔註221〕毛澤東：《新民主主義論（1940 年 1 月）》，見《毛澤東選集》第二卷，北京：人民出版社 1991 年版，第 664 頁。

階級、小資產階級和無產階級，沒有這些階級的政治力量，所謂新的觀念形態，所謂新文化，是無從發生的。」〔註222〕這種新觀念形態、新文化的產生有其堅實的基礎，進而新的文化是要替新政治新經濟服務的，「文化革命是在觀念形態上反映政治革命和經濟革命，並為它們服務的。」〔註223〕新文化發展方向的理論具體展開即是——「所謂新民主主義的文化，就是人民大眾反帝反封建的文化；在今日，就是抗日統一戰線的文化。這種文化，只能由無產階級的文化思想即共產主義思想去領導，任何別的階級的文化思想都是不能領導了的。」〔註224〕這就明確強調了無產階級的意識形態領導權。毫無疑問，「無產階級的文化思想」所領導的人民大眾的反帝反封建的新民主主義文化，是服務於「各革命階級聯合專政」的新民主主義政治和「耕者有其田」「節制資本」的新民主主義經濟的。

　　毛澤東明確地論述了人類歷史上的三種意識形態，即「思想體系和社會制度」——「封建主義的思想體系和社會制度，是進了歷史博物館的東西了。資本主義的思想體系和社會制度，已有一部分進了博物館（在蘇聯）；其餘部分，也已『日薄西山，氣息奄奄，人命危淺，朝不慮夕』，快進博物館了。」並以歷史唯物主義理論為根據，做出了有力的判斷：「現在的世界，依靠共產主義做救星；現在的中國，也正是這樣。」〔註225〕

　　毛澤東《在延安文藝座談會上的講話》強調了文學在無產階級意識形態中的重要地位，講話中部分繼承了左聯作家群體關於無產階級的文藝主張，「人民生活中的文學藝術的原料，經過革命作家的創造性的勞動而形成觀念形態上的為人民大眾的文學藝術，」〔註226〕並進一步提出，當前的文藝工作的重點是面向工農兵的普及工作、文藝工作要建立統一戰線、文藝批評要堅持政治的標準和藝術標準相統一等問題。從左聯時期提出無產階級革命文學，

〔註222〕毛澤東：《新民主主義論（1940年1月）》，見《毛澤東選集》第二卷，北京：
　　　　人民出版社1991年版，第695頁。
〔註223〕毛澤東：《新民主主義論（1940年1月）》，見《毛澤東選集》第二卷，北京：
　　　　人民出版社1991年版，第699頁。
〔註224〕毛澤東：《新民主主義論（1940年1月）》，見《毛澤東選集》第二卷，北京：
　　　　人民出版社1991年版，第698頁。
〔註225〕毛澤東：《新民主主義論（1940年1月）》，見《毛澤東選集》第二卷，北京：
　　　　人民出版社1991年版，第686頁。
〔註226〕毛澤東：《在延安文藝座談會上的講話（1942年5月）》，見《毛澤東選集》
　　　　第三卷，北京：人民出版社1991年版，第863頁。

直至延安文藝座談會的召開，文藝工作才作為意識形態工作的一個重要組成部分，而真正實現了在馬列主義思想指導下的統一行動。

傳入中國的意識形態概念正是完成了其第一次意義轉向的、經列寧改造後與階級鬥爭相結合的概念體系，是適應中國時代需要的革命理論。由施伏量（存統）編、新生命書局 1935 年出版的《社會科學小詞典》中解釋意識形態時明確指出：「『意識形態』指科學、哲學、宗教、藝術、道德習慣等反映生產關係及政治關係的上層建築。在階級社會，意識形態也是帶有階級性的。」〔註 227〕意識形態概念傳入中國以後，也有學者從認識論角度對這一概念做過介紹——「本來的解釋，原應為觀念學，但我們通常由『意特沃羅基』意譯的所謂意識形態，卻另有它的意義。意識形態有兩種，一種是個人的。……從這一切的感覺，情緒，欲念，就構成了各個人的個人意識。還有一種是社會的。……像這樣被理解的一切，憑發表由這一人傳給了別人的一切，便是社會的意識。社會意識的目的，就是在要消弭人類共同生活上的種種的障礙，是人類的行為得著調和。」〔註 228〕

這一時期翻譯的布哈林的著作，也從社會心理學的角度入手來分析意識形態，「由各樣的情感，思想，感覺，形式以組成之」的是社會心理學，進而「整統化的」是「觀念形態學」，所以布哈林認為「觀念形態學是凝結的社會心理學」〔註 229〕。這一類的介紹不僅未獲得中國學界的關注，就連譯者本人也只是為了說明這一概念的由來，從而為闡述意識形態與生產力，與社會階級的關係作鋪墊——「意識形態就是社會生產關係的表現和反映，它是和生產變化一同變化的。……意識形態就是人類生活的表現，因為各個階級生活的不同，所表現的意識形態當然也不同。」〔註 230〕這一時期有關意識形態概念的文章著作也都不同程度地具有這一特點，其認識論方面的哲學意味已被極大地忽視了。

從學術發展的特質上看，中國傳統學術在對人類思維的反思和認識的真假性問題上的探討並未充分展開，邏輯思維之樹也並未根深葉茂。一分為二的、主觀客觀的思維模式在傳統中國從未佔據主流地位，因此認識論就不是

〔註 227〕參見施伏量編：《社會科學小詞典》，上海：新生命書局 1935 年版，第 145 ～146 頁。

〔註 228〕寒松：《意識形態是什麼？》，《生活（上海）》1933 年第 8 卷第 8 期。

〔註 229〕布哈林著，武者譯：《社會心理學與社會觀念形態學》，《明天》1929 年第 2 卷第 7 期。

〔註 230〕寒松：《意識形態是什麼？》，《生活（上海）》1933 年第 8 卷第 8 期。

一個重要的學術理論的探索領域，從而認識論意義上的意識形態概念在中國不具有傳播的理論土壤。

（二）國家意識形態、帝制儒學、保守主義及雙軌規則等概念說明

特拉西創造的意識形態概念，在黑格爾，馬克思、恩格斯，列寧、斯大林，李大釗、毛澤東等不同歷史時期的理論家那裡的概念內涵的變化清晰可見。意識形態理論作為一種社會意識理論，隨著時代背景和政治局勢的要求而變化的歷史事實，有力證明了歷史唯物主義的「社會存在決定社會意識」的論斷的科學性。充分發揮主觀能動性，積極推動社會意識順應社會存在的變化，從而發揮社會意識對於社會存在能動的積極的反作用，這是符合馬克思主義的。而對人民群眾社會實踐的歷史經驗和教訓的總結，也必須上升到理論高度，才能更好地指導今後的社會建設實踐。

意識形態概念的演變發展的歷史告訴我們，應該順應社會發展階段的變化，恰當處理不同階級的意識形態間的關係，以符合時代要求的意識形態理論實現對全社會、全民族的精神引導作用，充分發揮意識形態對國家發展方向的指導作用。當今國際政治局勢和國家建設所面臨的歷史任務，也要求我們必須有充分的理論自覺，努力實現有利於國家發展、文明復興的理論創新。當代中國學者應自覺站在人民和國家的立場上，推動「意識形態」理論的第二次意義轉折。〔註231〕努力對這一概念的語義和理論體系進行符合時代要求的「損益」，從而構建「國家意識形態」概念，是實現這種理論創新的初步嘗試。

首先，「國家意識形態」的概念指意對象是客觀存在的。恩格斯認為，「在現代歷史中，國家的願望（意志）總的來說是由市民社會的不斷變化的需要，是由某個階級的優勢地位，歸根到底，是由生產力和交換關係的發展決定的。……它（指國家。筆者注）的存在和發展歸根到底都應該從社會的經濟生活條件中得到解釋。」〔註232〕因此我們可以看到，社會存在決定社會意識，經濟基礎決定上層建築；但上層建築並不同於經濟基礎，產生於社會存在的社會意識也具有相對獨立性。國家產生的基礎是個人的物質的生活方式，但國家並

〔註231〕 在這一方面劉建軍教授等學者做出了有益的理論探索。劉建軍認為，意識形態由理論基礎、時代框架、價值核心和外圍觀念四個功能部分或構件組成。參見劉建軍：《文明與意識形態》，北京：中華書局2011年版，第52頁。

〔註232〕 恩格斯：《路德維希·費爾巴哈和德國古典哲學的終結》，見《馬克思恩格斯全集》第二十一卷，北京：人民出版社1965年版，第345～346頁。

不是這種個人的物質生活方式本身。國家的統治意志在總體上和根本上反映這種物質的生產方式和交往形式，但是也不可能亦步亦趨、完全一致地跟隨著物質的生產方式和交往形式的變化而變化。馬克思和恩格斯徹底地批判了國家的統治意志和物質的生產方式和交往形式的關係的另外一個方面，即脫離了物質的生產方式和交往形式的意識形態。「國家一旦成了對社會的獨立力量，馬上就產生了新的意識形態。這就是說，在職業政治家那裡，在公法理論家和私法法學家那裡，同經濟的聯繫就完全消失了。」〔註233〕這種脫離了經濟事實和社會存在的意識形態，就脫離了它產生和賴以存在的母體。而只是在人們的頭腦中以純粹思維的形式獨立地發展，就必然是無根基的和虛幻的。

很顯然，國家相對於社會的獨立——因而也就是相對於經濟事實的獨立——是這種意識形態虛假性產生的重要原因。「國家作為第一個支配人的意識形態的力量出現在我們面前，社會創立一個機關來保護自己的共同利益，免遭內部和外部的侵犯。這種機關就是國家政權。它剛一產生，對社會來說就是獨立的，而且它愈是成為某個階級的機關，愈是直接地實現這一階級的統治，它就愈加獨立。」〔註234〕馬克思和恩格斯是在否定的意義上強調這種愈來愈嚴重的獨立的，因此也就否定了在這種國家獨立於社會的條件下產生的新的意識形態了。

但是，這裡馬克思和恩格斯也指出了一個顯而易見的判斷，即國家是高於（或不同於）社會的存在形式。這決不是說國家是獨立於社會之外的，恰恰相反，它是立足於社會的經濟的基礎之上的，因此它不能獨自產生新的意識形態。但國家並不是社會本身，作為社會創立的一個機關，作為市民社會的上層建築，它立足於社會的基礎之上而不同於社會本身的特點，就必然導致國家的意識形態立足於社會意識形態的基礎上，而帶有某些不同於社會意識形態的特點。馬克思和恩格斯批判的是已經脫離經濟事實、脫離生產方式和交往形式的、完全服務於某個階級因而完全獨立於整個的社會之外的意識形態，在現階段並沒有否定國家及其所具有的統治意志。根據馬克思和恩格斯的觀點，我們可以進一步提出：體現這種統治意志的國家意識形態能否同

〔註233〕恩格斯：《路德維希·費爾巴哈和德國古典哲學的終結》，見《馬克思恩格斯全集》第二十一卷，北京：人民出版社1965年版，第347頁。
〔註234〕恩格斯：《路德維希·費爾巴哈和德國古典哲學的終結》，見《馬克思恩格斯全集》第二十一卷，北京：人民出版社1965年版，第347頁。

經濟基礎、社會的生產關係和交往形式緊密相連，同廣大人民不斷變化的需要緊密相連，同社會各主要階級的意識形態緊密相連並保護社會共同利益，是判定某一國家意識形態是科學還是虛假的標準之一。

其次，「國家意識形態」概念與「意識形態」概念是有區別的。「國家意識形態」概念的意義指向是描述從人民群眾的社會實踐中來的、能夠指導國家發展方向的思想體系和社會制度，其最高理想是對人間秩序的全面安排。意識形態是在實踐中成熟的，是在某些理論家的理論探索與人民群眾的社會實踐的互動過程中逐漸成長、成熟起來的，其最大價值就在於能夠正確指導人類的社會實踐；意識形態是直接立足於社會實踐的理論探索和經驗總結，不是某些理論家的主觀臆造，這是意識形態和處於純思想狀態的學說理論的根本差異。但並不是所有的意識形態都能夠上升為國家意識形態。以人類歷史上的意識形態實際發展階段和其理論涵蓋面而論，大致可分為初生狀態、不完全狀態和完全狀態三大類。可用圖例大致表示如下：

初生狀態　　　　　　　不完全狀態　　　　　　　完全狀態

圖中虛線表示的是國家意識形態的理論範圍，陰影部分表示某一意識形態在實際上的理論涵蓋面。在一般情況下，在某一政治力量主導下的意識形態上升為國家意識形態的過程中，必須旗幟鮮明地排斥其他意識形態，以便為自己開闢出一條道路；而一旦其成為了國家意識形態，其為了鞏固自身地位，就必須妥善處理與各派政治力量、與各種政治主張的關係，就不得不為了政局的穩定和社會矛盾的緩和而作出某些利益讓步和政策調整。因此，國家意識形態具有一定的超越階級的特性，這是國家意識形態的實踐性決定的。

本文所稱的「國家意識形態」（State Ideology），是指處於完全狀態下的意識形態。以這個劃分為大致的衡量標準，則在迄今為止的人類歷史上，大約只有三種處於或曾經處於完全狀態的意識形態，即傳統中國的儒學，歐美的自由主義和前蘇聯、當代中國的馬克思主義。而國家意識形態意義上的儒學，在當代世界已經不是一個現時的存在，但它作為一種思想資源，仍在發揮作

用。而不完全狀態的意識形態的典型案例則是具有精神引導作用的宗教，其在政治領域採取的是政教合一的形式，以教會秩序代替政治制度，以精神性的信仰把現世生活引向彼岸世界。其典型代表如歐洲的中世紀基督教，印度的古代佛教，中東地區的伊斯蘭教等等。

　　理想中的「國家意識形態」就必須同時具有涵蓋全國各主要政治主張的理論包容性和在實踐策略上的可操作性。理論包容性就要求某一國家意識形態在橫向上能夠「聯合一切可以聯合的力量」以及在縱向上的與時俱進；策略可操作性就要求某一國家意識形態必須同時兼顧價值正義性和歷史正當性，價值正義性以確保「名正言順」從而使其有光明的發展前途，歷史正當性以確保「合於時宜」從而使其能夠在實然與應然之間架起橋樑。國家意識形態的存在不應該是一種限制，不應該成為「精神壓迫制度」，而應該是對國家發展方向的前瞻，整個國家因這種前瞻和設計而具有上下一體的社會架構、穩定的政治方向以及國家治理理論的可塑空間。國家意識形態必須對國家發展道路、社會資源分配、個人生存與發展需要等等作出全面的方向性安排，因此總體來說國家意識形態必須具有前瞻性與正義性、全局性與統籌性、方向性與理論開放性等特點；必須在張弛之間尋求一個恰當的平衡，過於鬆弛可能會導致國家發展方向不明確從而削弱國家凝聚力，過於收緊可能會導致社會矛盾激化而失去政治向心力。

　　雖然意識形態概念誕生於 18 世紀的法國，但其概念指意則存在已久。從人類歷史進程來看，「大道之行」「上帝之城」「無形之手」「無產階級世界觀」等類似提法都有一個共同指向，即人類社會的運行存在著一定的規則。所不同的只是，這個規則可能來源於聖人意志、上帝意志或群眾意志，並以各種形式在人類社會中表現、傳承和發展著。從世界歷史進程來看，產生於人類社會的各種意識形態作為一種精神力量而存在，但它一旦問世並反過來與現實世界發生二次關聯，就會影響世界歷史的進程，並且永遠成為世界歷史長河的一部分。如果剝去其外衣，則意識形態的本質就是試圖對人類社會某一領域的運行作出安排；而處於成熟階段的國家意識形態，則是試圖對某一地域範圍內的人間秩序作出全面安排。〔註235〕

〔註235〕「全面安排人間秩序」的提法出自余英時，「儒學不只是一種單純的哲學或宗教，而是一套全面安排人間秩序的思想系統。」參見余英時：《現代儒學的困境》，見《現代儒學的回顧與展望》，北京：三聯書店 2004 年版，第 54 頁。

儒學（Confucianism）在本文中是一個較為寬泛的概念，是指中國秦至清的帝制時代的官方思想體系，主要包括漢唐時期的經學和宋明時期的道學兩個大的階段，這其中又可以細分為今文經學、古文經學、程朱理學和陸王心學四個流派。但自晚清今文經學復興以來，參與國家治理的儒學思想開始逐步複雜起來，至民國時期，儒學中的經學和理學兩派已經在實際中難以區分。作為兩千多年帝制社會的國家意識形態，儒學的思想內涵是隨時代需要而不斷變化的，儒學也曾在魏晉時期受玄學的影響，在唐宋時期受佛學衝擊，在晚清時期遭西學衝擊。自漢武帝「罷黜百家，獨尊儒術」以來，儒學的思想內涵雖然幾經變化，但儒學與帝制社會相輔相成的國家意識形態的地位卻一直沒有被替換。但直至清帝國覆滅之前，儒學一直是中國帝制時代國家意識形態的主流。帝制的國家治理形態和政治運作模式不變，作為國家意識形態的儒學的地位就不可動搖。這正是帝制社會的士大夫所宣稱的「天不變，道亦不變」〔註235〕在政治領域的表現。這一點是儒學與中國其他思想流派的重大區別。

帝制儒學意識形態（Imperial Confucianism）是秦至清代以儒學（包括荀學）為理論來源並用以維持帝制政治架構的社會制度和思想體系。在帝制儒學意識形態形成、演變過程中，帝制為體制運行的核心和主導，儒學作為一種政治思想始終發揮著輔助和部分引領作用，是意識形態的理論主體。為配合鄉里宗族——郡縣官僚——中央皇帝的政治體制（可參考劉澤華的王權主義理論），而衍生出鄉約家訓——忠孝綱常——五德聖王的理論與之適應。僅就中央政權的設計而論，「事在四方，要在中央。聖人執要，四方來效」是基本理念，因而「聖人當位」、政令通達是天下大治的基礎。「治人」高於「治法」，聖人（皇帝）是帝制架構設計的中心，也是儒學實現現世理想的中心。聖人以德能或宗法正其位，聖王意志不能通達是天下混亂的根本原因。雖然對聖人（皇帝）德行的糾正在漢代以天人感應說為主，在宋代以內聖人格修養為主，但聖王理想作為帝制儒學意識形態的理論重心是一直未變的。〔註236〕

〔註235〕董仲舒：《賢良對策》，見范曄：《漢書·董仲舒傳》，北京：中華書局 1962 年版，第 2519 頁。

〔註236〕相關論述參見金觀濤、劉青峰：《開放中的變遷——再論中國社會超穩定結構》，北京：法律出版社 2010 年版，第 12～16 頁；蕭公權：《中國政治思想史》，北京：商務印書館 2017 年版，第 100～124、398～400 頁。

　　保守主義（Conservatism）在本文中是指一種維持現狀或者具有復古傾向的政治主張。保守主義公認的奠基之作是埃德蒙・柏克的《反思法國大革命》，他在書中這樣表達自己的觀點：「摧毀古老的思想和人生規則會帶來無法估量的損失。從它們坍塌的那一刻起，我們便失去了幫助我們自我治理的羅盤，同時也不再瞭解我們應該駛向哪一個港口。」〔註237〕因此他明確主張，「我們希望保存一個建構完備的教會、一個建構完備的王朝、一個建構完備的貴族制度、一個建構完備的民族體系，並讓他們都停留在目前的程度上，不想肆意加深擴大。」〔註238〕從這裡我們可以看到，所謂保守主義，是一種維持現存制度的主張，是與徹底打破現狀的、激進的革命主張相對的。它並不能獨立地成為一種「建構完備的」意識形態。其極端主張的表現形式是要毫不更改地維持現狀，就相當於毛澤東所指的「頑固派」了。因此，評判保守主義與激進主義，是以社會現狀為座標的。對保守主義這個意義的使用借鑒了余英時的觀點。〔註239〕

　　另外，本文首次提出並使用了雙軌規則（Binary Rule）理論。這一理論的思想淵源是中國古代典籍《淮南子》中「知義而不知宜」的相關論述。「昔者有扈氏為義而亡，知義而不知宜也。」「義者，循理而行宜也。」〔註240〕循此認識，《淮南子》強調知義知宜的基本思想立場是試圖達到義與宜的二者兼顧。這一思想映像到國家意識形態方面，義則是價值正義性，宜則是歷史正當性。即轉型時期的國家意識形態必須同時滿足歷史正當性和價值正義性，須義與宜的雙重規則兼顧。國家意識形態的重塑與實踐也必須如火車一般在此雙軌上運行。歷史正當性是某意識形態得以維持和實現的現實基礎，它的來源是一個國家歷史上的國家意識形態的理論特質和實踐狀態，以及它的群眾基礎。價值正義性是一種意識形態得以存在和實踐的發展前景，它指向的是一個被廣大人民認可的、可實現的理想狀態。

　　近代中國的轉型過程，也同時是儒學意識形態逐步崩潰、自由主義傳入

〔註237〕　（英）埃德蒙・柏克著，張雅楠譯：《反思法國大革命》，上海：上海社會科學院出版社2014年版，第90頁。

〔註238〕　（英）埃德蒙・柏克著，張雅楠譯：《反思法國大革命》，上海：上海社會科學院出版社2014年版，第107～108頁。

〔註239〕　參見余英時：《中國近代思想史上的激進與保守》，見《現代儒學的回顧與展望》，北京：三聯書店2004年版，第9～11頁。

〔註240〕　《淮南鴻烈・解巻・齊俗訓第十一》，四部叢刊景鈔北宋本。

中國、馬克思主義傳入中國並逐步上升為國家意識形態的過程。中國自鴉片戰爭以來持續受到外來力量的衝擊，國家政權無力消化來自外部力量的滲透，國內各階層的力量對比也在急劇發生變化。滿清政權的覆滅也直接導致傳統的國家意識形態——儒學——在政治實踐中的命運終結。各種政治力量前仆後繼地試圖重組國家政權，並且都有在政權建設過程中探索國家意識形態的嘗試。

本文立足於歷史學科，意在說明國家意識形態在民國時期的轉變，即在中國社會變革的時代背景下，帝制時代以儒學為核心的國家意識形態崩潰以後，兩個主要的國家領導群體在重建國家意識形態方面所做的嘗試。在這一歷史時期，儒學是作為國家意識形態重建的重要思想資源而發揮作用的。民國時期的兩次重建，是帝制時代儒學的照搬，還是在自由主義政治理想的影響下，在馬克思主義的衝擊下的現代化改造？要回答這個問題，則需要回到歷史現場。

四、論證思路及主要觀點

在緒論部分中，本文意在從「中國向何處去」的問題意識出發來切入主題，並以國家意識形態理論作為觀察當下包括儒學在內的思想演化的基本局勢。因儒學的復興，是當代中國的一個新動向。這個新動向使得一批學者從學理的角度出發，欲借鑒儒學的思想資源來尋求中國某些現實問題的解決方案。儒學逐漸呈現出一種走出學界、指導社會現實的趨向。同時，當下中國學界也承認自由主義民主政治仍具有一定程度的價值正義性，因而可供國家治理借鑒的思想資源呈現出三方並存的態勢。

在理論探索的層面上，以「國家意識形態」的視角來觀察、分析民國時期兩屆中央政府（即袁世凱主導的中華民國北京政府和蔣介石主導的南京國民政府）對儒學的利用及重建過程，將能夠為我們探索當代儒學復興的正確方向、進而從理論上回答「中國向何處去」的問題做一個歷史學的鋪墊。

第一章主要討論北洋軍閥控制下的中華民國政府初期對儒學的態度變化。辛亥革命以後，自由主義挾革命餘威獲得了極高的價值正義性，儒學的國家意識形態地位受到劇烈衝擊。二次革命爆發，袁世凱打擊了以自由主義民主政治為理想的革命派的勢力，並以尊孔為旗幟走上了保守主義的政治道路。此時以傳統帝制儒學為意識形態的保守主義政治道路在實踐層面上尚未

能區分中央集權與帝制集權的差別，在理論層面上尚未能在平等民主思潮中完成從傳統到現代的轉型；因而由尊孔復古到恢復帝制的保守主義政治道路使儒學成為了帝制的陪葬品。

第二章討論的是在新文化運動時期國家意識形態重塑的過渡期的基本局面。正是在這一時期隨著馬克思主義的傳入，中國基本形成了三方意識形態並存、鬥爭乃至交融的基本態勢。新文化運動時的新式知識分子們，以徹底的破舊立新的姿態「打孔家店」，期望塑造出新思想、新國民、新國家。

自由主義平等民主思想傳播打擊了儒學意識形態的價值正義性，為馬克思列寧主義傳入中國創造了條件，使意識形態更替局面形成；同時又在客觀上促進了作為意識形態的儒學的理論更新，產生了以梁、熊、馮、馬為代表的第一代現代新儒家，並由此催生了儒學與民主科學相結合的理論發展路徑。但因儒學意識形態當代化與自由主義本土化的具體道路仍在初步探索中，所以 1916 年以後的北洋軍閥控制下的中華民國政府的國家意識形態建設實際上處於迷茫狀態。

第三章則探討重新統一中國的南京國民政府對儒學的取捨改造以及重塑三民主義的國家意識形態問題。從國家意識形態演化視角來看，民國時期真正取代儒學的國家意識形態地位的，是由孫中山創造的以自由主義民主政治為制度框架，以儒學政治思想為精神內核的三民主義意識形態。三民主義意識形態經過戴季陶和蔣介石的理論補充和政治實踐，儒學化程度不斷加深；又隨著國民黨在全國統治範圍的擴大而逐步上升為國家意識形態。在抗戰的特殊時期，南京國民政府對三民主義儒學化的理論探索和政治實踐也因沒有明晰和確定的指導思想，而逐漸迷失了方向。

餘論部分則在探討中華民國北京政府、南京國民政府兩個時期吸收儒學和重塑國家意識形態的基本經驗與教訓的基礎上，初步提出了當代中國對儒學進行創造性轉化、創新性發展的可能性方向的設想。

歷史上或者外來的任何思想主張，都不可能為中國當下問題的解決提供現成的答案，儒學自然也無法例外。從歷史學的學科思維出發，以「國家意識形態」演化的視角重新審視民國時期兩屆中央政府對儒學的利用和改造，則能夠看到作為意識形態的儒學在中華民國北京政府時期、南京國民政府時期所表現出的一系列理論優勢以及不合時宜之處。僅靠哲學界的從理念到理論的探索是無法充分總結借鑒儒學近代探索的理論成果的，因而這一歷史學

的思考進路和經驗總結是哲學領域對儒學的理論探索所不能替代的。

　　從民國時期的歷史經驗來看，當下對儒學的理論再造，應告別帝制儒學的泥淖、走出宋明心學的體系。充分總結近代以來的意識形態建設經驗，也順應意識形態融合的歷史發展趨勢。這或許可以成為當代中國對儒學進行創造性轉化和創新性發展的一個可能的方向。

　　附錄部分是基於對現實中的儒學乃至人文學科發展問題的觀察，而引發的一些體會和思考。在理論層面上對儒學的創造性轉化與創新性發展尚未完成甚至仍方向未明之際，急於推行儒學在帝制時期形成的一些主張，必將造成嚴重的後果。這是袁世凱時期的實踐探索已經證明的了。因而當務之急是要論證清楚對儒學進行切割、取捨的理論依據，探索出對儒學進行創造性轉化的實現路徑，並構建理論探索與思想碰撞的交流平臺。在相關理論探索形成一個真正意義上的「百家爭鳴」局面的基礎上，儒學的復興方才有可能從中擇取、論證出基本共識和發展方向。

第一章　儒學在中華民國政府初期國家意識形態中的起伏

　　從政治學視角來看，國家意識形態的重要作用之一，就是對中央政權控制區域內的政治秩序和社會治理做出方向性的規劃。近代以來，儒學的國家意識形態地位受到了巨大衝擊，這個衝擊來自於挾裹著堅船利炮之威的另一種較為成熟的意識形態——自由主義。辛亥革命之後，儒學的國家意識形態地位隨著清帝國的崩潰而喪失，自由主義意識形態真正以完整的面貌登上中國政治的舞臺。

　　在中華民國政府初期（1911～1916）的國家意識形態重建過程中，儒學與自由主義呈現出此消彼長的基本發展態勢。雖然自由主義意識形態在全社會的影響力於波動中上升，但仍然無力規劃中國的國家建設方向；在這一時期儒學依舊規定著民國政治的發展軌道，其具體表現就是袁世凱保守主義道路的選擇。

一、自由主義意識形態的傳入及其對帝制儒學的排斥

　　辛亥革命是在以孫中山、黃興等為首的革命黨人長期努力下實現的。革命先行者孫中山先生構建的三民主義革命理論，一方面吸收了明末以來「反清復明」的漢族革命思想，另一方面也吸收了自由主義意識形態民主革命的內容。

　　三民主義作為一種革命理論，首先要明確的就是革命對象、革命目標：「民族革命的原故，是不甘心滿洲人滅我們的國，主我們的政，定要撲滅他

的政府，光復我們民族的國家。這樣看來，我們並不是恨滿洲人，是恨害漢人的滿洲人」〔註1〕，孫中山認為民權主義是政治革命的根本，而政治革命的最終結果，就是要建立民主立憲政體；關於民生主義，孫中山也是從革命的角度出發的：「我們實行民族革命、政治革命的時候，須同時想法子改良社會經濟組織，防止後來的社會革命」〔註2〕。此時孫中山主張的三民主義，本質上是革命的三個目標：「我們革命的目的是為眾生謀幸福，因不願少數滿洲人專利，故要民族革命；不願君主一人專利，故要政治革命；不願少數富人專利，故要社會革命。這三樣有一樣做不到，也不是我們的本意。」〔註3〕

這一時期的三民主義還只是民族國家、民主政治、社會經濟建設三方面的聚合，三者在孫中山的理論體系中各有其獨立的指向和實施依據。有學者認為，從孫中山早期思想到成熟時期思想的轉變，即是由舊式造反到新式革命的轉變。在孫中山的三民主義中，最初形成的是民族主義，然後是民權主義，最後是民生主義。〔註4〕如果說民族主義是各民族平等的國家建設理想，那麼民權主義就是自由主義意識形態的民主政治的理想。事實上在清末時期，組織起義最有號召力的就是民族主義和民權主義。武昌首義之後，以湖北軍政府名義傳檄各省響應獨立的檄文中就有「黃漢與清賊不兩立……本軍政府爰舉義旗，剿除胡賊……漢族興亡，在此一舉」〔註5〕等句。

在起義成功之後，革命黨人面臨的最大問題就是建立政權。由革命黨人主導建立的南京臨時政府的政權組建原則，較為清晰地體現在《中華民國臨時政府組織大綱》、《中華民國臨時約法》等文獻中。正如前輩學者們所評價的，這是一部資產階級性質的憲法，或者換句話說，這是一部在資產階級的

〔註1〕孫中山：《在東京〈民報〉創刊週年慶祝大會的演說（1906 年 12 月 2 日）》，見中國社科院近代史所等編：《孫中山全集》第一卷，北京：中華書局 2011 年第 3 版，第 325 頁。

〔註2〕孫中山：《在東京〈民報〉創刊週年慶祝大會的演說（1906 年 12 月 2 日）》，見中國社科院近代史所等編：《孫中山全集》第一卷，北京：中華書局 2011 年第 3 版，第 326 頁。

〔註3〕孫中山：《在東京〈民報〉創刊週年慶祝大會的演說（1906 年 12 月 2 日）》，見中國社科院近代史所等編：《孫中山全集》第一卷，北京：中華書局 2011 年第 3 版，第 329 頁。

〔註4〕參見干春松主編：《中國政治哲學史》第三卷，北京：中國人民大學出版社 2017 年版，第 302 頁。

〔註5〕湖北軍政府：《檄各督撫電》，見中國史學會主編：《中國近代史資料叢刊·辛亥革命（五）》，上海：上海人民出版社 2000 年版，第 142 頁。

建國理想即自由主義意識形態的指導下產生的憲法。並且毋庸諱言，民主共和觀念正是通過孫中山等革命黨人所主張的資產階級的建國理想而傳入中國的。

（一）臨時約法與自由主義意識形態的傳播

武昌首義，民國肇造。組建政權、統一國家的問題迫在眉睫。革命黨人在此前並沒有任何組織國家政權的經驗，在這個時候只能借鑒世界上已有的政權組織方式，而與帝制不同的，只有歐美式的政治制度。革命黨人在此前所著力宣傳的，也正是「歐美之法」。

第一部具有憲法性質的文獻是南京臨時政府時期的《中華民國臨時政府組織大綱》，它只是對臨時大總統、參議院、行政各部的產生及權限做了規定。這部由各省都督的代表制定的，帶有聯邦性質的組織法，雖然在今天看來過於簡陋，且有多種弊端，但是它規定「臨時大總統由各省都督府代表選舉之」，「參議院以各省都督府所派之參議員組織之，」〔註6〕確立了選舉總統即「民主」的價值正義性，直接廢除了《欽定憲法大綱》所宣稱的「大清皇帝統治大清帝國萬世一系，永永尊戴」、「君上神聖尊嚴，不可侵犯」〔註7〕的帝制統治原則，否定了皇位世襲的繼承制度，從根本上否定了儒學意識形態「三綱五常」「君君臣臣」的政治社會秩序。在這種民主政治主張的背後，是對尊卑等級制度的徹底否定。

在自由主義者的理念中，人人生而平等，「獨立的、擁有資產的、理性的原子化個人，是歷史的主體，是整個人類歷史的出發點。」〔註8〕雖然辛亥革命並不能真正使這種自由觀念在中國人民心中落地生根，但卻以自由、民主的名義在中國開闢了一條新的道路。自此以後，「自由」也成為了一部分知識分子夢寐以求的價值信仰〔註9〕。因此，辛亥革命標誌著中國由君權社會開始

〔註6〕《中華民國臨時政府組織大綱（1911 年十月十三日）》，第 1、2 頁，見沈雲龍主編：《近代中國史料叢刊續編》第八十一輯《中華民國憲法史料》，臺北：文海出版社 1974～1982 年版。

〔註7〕《欽定憲法大綱（光緒三十四年八月初一）》，見張晉藩、曾憲義：《中國憲法史略》，北京：北京出版社 1979 年版，第 296 頁。

〔註8〕曹天予：《權力與理性：世界中的馬克思主義與自由主義》，上海：華東師範大學出版社 2016 年版，第 7 頁。

〔註9〕在歐洲思想史的演進中，自由和民主並不是天生一體的。在很長一段時期內，自由觀念與民主觀念各行其道。相關內容參見殷海光：《中國文化的展望》，北京：中華書局 2016 年版，第 401～411 頁。

進入民主社會，這在中國政治史上具有劃時代的意義。

民國元年 3 月公布的《中華民國臨時約法》，較為完整的體現了自由主義意識形態的特點，即這部約法的資產階級性質。第一章總綱確立了主權在民的原則，「中華民國之主權，屬於國民全體。」「中華民國以參議院臨時大總統國務員法院，行使其統治權。」〔註10〕雖然臨時約法規定參議院權重於臨時大總統，是「因人立法」為了限制袁世凱的權力，但無論是總統制，還是內閣制，都是「歐美之法」的成例。第二章規定了「中華民國人民一律平等」，人民享有「保有財產及營業，言論，著作，刊行，集會，結社，書信秘密，居住遷徙，信教」等自由權，和各項政治權利，並規定了人民的義務。確立了立法、行政、司法三權分立的原則。〔註11〕這種仿「歐美之法」的民主共和政體，是孫中山所主張的民權主義的實現形式。

「今者由平民革命以建國民政府，凡為國民皆平等以有參政權。大總統由國民公舉。議會以國民公舉之議員構成之。制定中華民國憲法，人人共守。」〔註12〕並明確宣稱「雖緯經萬端，要其一貫之精神則為自由、平等、

歐洲早期的自由主義者多強調「個人意志自由」，這與基督教新教中的「選民」觀念有一定的聯繫，他們中有一部分人認為民主會限制個人自由。在種族主義和殖民主義盛行的年代，自由主義與種族奴隸制是一對伴生的雙胞胎。而洛克「這位英國自由主義哲學家使在他那個時代政治和社會現實中建立起來的種族奴隸制合法化了，這沒有任何疑問。」此時「自由人共同體」是被嚴格限定的。在這種理念中的自由，只是白人共同體的自由；而民主，只是「優等種族民主」。相關內容參見（意）多米尼克·洛蘇爾多著，王崚興、張蓉譯：《自由主義批判史》，北京：商務印書館 2014 年版，第 49、238～241 頁。後來的一些自由主義者試圖在理論中尋求自由與民主的互補和平衡，如悉尼·胡克和杜威等人。而二戰後「民主」一詞在自由主義世界中真正大行其道，其中一個重要因素是對抗斯大林體制下的共產主義世界的理論需要，另一重要因素是以凱恩斯為代表的強調國家干預的新自由主義的成熟。相關內容參見顧肅：《自由主義基本理念》，南京：譯林出版社 2013 年修訂版，第 152～155 頁。

〔註10〕《中華民國臨時約法（1912 年 3 月 11 日）》，第 1 頁；見沈雲龍主編：《近代中國史料叢刊續編》第八十一輯《中華民國憲法史料》，臺北：文海出版社 1974 ～1982 年版。

〔註11〕《中華民國臨時約法（1912 年 3 月 11 日）》，第 2～4 頁，見沈雲龍主編：《近代中國史料叢刊續編》第八十一輯《中華民國憲法史料》，臺北：文海出版社 1974～1982 年版。

〔註12〕孫中山：《中國同盟會革命方略（1906 年秋冬間）》，見中國社科院近代史所等編：《孫中山全集》第一卷，北京：中華書局 2011 年第 3 版，第 297 頁。

博愛。」〔註 13〕在南京臨時政府中，革命黨人是居於主導地位的，而孫中山在革命黨中一直是領路人的角色。在臨時大總統的選舉中，獨立 17 省中有 16 省選舉孫中山〔註 14〕，因此孫中山在南京臨時政府中的地位是毋庸置疑的，他的許多主張也就具有了上升為政府意志的可能性。自由主義意識形態通過資產階級領導的辛亥革命，進而組織政府，制定約法，第一次在中國上升為國家意識形態。

雖然辛亥革命實現了中國政治道路由帝制向共和的轉變，但「民主共和」這種新的政治方向在南京臨時政府時期的中華民國，還只是曙光初露，遠未達到如日中天的程度。初入中國的、以「民主共和」為外在表現形式的自由主義意識形態，雖然在南京臨時政府的主持下以憲法的形式確立了其價值正義性，但是無論從社會經濟結構，政治勢力對比，民眾心理還是民眾政治參與能力上來說，中國都尚未具有實行「歐美之法」的實際條件。

自由主義意識形態既在南京臨時政府時期上升為國家意識形態，它就必然試圖在政治實踐中以自上而下的方式推行。而中國原有的較為成熟的國家意識形態——儒學，就必然成為其推行的最大阻力。1905 年廢除科舉制，使儒學逐漸喪失了制度保障和文化向心力；1911 年辛亥革命，終結了儒學在國家意識形態上的優勢地位。「上層建築的上層建築」雖然已經轉變，但「上層建築」與「經濟基礎」以及社會行為習慣，民眾心理仍受傳統的國家意識形態的支配。在這種狀態下，南京臨時政府為推行以「自由、平等、博愛」為要旨精神的自由主義意識形態，就必然要排斥「三綱五常」的儒學意識形態。這一時期政體改革似乎比較順利，禮儀服飾改革也未有多大阻力。兩大意識形態間在民國初年的矛盾衝突，主要集中在教育領域的「讀經之爭」和信仰領域的「拜孔之爭」等方面。

（二）自由主義在民初教育改革中的破與立

教育領域的新舊更替並不是自辛亥革命開始的。早在清政府時期，就已經在西學體系的衝擊下開始逐步進行學制改革。廢私塾，設學堂；增設科學、洋文課程，引進文理醫工的西學體系；及至 1905 年廢除科舉制。雖然如此，

〔註13〕孫中山：《中國同盟會革命方略（1906 年秋冬間）》，見中國社科院近代史所等編：《孫中山全集》第一卷，北京：中華書局 2011 年第 3 版，第 296 頁。
〔註14〕參見張憲文：《中華民國史》第一卷，南京：南京大學出版社 2005 年版，第 92 頁。

但經學在《奏定學堂章程》中所規定的教育體系中的主導地位則一直沒有動搖。

1903 年，由張百熙、榮慶、張之洞制訂的《奏定學堂章程》中規定，學堂立學宗旨「均以忠孝為本，以中國經史之學為基」〔註15〕。張百熙等認為「若學堂不讀經書，則是堯舜禹湯文武周公孔子之道，所謂三綱五常者盡行廢絕，中國必不能立國矣。學失其本則無學，政失其本則無政。其本既失，則愛國愛類之心亦隨之改易矣。安有富強之望乎？」〔註16〕考慮到學堂的教學特點，對傳統的讀經方法做了一些合乎實際的修改——「現辦中小學堂，科學較繁，晷刻有限。若概令全讀《十三經》，則精力日力斷斷不給，必致讀而不能記，記而不能解，有何益處。且泛濫無實，亦非治經家法。茲為擇切要各經，分配中小學堂內。」〔註17〕清末學制改革雖引進西學，但以讀經而傳承三綱五常思想，以強調君臣父子之義而鞏固帝制等級秩序的意圖是一以貫之的。

辛亥革命之後，在自由主義意識形態的「民主」「自由」等觀念的衝擊下，舊式的教育體系全面崩潰，連「經學」這塊最重要的也是最後的「保留地」都要保不住了。自由主義意識形態在教育領域的表現，集中在教育宗旨的改革，和廢止前清教材廢止小學讀經的規定以及「學校不拜孔子」的討論方面。

南京臨時政府成立之後，國民政府即以蔡元培為臨時政府教育總長。蔡元培在全國臨時教育會議上報告開會緣由時認為，「中國政體既然更新，即社會上一般思想，也隨之改革。此次教育會議即是全國教育改革的起點」。並且蔡元培也明確意識到了君權社會與民主社會的教育差別，「君主時代之教育方針不從受教育者本體上著想，用一個人主義或用一部分人主義，利用一種方法驅使受教育者遷就他之主義。民國教育方針應從受教育者本體上著想，有如何能力方能盡如何責任，受如何教育始能俱如何能力。」〔註18〕在蔡元培的主持下，臨時教育部制定了新的教育宗旨，「注重道德教育，以實利教育、

〔註15〕張百熙、榮慶、張之洞：《重訂學堂章程摺》，見舒新城編：《中國近代教育史資料》上冊，北京：人民教育出版社 1961 年版，第 195 頁。
〔註16〕張百熙、榮慶、張之洞：《學務綱要》，見舒新城編：《中國近代教育史資料》上冊，北京：人民教育出版社 1961 年版，第 200 頁。
〔註17〕張百熙、榮慶、張之洞：《學務綱要》，見舒新城編：《中國近代教育史資料》上冊，北京：人民教育出版社 1961 年版，第 201 頁。
〔註18〕《特別記事：臨時教育會議日記》，《教育雜誌》1912 年第 4 卷第 6 號。

軍國民教育輔之；更以美感教育完成其道德。」〔註19〕蔡元培在此前就公開發表了自己對新教育方針的觀點，認為軍國民教育，實利主義教育，公民道德教育，世界觀教育，美感教育「五者皆今日之教育所不可偏廢者也」〔註20〕。臨時政府教育部頒布的教育宗旨即以蔡元培的主張修改而來。

　　蔡元培認為，民國新教育宗旨與清朝頒布的教育宗旨「忠君、尊孔、尚公、尚武、尚實」相比，「尚武，即軍國民主義也。尚實，即實利主義也。尚公，與吾所謂公民道德，其範圍不免有廣狹之異，而要為同意。」〔註21〕因此新教育宗旨最大的變化，在於明確提出廢除忠君尊孔。「忠君與共和政體不合，尊孔與信教自由相違。」廢忠君尊孔的教育宗旨，即是在教育上廢三綱五常。蔡元培等明確意識到，受尊孔讀經的、忠君盡孝的、以「三綱五常」為內容的教育的國民，所具有的只能是侍君侍父、遵聖循規的「能力」，所能盡的責任只能是維護一姓一朝之傳承，在清末的具體表現就是忠於清廷，認「大清帝國萬世一系」為天下正統。因此，「忠君」「尊孔」是不能存在於新生的中華民國中的，也絕對無法和「民權」「共和」兼容。在蔡元培等人的設想中，取代三綱五常的，即是自由、平等、博愛。「何謂公民道德？曰法蘭西之革命也，所標揭者，曰自由、平等、親愛。道德之要旨，盡於是矣。」〔註22〕

　　在一破一立中，也注意到了新舊銜接的必要性，因此用儒學的內容儘量對此做了解釋——「自由者，『富貴不能淫，貧賤不能移，威武不能屈』是也，古者蓋謂之義。平等者，『己所不欲，勿施於人』是也，古者蓋謂之恕。友愛者，『己欲立而立人，己欲達而達人』是也，古者蓋謂之仁。」〔註23〕臨時教育部頒布的教育宗旨令首重道德教育，而國民道德為「自由、平等、博愛」，自由主義的精神就成了「公民道德的綱領」〔註24〕。依據新教育宗旨，教育

〔註19〕《教育部公布教育宗旨令》，《教育雜誌》1912年第4卷第7號。
〔註20〕蔡元培：《對於新教育之意見（1912年2月8日）》，見《蔡元培全集》第二卷，杭州：浙江教育出版社1998年版，第14頁。
〔註21〕蔡元培：《對於新教育之意見（1912年2月8日）》，見《蔡元培全集》第二卷，杭州：浙江教育出版社1998年版，第22頁。
〔註22〕蔡元培：《對於新教育之意見（1912年2月8日）》，見《蔡元培全集》第二卷，杭州：浙江教育出版社1998年版，第10頁。
〔註23〕蔡元培：《自寫年譜》，見《蔡元培全集》第十七卷，杭州：浙江教育出版社1998年版，第461頁。
〔註24〕蔡元培：《自寫年譜》，見《蔡元培全集》第十七卷，杭州：浙江教育出版社1998年版，第461頁。

部又衍生出「小學讀經科一律廢止」等具體規定，在這種風氣下教育會議中和社會上又出現「學校不拜孔子」之類的討論。一股新生的力量在教育領域「四面出擊」。

南京臨時政府的教育改革是在民國政權新立、內政混亂，南北分裂、全國政局動盪的狀態下進行的。其大刀闊斧的改革舉措毫無疑問是想「畢其功於一役」，這就必然會招致仍有強大勢力的保守派的反對。民國初年讀經運動和孔教運動的高漲，其主要刺激性因素之一即是臨時教育部的教育宗旨改革。

（三）儒學意識形態的激烈抵抗

民國初年的讀經運動和孔教運動，其實質是儒學意識形態以民間自發的形式對自由主義意識形態的衝擊所做的回應，因其都具有尊孔復古的文化保守主義性質而被一些學者合稱為「尊孔讀經運動」。兩者在民國初年的緣起確有不同，尊孔讀經運動確實因袁世凱的提倡而迅速興盛起來，但孔教運動和讀經運動的發軔，卻是在很大程度上受蔡元培和南京臨時政府教育部「廢經」、「不拜孔子」的刺激。〔註25〕隨著孔教運動的開展，兩種主張逐漸融合，但這裡為了認識上的清晰，宜以兩者的運動主旨為標準做理論探討上的區分。

民國初年讀經運動是對教育部「小學讀經科一律廢止」的響應。教育部廢止讀經的緣由，表述很清楚「凡各種教科書，務合乎共和民國宗旨。清學部頒行之教科書，一律禁用。」「如學校教員，遇有教科書中不合共和宗旨者，可隨時刪改。」緊接著下一條即規定「小學讀經科，一律廢止。」〔註26〕既然讀經不符合新的教育宗旨，又因其宣揚的三綱五常思想而與「共和宗旨」不合，因此廢止讀經在邏輯上是毫無問題的。由此可見，廢止讀經背後的理論依據之一就是是「民主共和」思想。

與此針鋒相對的是，讀經運動的倡導者們所強調的也正是經書中的綱常倫理，以及在君臣、父子、夫婦關係之下由忠孝思想所規定的社會秩序。在主張讀經的傳統知識分子看來，從個人來說，「六經為身心性命日用彝倫之要旨，無日可缺無人可廢。」〔註27〕從社會來說，「中國數千年來扶倫紀植綱常，

〔註25〕 參見房德齡：《儒學的危機與嬗變：康有為與近代儒學》，北京：文津出版社
1992 年版，第 189 頁。
〔註26〕 《中華民國教育部普通教育暫行辦法通令》，《教育雜誌》1912 年第 3 卷第 10
號。
〔註27〕 梁士賢：《論今日學校急宜恢復讀經》，《孔教會雜誌》1913 年第 1 卷第 9 號。

所以相維相繫使師師黃種得休養生息與亞洲大陸者，皆懍遵經訓之力也。蓋法律誅奸懲惡僅能治於已然，經訓杜漸防微實能治於未然。」〔註 28〕廢止讀經，其必然結果就是廢除中國原有的社會秩序。這一點在雙方的爭論中是非常明確的。

一般認為，民國初年的孔教運動的最早活動者是康有為的弟子陳煥章。而陳煥章創立孔教會的公開主張源則出於康有為信中的指示：「近者大變，禮俗淪亡，教化掃地。非惟一時之革命，實中國五千年政教之盡革，進無所依，退無所據。頃並議廢孔教，尤為可駭，若墜重淵，渺無所屬。嗚呼痛哉！自吾中國以來，未危變若今之甚者也。雖然，時變之大者，必有夫鉅子出濟艱難而救之，今其時也。吾欲復立孔教會以振之。」〔註 29〕信中數次提及的「議廢孔教」，應當是指廣東教育司司長、基督教徒鍾榮光以及蕭友梅的「學堂不准供奉宗教及神牌位偶像」等議案八條，和臨時教育會議於 7 月 15 日討論的「學校不拜孔子」案。提案者認為，前朝學堂「有拜孔子儀式，孔子非宗教家，尊之自有其道；教育與宗教不能混合為一；且信教自由，為憲法公例，不宜固定一尊」。〔註 30〕

此類提案有兩個理論依據，其一是孔子非宗教家，即儒學不是宗教；其二是宗教信仰自由，不能用國家行政的力量強制遵從。因信仰自由，而不能把某一宗教或學說定於一尊，這在新文化運動時再次熱烈爭論起來。而對於儒學是否是宗教的討論，自此以後也是曠日持久卻未有定論。其源頭應該在此處。

「學校不拜孔子」案經過再三討論，議員們認為「若將此案明白宣布，恐起社會上無謂之風潮；只須於學校管理規程內刪除此節，則舊日儀式自可消滅於無形。遂議決此案不成立。」〔註 31〕此案主要提議者之一的鍾榮光的「學堂不准供奉宗教及神牌位偶像」的主張，被認為「似不專指一教，然現在各學校只奉祀孔子。照此議案，實含廢黜孔教之意。」「強抑孔教，力助耶教之進行，窺其意旨，無非欲藉政治之勢力而拓教權。」於是廣東教育總會，

〔註28〕《北京孔社呈請大總統准予村塾讀經原稿》，《宗聖匯志》1913 年第 1 卷第 4 號。
〔註29〕康有為：《致仲遠書（1912 年 7 月 30 日）》，見上海市文物保管委員會編：《康有為與保皇會》，上海：上海人民出版社 1982 年版，第 369 頁。
〔註30〕《特別記事：臨時教育會議日記》，《教育雜誌》1912 年第 4 卷第 6 號。
〔註31〕《特別記事：臨時教育會議日記》，《教育雜誌》1912 年第 4 卷第 6 號。

省議會等多次開會議決，「亟行糾舉，以正其罪。」〔註32〕

自由主義意識形態挾革命之威迅速傳播，此處只是列舉了自由、平等、民主思想在教育以及宗教領域的影響。「儒家的觀念如血液貫通在傳統中國的整個制度設置中，因此任何的涉及制度層面的變革同時也構成對於儒家觀念本身的衝擊，並最終摧毀儒家作為國家意識形態的合法性。」〔註33〕儒學一經廢除科舉制的削弱再經政體革命的打擊和更深層次的以「自由、平等、博愛」代替「三綱五常」的思想更化，彷彿已經無所依傍，就要分崩離析了。然而作為一種較為成熟的國家意識形態，儒學將與其孕育的整個生命體共存亡。

二、保守主義政治道路的實踐與帝制儒學的復興

自由主義意識形態挾革命之餘威、以民主為先鋒在中國開出一條道路，儒學意識形態也不得不避其鋒芒。然而儒學意識形態孕育出的生命體雖然屢受衝擊奄奄一息，卻並沒有徹底崩潰。在民國初年，儒學對社會人心的規範引導作用依然有效。

（一）舊已破新未立的失序狀態

以孫中山為首的革命黨人用民族主義推翻滿清政權，用民權主義摧毀君主專制，欲「畢其功於一役」。武昌首義之後，中國南方局勢的演變確實實現了政權與政治制度的革命，但破舊之後的新局面的建設卻並不如人意。南北議和之後，以參議院選舉的形式，選舉袁世凱為臨時大總統。原南方革命軍在名義上歸南京留守黃興節制。黃興雖然無心爭權，並在裁兵工作完成後即辭職，但南方革命黨的勢力並未因此消失。南北雖議和，但南北方政治勢力仍涇渭分明。這種局面一直持續到二次革命後。

在君主專制被推翻、民主共和制得以確立以後，民權（或民主）一時間獲得了「天下莫之能禦」的價值正義性，「自由」、「平等」等觀念也因之大行其道。倡導行「歐美之法」的革命黨，羨慕歐美以民主政體而上下一體、國強民富，卻並未深刻理解歐洲社會自由、民主背後的法的精神和基督教新

〔註32〕以上參見《粵人聲討鍾榮光廢孔之公案》，《孔教會雜誌》1913年第1卷第1號。

〔註33〕參見干春松：《制度化儒家及其解體》，北京：中國人民大學出版社2012年修訂版，第341頁。

教以「意志自由」向善的倫理要求。在中國普通百姓心中，皇帝即是王法的象徵。在天高皇帝遠的地方，王法的約束就相對較弱了。沒了皇帝，即是沒了王法，沒了社會規則。有學者明確指出，「然而問題在於，中國畢竟有幾千年君主專制的歷史，當時絕大多數的中國人畢竟尚不具備民主共和的知識和經驗，因此天子一旦從人們的心目中消失，中國的政治生活不可避免地亂了套。」〔註34〕甚至在「民主」「自由」的號召下，孔子的「聖人之教」也不必遵從了。

　　新秩序未及建立，而舊倫理已被拋棄。此時「在制度化儒家被解構之後，統治的合法性由權威性和神秘性轉向理性化，在這種轉化過程中，民眾對新的社會控制方式的敬畏和信任減弱了，進而新的政權缺乏其本該具有的權威性。」〔註35〕根據孫中山後來的反思以及「教國民學步」的設想，和蔡元培在北京作的關於民主共和觀念的演講，民國初年民主共和不得實現的問題並不是因為民眾對新的社會秩序的不敬畏和不信任，而是民眾尚不能瞭解這種新的「民主」秩序及其行為規則，更勿論去實行了。因此，民主共和的新政權「缺乏其本該具有的權威性」的結論在一定程度上是正確的。這也是袁世凱集團實行保守主義政策的現實依據之一。對於民眾的這種對民主新秩序的茫然，時人曾用戲謔的口氣，說出了老百姓對自由平等的誤解：「這自由二字，是隨我們意志去做的解說。譬如我要吃飯就吃飯，要打人就打人，要嫖就嫖，要賭就賭，就連大總統也不能管我的。至於平等兩字，是大家都是同胞的意思。譬如爹娘我也可以稱兄弟，強盜也可以同大總統做朋友。」〔註36〕原文使用這種說法的意圖在於指明「自由」「平等」的邊界，但之所以有指出自由平等邊界的必要性，是因為社會上存在著借自由平等之名而肆意妄為的現象。

　　在德國人於上海辦的中文期刊《協和報》中，也有人認為「今日之軍隊，不服上官命令驕恣專橫，姦淫擄掠無所不為，非爾自由之言所誤耶？今日之男女，蕩檢踰閑自由婚姻，下堂求去半途捐棄夫婦道苦，亦非自由所誤耶？今日之學生，曠工玩課藐視師長，中無主宰入於歧路，學業未得習氣先深，

〔註34〕龐樸主編：《中國儒學》第一卷，上海：東方出版中心1997年版，第366頁。
〔註35〕干春松：《制度化儒家及其解體》，北京：中國人民大學出版社2012年修訂版，第247頁。
〔註36〕楣梁：《說說自由談談平等》，《共和言論報》1912年第1號。

曰父與母亦可平等，更非自由兩字所誤耶？此三者難罄萬言，自由之禍甚於洪水，天下滔滔莫知所反。」〔註37〕由此可知，這種現象不是偶然、零星出現的。

南京留守黃興對這種社會失序狀態非常關注，「睹此危機，五內焦灼」。在致袁世凱、唐紹儀、蔡元培的電文中認為「民國初建，百端待理。立政必先正名，治國首重飭紀。我中華開化最古，孝悌忠信，禮義廉恥為立國之要素，即為法治之精神。」政體和社會習俗的平穩過渡需要秩序，而為了使原有的社會秩序不至於突然崩潰，黃興當時的主張是以盡職解釋忠，以立身解釋孝。「蓋忠孝二字，行之個人則為道德，範圍天下則為秩序。」通篇主旨句應該是「治國首重飭紀」。視孝悌忠信，禮義廉恥為民主社會中的法的精神。「惟比來學子，每多誤會共和，議論馳於極端，真理因之隱晦。循是以往，將見背父離母認為自由，逾法蔑紀視為平等，政令不行，倫理蕩盡。家且不存，國於何有？」因此提出建議：「應請通令全國各學校教師申明此義，毋使邪說橫行，致令神明冑裔深入歧趨，漸至綱紀蕩然，毫無秩序，破壞公理，妄起私心，人惟權利之爭，國有渙散之勢。」〔註38〕

黃興在稍後覆上海昌明禮教社的書信中，則更進一步表明了主張禮法的目的：「憂時者眷懷世變，疾首痛心，主張政治革命、家庭革命。而不學小夫，竊其詞不識其義，或矯枉過正，或逾法滅紀。來書所謂假自由不遵法律、籍平等以凌文化，鄙人亦日有所聞。誠古今大變，為始事諸人所不及料者。前請大總統通令全國學校教師，申明紀綱，即以此等惡習關係民國前途甚巨，實欲遏此橫流。諸君創辦昌明孔教社，以研究禮法、改良風俗為己任，深明匹夫有責之義，是宣布共和來日夕望而不圖得之者也。」黃興主張申明中國禮義倫常，決不是試圖恢復三綱秩序以求得社會穩定。他的設想是：「中外治理各不相侔：大抵中國素以禮治，外洋素以法治。吾國禮制，或有失之繁重者，不妨改之從同；外國立法，或有因其宗教沿其習俗者，萬不可隨之立異。」

〔註37〕陳培遠：《自由危言》，《協和報》1912 年第 2 卷第 21 號。同時應該認識到，1913 年 7 月以後的報刊中大量出現的對自由平等的批評，是受袁世凱打擊國民黨和二次革命爆發的政局影響。因此 7 月以後的針對自由平等的言論更多的是反映了公眾對自由平等觀念的政治態度，而對此觀念的理解就不具有其客觀性了。

〔註38〕黃興：《致袁世凱等電（1912 年 5 月 22 日）》，見湖南社會科學院編：《黃興集》，北京：中華書局 2011 年版，第 193 頁。

其目的應是增刪、改造本國的「禮義倫常」——「本此意以辨其途徑，導以從
違，釀成善良風俗，庶幾在是。」〔註39〕

　　此時作為中華民國臨時大總統的袁世凱，則更為重視禮法秩序的問題。
事實上，他在隨後排斥國民黨、斥責自由平等、重新尊孔崇儒時，也是多以
重建社會秩序作為理由，才因此走上了用儒學的綱常倫理穩定局面的保守主
義道路。袁世凱於 1912 年 7 月頒布的《申誥國人恪循禮法令》可以視作北洋
軍閥集團主導的中華民國走上保守主義道路的開端，但是如果視為袁世凱帝
制活動的輿論準備，那就太過武斷了。袁世凱在此申令中，首先強調的是南
京留守黃興電稱「民國肇造以來，年少輕躁之士。誤認共和真理，以放恣為
自由，以蔑倫為幸福，綱紀隳喪，流弊無窮」。這一順水推舟，一方面顯示袁
世凱親近革命黨人，善納諫言；另一方面又借黃興革命元勳的身份，為提倡
儒學以穩定社會鋪平了道路。袁世凱從輿論和價值認同上著手，開始扭轉自
由主義意識形態銳不可當的局勢：

　　「本大總統深惟中華立國，以孝悌忠信、禮義廉恥為人道之大經。政體
雖更，民彝無改。蓋共和國體，惟不以國家為一姓之私產，而公諸全體之國
民。至於人倫道德之原，初無歧異。古人以上思、利民、朋友、善道為忠，原
非局於君臣之際。……自頃以來，人心浮動，於東西各國科學之精微，未能
通曉，而先醉心於物質文明，以破個人道德。緣飾哲學，比附名詞。厚誣彼
賢，私遂己過。抑知立國各有本末，豈能舉吾國數千年之嘉言懿行一掃而
空。……為此申明誥誡，須知家庭倫理、國家倫理、社會倫理，凡屬文明之
國，靡不殊塗同歸。此八德者，乃人群秩序之常，非帝王專制之規也。當此存
亡絕續之際，固不必墨守舊說，拘拘於一家之言，亦豈可侵秩範圍，毀冠裳
而隨鱗介。惟願全國人民恪循禮法，共濟時艱。」〔註40〕

　　袁世凱雖也稱孝悌忠信禮義廉恥「此八德者，乃人群秩序之常，非帝王
專制之規也」，但通篇主旨應該是「政體雖更，民彝無改」。認為「家庭倫理、
國家倫理、社會倫理，凡屬文明之國，靡不殊塗同歸。」這就暗示了儒學之
「八德」在民國時代也沒有改造或者毀棄的必要，國人仍需以「人道之大經」

〔註39〕黃興：《復上海昌明孔教社書（1912 年 5 月 22 日稍後）》，見湖南社會科學院
　　　　編：《黃興集》，北京：中華書局 2011 年版，第 196～197 頁。
〔註40〕袁世凱：《申誥國人恪循禮法令（1912 年 9 月 20 日）》，見駱寶善、劉路生主
　　　　編：《袁世凱全集》第二〇卷，鄭州：河南大學出版社 2012 年版，第 420 頁。

視之。這就與黃興提議的初衷有了本質的差別，但這一差別在二次革命爆發之前並未完全顯現出來。

（二）二次革命後的保守主義政治道路

民國初年新舊勢力在政治、意識形態等方面存在著明顯的矛盾，這些矛盾衝突之所以尚未全面爆發，一方面是因為北洋派和革命黨都不認為己方能夠完全掌控清帝國崩潰後的局面，因此抱有「共濟時艱」的態度；另一方面則是因為兩派都尚未形成一個切實可行的有關國家建設的方案，尤其是沒有形成一套成熟的政治運作架構，兩派面對多變的政局往往陷於疲於應付的境地。袁世凱在武昌起義爆發之後，在保皇與革命之間搖擺不定，後又在君憲與共和之間反覆，可見袁世凱始終對大局缺乏一個清晰的判斷。而孫中山等人雖然有效法歐美的政治主張──三民主義的學說，但並未制定出一條合理的實踐方案，孫中山在二次革命失敗後也承認「當時同志鼓吹革命，全憑著一腔熱血，未曾計劃革命成功以後怎樣的繼續進行，怎樣的完全達到我們的目的和主義。所以武昌起義成功以後，同盟會的同志就不能再往前做去，以致失敗。」〔註41〕

然而各方矛盾的平衡狀態只是暫時性的，這種過渡局面必然會因為新舊兩派政治主張的逐步成熟而被打破。國家應該走什麼路，由誰來領導，這是新舊過渡階段必須要回答的問題；無論是宋教仁還是袁世凱，在這個問題上的選擇性空間都不大。而宋教仁的政黨內閣主張就是新派勢力國民黨所提出的國家建設方案，這條趨新的路，在主導政局的袁世凱看來無異於奪權叛亂。宋教仁遇刺使得兩派在政見和權力歸屬等方面的矛盾同時爆發，這些矛盾的集中爆發引發了政局的劇烈變動。袁世凱在應對這個變局的時候也經歷了一個由被動到主動的過程，而袁世凱在基本掌控大局之後即向國民黨發難，一方面是為了排除異己，但另一方面也有徹底推行其政治設計的動因。如果仔細考察袁世凱在二次革命爆發前後的一些主張，就能看出他在推行中央集權和提倡儒學等方面存在著政策上的一貫性，只是這些政策是在二次革命被鎮壓並清除異己力量之後才真正全面實施的。袁世凱走上保守主義政治道路的顯著特徵就是廢除國會和政黨政治而加強中央集權，打壓革命黨人而啟用舊官僚，排斥自由民主而尊孔讀經。

〔註41〕孫中山：《在上海中國國民黨本部會議的演說（1920年11月4日）》，見中國社科院近代史所等編：《孫中山全集》第五卷，北京：中華書局2011年第3版，第390～391頁。

「事在四方，要在中央」〔註42〕是我國古代政治設計的一大特點，政令暢通一直是政治清明的必要保障。因此削弱地方權力、加強中央集權是袁世凱一貫的政治主張，防止地方實力派坐大是袁世凱就任臨時大總統之後的行政著力點之一；區別僅在於，二次革命之前地方掣肘勢力主要是國民黨，二次革命後地方不穩定勢力是「因建功而坐大的北洋系將軍們」。〔註43〕

早在二次革命爆發之前，袁世凱就借黎元洪之口提出了軍民分治的舉措〔註44〕，並在 1913 年規定「各省應設民政長」，除江蘇、江西、福建、湖北、山西、四川已經設立民政長外，其他各省由都督暫行兼署。〔註45〕同時，又設立鹽運使一職把地方鹽政收歸國有，「關於全國鹽務產運營銷，用人設局，均責成財政部督飭各處鹽運使查照向章，切實辦理。」〔註46〕雖然各省都督如李烈鈞、程德全、胡漢民等人強烈反對「軍民分治」和「鹽政改革」，但這些強幹弱枝的政令還是一步步推行了下去。到宋教仁遇刺，中央與地方的矛盾、北洋派與國民黨的矛盾於是糾纏到一起了。袁世凱的北京政府是全國唯一合法的中央政府，是得到包括國民黨在內的各方勢力承認的，袁世凱在江西戰事爆發前即公開表示：「今天的問題不是南北問題，而是地方反抗中央的問題。」〔註47〕李烈鈞、胡漢民等人以地方都督身份堅持黨見，拒不執行中央政令，本就是「名不正言不順」。此前北洋派與國民黨的政體之爭，也直接影響了民眾對二次革命的認識：「當時的輿論很少注意到，袁與討袁軍，誰是誰非的問題，而認為這是北洋派，與國民黨的權利地位之爭。與老百姓沒有什麼相干。」〔註48〕

〔註42〕（戰國）韓非著，陳奇猷校注：《韓非子·揚權第八》，上海：上海古籍出版社 2000 年版，第 137 頁。

〔註43〕相關討論胡春惠：《民初的地方主義與聯省自治》，北京：中國社會科學出版社 2001 年版，第 91 頁。

〔註44〕即《黎副總統為軍民分治致袁總統暨各省電》，相關討論參見胡春惠：《民初的地方主義與聯省自治》，北京：中國社會科學出版社 2001 年版，第 63～65 頁。

〔註45〕袁世凱：《各省設立民政長令（1913 年 1 月 10 日）》，見駱寶善、劉路生主編：《袁世凱全集》第二一卷，鄭州：河南大學出版社 2012 年版，第 373 頁。

〔註46〕袁世凱：《整飭鹽務令（1913 年 1 月 6 日）》，見駱寶善、劉路生主編：《袁世凱全集》第二一卷，鄭州：河南大學出版社 2012 年版，第 329 頁。

〔註47〕陶菊隱：《北洋軍閥統治時期史話（上）》，太原：山西人民出版社 2013 年版，第 173 頁。

〔註48〕陶菊隱：《北洋軍閥統治時期史話（上）》，太原：山西人民出版社 2013 年版，第 176 頁。

　　以二次革命的爆發地江西為例，1913 年 6 月 9 日袁世凱以「不稱厥職」為由，下令免去李烈鈞的江西都督，其實是一石二鳥之策，一方面袁世凱很瞭解宋教仁被刺後一部分國民黨員激憤的狀態和各種地下性質的活動，已經做好了武力鎮壓國民黨地方實力派的準備，以中央政府名義剝奪李烈鈞的兵權，李若反抗則師出有名；另一方面則順勢推行他「軍民分治」的政治設計，任命歐陽武為江西護軍使，任命賀國昌為江西護理民政長，同時又任命陳廷訓為湖口要塞司令就是出於這種考慮。

　　袁世凱通過二次革命剪除異己的革命黨力量，削弱各省都督的民政權和財政權，僅僅是他中央集權和總統集權的第一步。第二步目標也很明確：在地方上裁撤都督，設立各種名號的將軍、巡按使、檢閱使等職，把一省都督的軍事、民政二權徹底分離；並在中央設「陸海軍大元帥統率辦事處」以掌控中央軍政，設「將軍府」以羈縻地方軍權過大的將軍，試圖以羈縻政策把武將籠絡起來，將最高權力集中在大總統一人手中。地方上的「軍民分治」「廢督裁兵」與中央「將軍府」「模範團」的舉措互相配合，是袁世凱把地方軍權收歸中央的重要舉措，而這些舉措並不是僅僅為了針對國民黨系，只不過是拿李烈鈞、柏文蔚、胡漢民等國民黨派軍人開刀而已。二次革命後袁世凱與段祺瑞的交惡也是袁世凱軍事集權的必然結果。到 1915 年，袁世凱基本完成了「軍民分治」和軍權收歸，但這個形式上的完成，卻是以北洋多數將領對袁的離心離德為代價的。〔註49〕

　　加強中央集權的另一項措施是調整中央行政機構，二次革命之前的袁唐內閣之爭、袁宋政體之爭和二次革命後廢除國會設立政治會議和約法會議、廢除內閣設國務卿等，實質上都是集權的需要。二次革命後國民黨由開創新政權的革命黨變為「亂黨」，全國各地的國民黨議員或聲明脫黨，或被廢除議員資格，尚留在國會中的堅持「議會鬥爭」的國民黨派議員因與南方起義的革命黨人交往信件被查獲，袁世凱遂以「亂黨魁首與亂黨議員潛相構煽」的罪名取消了國民黨派的議員資格。〔註50〕國會因不足法定人數而無法開會，第一屆正式國會於是在完成「選舉任務」後壽終正寢。

　　二次革命爆發前，楊士琦就做過分析，「等到國民黨被他剷除了，他必

〔註49〕參見張憲文：《中華民國史》第一卷，南京：南京大學出版社 2006 年版，第151 頁。
〔註50〕參見馬震東：《袁氏當國史》，北京：團結出版社 2008 年版，第 171 頁。

將廢止內閣制的臨時約法而代之以總統制的新憲章。以後的政治趨向，總不外乎維新或守舊的兩途，維新就要起用新人才推行新政，守舊就要把從前的舊官僚找出來恢復一切舊的規章制度。」〔註51〕在鎮壓二次革命後，雖然袁世凱頒布了《公布附亂自首特赦令》，〔註52〕派蔣士立到東京設立招降辦事處，試圖對部分革命黨人進行拉攏並取得了一些效果，〔註53〕但革命黨人作為一個群體，已經與袁世凱徹底決裂，不再有合作的可能性。因此在這種情況下，袁世凱只有啟用前清舊人穩定政局。袁世凱組織了由各省特派代表、蒙藏特派代表、國務總理特派代表、總統府特派代表等組成的政治會議代替國會，作為政府諮詢機關，任命前清雲貴總督李經羲為議長。〔註54〕

在袁世凱新約法公布後，袁世凱設政事堂以代替國務院，並請隱居青島的徐世昌出任國務卿，「袁世凱任命徐世昌為國務卿，並不是要把老朋友找出來同享榮華富貴，而是看中他是這個時期最適宜的政治工具。」〔註55〕徐世昌不僅是袁世凱的頭號智囊，也是袁世凱起用舊人的一個紐帶。袁徐兩人相識於光緒四年，定為八拜之交，袁世凱曾資助徐世昌入京應試。徐世昌於光緒十二年中進士後，任翰林院編修，袁世凱小站練兵時奏調徐會辦參謀營務處，入北洋系統。後來徐借袁世凱保舉之力扶搖而上，從京畿營務處一躍升至商務左丞，後又升兵部左侍郎，不久即參與軍機事務。徐世昌在任東三省總督時，以唐紹儀、朱家寶、段芝貴為奉、吉、黑三省巡撫。〔註56〕武昌起義後，徐世昌極力保薦袁世凱，又充當袁世凱與皇室之間的聯絡人，對袁世凱重掌大權出力甚大。清帝退位以後徐世昌以遺老自居，隱居青島。「然雖居

〔註51〕陶菊隱：《北洋軍閥統治時期史話（上）》，太原：山西人民出版社2013年版，第225頁。

〔註52〕參見袁世凱：《公布附亂自首特赦令（1915年1月1日）》，見駱寶善、劉路生主編：《袁世凱全集》第三十卷，鄭州：河南大學出版社2012年版，第6～7頁。

〔註53〕陶菊隱：《北洋軍閥統治時期史話（上）》，太原：山西人民出版社2013年版，第209頁。

〔註54〕並規定議員資格為年齡三十五以上，有十年以上政治經驗。參見馬震東：《袁氏當國史》，北京：團結出版社2008年版，第174～175頁。

〔註55〕陶菊隱：《北洋軍閥統治時期史話（上）》，太原：山西人民出版社2013年版，第243～244頁。

〔註56〕參見沈雲龍口述：《徐世昌評傳（上）》，北京：中國大百科全書出版社2013年版，第1～3、19～20、45～46頁。

青島，而與袁氏往來，月恒數起。」〔註57〕請徐世昌任國務卿不僅僅是因為徐世昌有豐富的政治經驗，也是以徐作為招牌延攬前朝舊官僚。〔註58〕「項城召東海，舊官僚彈冠相慶矣。」〔註59〕

在革命黨人被鎮壓通緝以後，國內人數最多最有影響力的政治群體就是北洋武人集團和前清士人集團，袁世凱不能不倚重他們以維持統治。「在徐上臺以前，民國只剩下了一塊空招牌，而在徐上臺以後，『前清遺老』和一般政治寄生蟲就更加活躍地爬上了政治舞臺，成為一時的中心人物。」〔註60〕徐世昌在民國初年是典型的遺老式人物，在滿清皇室和清朝舊官僚群體中有很高的聲望，做過東三省總督和軍機大臣的他對清朝的統治方法異常熟稔，「恢復清朝制度，推行復古運動，是袁徐二人志同道合的大政方針。」〔註61〕在保守主義政治道路落實的過程中，徐世昌是最關鍵的人物。

地方政府官員的招聘也逐漸向前清士人集團傾斜，地方的縣知事考試已經「抱定用人求舊，力排新進之方針」。1914年2月15日舉行的第一屆縣知事考試後，落第者六百餘人聯名寫信給主考內務總長朱啟鈐：「學生等經第一試、第二試揭曉後，多名列前茅。孰意一經口試，大反前案，凡錄取者盡是有經驗之老人。學生等均以未曾做過前清十年亡國大夫，年齡未達50歲。離死期尚遠，竟不能邀口試委員之青睞而概遭擯棄。夫政府既抱定用人求舊、立排新進之方針，即不應規定畢業資格。乃條例若彼，而考試若此，何以見信於天下？」〔註62〕

在這種任人唯舊的風氣之下，參議院參政程樹德密呈恢復科舉制，徐世昌倡導恢復前清的禮儀習俗，康有為、陳煥章等再次強烈主張立孔教為國教，

〔註57〕陶菊隱：《北洋軍閥統治時期史話（上）》，太原：山西人民出版社2013年版，第224頁。

〔註58〕青島是滿清皇室和遺老的聚居地之一，徐世昌在青島時與他們交往非常密切。參見徐世昌：《徐世昌日記》第8卷，北京：人民出版社2015年版，第3645～3680頁。

〔註59〕陶菊隱：《政海軼聞》，上海：上海書店1998年版，第32頁。

〔註60〕陶菊隱：《北洋軍閥統治時期史話（上）》，太原：山西人民出版社2013年版，第244頁。

〔註61〕陶菊隱：《北洋軍閥統治時期史話（上）》，太原：山西人民出版社2013年版，第244頁。

〔註62〕陶菊隱：《北洋軍閥統治時期史話（上）》，太原：山西人民出版社2013年版，第245～246頁。北京政府舉行第一屆縣知事考試內容，參見記工編：《歷史年鑑1914》，長春：吉林文史出版社2006年版，第39頁。

袁世凱又上演祭孔祭天的活劇。故時人有評論認為「今之中國，直呈一退化之現象。由政治上觀之，則事事力求復古而新者日以劃除；由社會上觀之，則氣象愁慘無複數年前活潑進取之景象。是非其自然退化也，實有為之障者欲使國家社會漸停頓退步，而不許其向開明之軌道以進行。」〔註63〕

（三）保守主義道路下的儒學復興

如果說制度的變革和人事的更替只是政治道路轉變的表象，那麼袁世凱推崇儒學而貶斥自由民主的一系列舉措則是保守主義逐步落實的引幡。

在南北戰事一觸即發之際，袁世凱於 1913 年 6 月 22 日就發布《重行祀孔典禮令》，在此前恪循禮法令的要求上更進一步——「惟此禮義廉恥之防，欲遏橫流，在循正軌。總期宗仰時聖，道不虛行。以正人心，以立民極。」具體做法是「查照民國體制，根據古義，將祀孔典禮折衷至當，詳細規定，以表尊崇而垂久遠。」這是袁世凱政府在國家意識形態上選擇保守主義的明顯的轉折點。

此時的祀孔與之前申誥國人恪循禮法有一條一以貫之的主線，那就是「治國首重飭紀」，「在循正軌」，強調社會秩序。袁世凱申令恪循禮法，崇聖祀孔，則意在恢復舊有的統治秩序；而黃興提倡忠孝強調的是「個人道德」和「天下秩序」，指向在於「法的精神」。這兩者的指向是不同的。因而又進一步指明「近自國體改革，締造共和，或謂孔子言制，大一統而辨等威。疑其說與今之平等自由不合。淺妄者流，至悍然倡為廢祀之說，此不獨無以識孔學之精微，即於平等自由之真相，亦未有當也。」〔註64〕這一時期袁世凱的態度是以祀孔復興儒學，而並未旗幟鮮明地打壓自由主義，在保守主義道路上只是用引導的辦法，對自由主義意識形態還並未明確使用堵的手段。

而二次革命爆發後袁世凱政府隨之調整了這個政策。教育部於 1913 年 9 月 17 日對北京政府的尊孔崇儒令做出反應，向各省都督、民政長下發「定孔子誕辰為聖節」的電文，定舊曆八月二十七日為孔子生日，「令各學校放假一日，並在該校行禮。以維世道，以正人心，以固邦基，而立民極。」並明令各

〔註63〕吳鈞：《進化與退化》，《庸言》1914 年第 2 卷第 5 號。
〔註64〕本段上引內容見袁世凱：《重行祀孔典禮令（1913 年 6 月 22 日）》，見駱寶善、劉路生主編：《袁世凱全集》第二三卷，鄭州：河南大學出版社 2012 年版，第 67 頁。

都督民政長官「請即轉飭所屬，一體遵照」。〔註65〕這就與蔡元培主持的全國臨時教育會議時協商的「於學校管理規程內刪除此節，則舊儀式自可消滅於無形」的主張背道而馳了，這是教育界崇儒學而抑自由主義政治立場的明確表態。到1915年1月，又頒布新教育宗旨為「愛國，尚武、崇實、法孔孟、重自治、誡貪爭、戒躁進」，強調「使中華民族為大仁，大智、大勇之國民，則必於忠孝節義植其基。」在法孔孟一條強調仁義「以不好犯上作亂為仁之本」，「吾國民誦習孔孟之言，苟於其所謂居仁由義而求得共和法，治國為仁之真諦，將見朝野一心，共圖上理。」〔註66〕隨後各省教育廳和多縣教育局紛紛下發「祭孔」指令，儒學在教育界的主導地位就再次確定無疑了。

民間以孔教會為代表的尊孔組織，在南京臨時政府宣傳自由平等新思想的過程中，深刻體會到了憲法條文「宗教信仰自由」的法律權威。因而當制定憲法正式提上日程後，就欲以憲法作為「昌明孔教」的依據，於是藉重新制憲的機會上書參眾兩院請願「當奉孔教為國教」。待孔教會陳煥章執筆的《上參眾兩院請定國教書》送達參眾兩院並在《時報》上公開發表以後，「當奉孔教為國教」的主張即在社會上得到了眾多響應。

據《宗聖匯志》、《孔教會雜誌》、《憲法新聞》、《申報》等刊載，閩省議會、黔省議會、皖省議會、新省議會，以及四川教育會、湖北省教育會、山西教育界、廣東教育司、揚州教育會等機構皆主張「定孔教為國教加入憲法」。在1913年8月至10月間，通電主張定孔教為國教的各省都督及地方長官先後有浙江都督朱瑞、山東都督靳雲鵬、副總統湖北都督黎元洪、廣東都督龍濟光、河南都督張鎮芳、江西都督李純之、雲南都督謝汝翼、廣西都督陸榮廷、安慶都督倪嗣沖、吉林都督孟恩遠、武衛前軍軍統張勳、山西都督閻錫山、江蘇都督馮國璋、浙江都督楊善德等。〔註67〕袁世凱政府的憲法顧問、日本人有賀長雄認為，「居今而言保守，不但須將通國之中所有被服儒術，崇奉孔教者總為一團體，由國家公認而保護之。且於憲法特著明文，以此為國

〔註65〕《教育部關於定孔子誕辰為聖節致各省都督等電（1913年9月17日）》，見中國第二歷史檔案館編：《中華民國史檔案數據彙編第三輯·文化》，南京：江蘇古籍出版社1991年版，第2頁。

〔註66〕《袁世凱頒定教育宗旨令（1915年1月1日）》，見中國第二歷史檔案館編：《中華民國史檔案資料彙編第三輯·教育》，南京：江蘇古籍出版社1991年版，第25～35頁。

〔註67〕參見《政海憲潮：各省請定孔教為國教之電文》，《憲法新聞》1913年第21號。

家風教大本。」〔註68〕

　　1913 年 10 月 31 日通過的《中華民國憲法草案》（即《天壇憲法草案》）雖然沒有明確把孔教列為國教，但卻採取了變通的形式——憲法第 19 條規定「國民教育以孔子之道為修身大本」〔註69〕。這場由孔教會牽頭，由一部分國會議員、地方都督及民政長官和各省市教育界共同推動的國教請願運動，所表達的不僅僅是儒學在社會上還有巨大的號召力；更重要的是，這是在二次革命以後政界和學界對袁世凱借「尊崇孔聖」所表明的治國道路的擁護態度。〔註70〕

　　這個由袁世凱所主導的，從自由主義意識形態到儒學意識形態的轉變，同時伴隨著國民黨政治勢力由盛而衰，北洋集團政治勢力由削而長的變化。這與孫中山在政治上實行民主革命，蔡元培在教育上推行「自由平等博愛」時先破後立的急切不同，頗有政治經驗的袁世凱採取了先立後破的辦法，使意識形態實踐方向的轉變平穩完成。在 1913 年 6 月明白宣布尊崇孔聖並得到社會響應之後，又於 11 月 26 日發布《尊崇孔子令》，「所有衍聖公暨配祀賢哲后裔，膺受前代榮典、祀典，均仍其舊」，並要求尊聖典禮要「詳稽故事，博考成書，廣徵意見，分別釐定，呈候布行。」〔註71〕保守主義道路已然明確，袁世凱就可以大膽地向自由主義意識形態開刀了。同年 12 月，袁世凱在政治會議開幕式上發表長篇「訓詞」：

　　「今之人動曰平等，抑知外人所謂平等者，人格之平等，法律上之平等也。並非部長可與書記平等，師長可與士兵平等，校長可與學生平等。破壞之徒，假平等之名，以圖擾亂。不知者往往誤會其怡，以為無一不可以平等。於是種種犯上作亂之事，遂因之發生矣。今之人動曰自由，抑知外人所謂自由者，乃法律中之自由，並非法律範圍以外悉可自由也。似此支離滅裂，必至變而為土匪國，變而為禽獸國。夫至淪於土匪禽獸，則外人安有不瓜分之理。

〔註68〕 有賀長雄：《憲法須規定明文以孔教為國家風教之大本》，《孔教會雜誌》1913
　　　　 年第 1 卷第 7 號。

〔註69〕 《中華民國憲法案（1913 年 11 月 1 日）》，第 2 頁，見沈雲龍主編：《近代中
　　　　 國史料叢刊續編》第八十一輯《中華民國憲法史料》，臺北：文海出版社 1974
　　　　 ～1982 年版。

〔註70〕 在復興儒學、批評自由平等的一立一破的過程中，針對袁世凱恢復祀孔，也
　　　　 曾有國會議員以祀孔違背約法信教自由，亦有許多反對之聲。詳見後文。

〔註71〕 袁世凱：《尊崇孔子令（1913 年 11 月 26 日）》，見駱寶善、劉路生主編：《袁
　　　　 世凱全集》第二四卷，鄭州：河南大學出版社 2012 年版，第 309 頁。

大抵近今時弊，多由誤會，往往以新政之美名，屬暴徒所假借。……改革之後，民主政體雖已告成，試問人民之疾苦、利害，誰復措意。甚至以昌言民主之人，為殘害生民之舉。廣東、湖南等省前轍具在，天下有此民主乎？………乃以主張共和政體之人，往往不守法律；侈談共和精神之人，往往陰謀分裂。而不明事理者輒盲從之，託名為共和政治，實成為暴民專制，誤會之點，莫大於此。」〔註72〕

這是意在指責以國民黨為首的新派勢力借平等、自由、民主、共和的「美名」而破壞國家的統一穩定。顯而易見，廣東、湖南的「前轍」指的是在二次革命中國民黨派軍人的反抗，這就把國家動亂的罪責完全推到國民黨的身上。

「徒前典章法度，非僅一朝之計劃，每經大聖大賢之教，譯於歷代。政治家累次考究損益，其中亦有精意存焉。故目下之目的，雖在於維新，而數千年來固有之法意，亦不能一筆抹煞。……夫《約法》乃南京臨時參議院所定，一切根本皆在《約法》。而《約法》因人成立，多方束縛，年餘以來，常陷於無政府之地，使臨時政府不能有所展布，以遂野心家之陰謀，置國家安危存亡於不顧，致人民重受苦痛。……現在救國之計，尤須有強有力之政府，若全國等於散沙，則法令亦無效力。」〔註73〕

這段訓詞奠定了政治會議的討論基調，即「前典章制度」非常重要不能一筆抹殺；「有強有力之政府」是政治穩定的保障，這是整頓時局亂象的途徑。袁世凱通過政治體制變革和意識形態調整兩個大動作，完全扭轉了南京臨時政府時期所設立的三權分立的行政原則和自由主義民主共和的意識形態實踐方向。而以中央集權為特點，以帝制儒學為指導的政治模式，就是一條由帝制儒學意識形態所規定的保守主義的治國道路。

在復興儒學，批評自由平等的一立一破的過程中，同樣有許多反對的聲音。針對袁世凱恢復祀孔，也曾有國會議員以祀孔違背約法信教自由，祀孔

〔註72〕袁世凱：《在總統府居仁堂召集政治會議委員訓詞（1913 年 12 月 15 日）》，見駱寶善、劉路生主編：《袁世凱全集》第二四卷，鄭州：河南大學出版社 2012 年版，第 429 頁。

〔註73〕袁世凱：《在總統府居仁堂召集政治會議委員訓詞（1913 年 12 月 15 日）》，見駱寶善、劉路生主編：《袁世凱全集》第二四卷，鄭州：河南大學出版社 2012 年版，第 430 頁。

命令未交國會議決等理由質問政府。內務部以「無答覆之必要」〔註74〕相敷衍。在立孔教為國教的請願運動中，民間也有許多反對之聲。張耀垣從孔子學說不是宗教，宗教不適於中國的角度駁斥立國教的主張，認為「如強以孔道為國教，則失孔道之真蹟」〔註75〕。張東蓀從宗教角度觀察孔教，討論了三個問題：孔教是宗教、宗教能否挽回人心、中國是否有國教；從哲學角度觀察孔教，討論了孔教哲學的特質、孔教哲學對中國文明的影響、孔教哲學與西洋哲學的比較三個問題。提出了「近世道德與宗教已絕有分離之勢」的觀點。認為應肯定孔教對挽回道德的作用，「但非謂今日道德之救濟僅恃孔教」；應該肯定保守固有文明的積極意義，但是更贊同「東西方思想融合」〔註76〕的做法。

對於民初的孔教問題，章太炎認為「近世有倡孔教會議者，余竊訾其怪妄。宗教至鄙，有太古愚民行之，而後終已不廢者，徒以拂俗難行，非故葆愛嚴重之也。中土素無國教矣。……是乃有司教令，亦雜與今世社會教育同類。」「蓋孔子所以為中國斗杓者，在制歷史，布文籍，振學術，平階級而已。」激烈抨擊建立孔教會的做法，認為這是康有為等人「猥見耶穌、路德之法漸入域中，乃欲建樹孔教以相抗衡，是猶素無創痍，無故灼以成瘢」。〔註77〕《協和報》記載了耶教、回教反對立孔教為國教的通電。另據《憲法新聞》所刊，民間反對立孔教為國教的也大有人在。但是相比各省都督、尊孔組織的支持，這種反對之聲就不足以左右大局了。

在一步步由尊孔到祀孔，由發布崇聖典禮到宣布親臨祀孔典禮的過程中，袁世凱還恢復祭天的儀式，仿行前朝官制，並大封爵位。以恢復舊有秩序為目的，以「政體雖取革新，而禮俗要當保守」〔註78〕為指導思想，於是逐步恢復了天—孔子—奉祀官的祭祀等級；宣稱「不知平等之說，繫以法律

〔註74〕參見《內務部關於眾議員羅永紹等為祀孔典禮令未經國會議決違反約法信仰自由問題致國務院覆函（1913 年 9 月 29 日）》，見中國第二歷史檔案館編：《中華民國史檔案數據彙編第三輯・文化》，南京：江蘇古籍出版社 1991 年版，第 3 頁。

〔註75〕張耀垣：《孔教定為國教駁議》，《直隸教育界》1913 年第 4 號。

〔註76〕張東蓀：《余之孔教觀》，《庸言》1913 年第 1 卷第 15 號。

〔註77〕章太炎：《駁建立孔教議》，《雅言（上海）》1913 年第 1 號。

〔註78〕袁世凱：《舉行祀孔典禮令（1914 年 9 月 25 日）》，見駱寶善、劉路生主編：《袁世凱全集》第二十八卷，鄭州：河南大學出版社 2012 年版，第 437 頁。

為範圍；而任用之途，應以資格為標準。秩序所在，中外攸同」〔註79〕，於是恢復了九品官人法的「卿—大夫—士」官秩等級。〔註80〕1915 年 12 月確認恢復帝制以後，又大封王、公、侯、伯、子、男，得封爵位者一百二十餘人。〔註81〕

　　以「君君臣臣、父父、子子」，上下尊卑的等級制度作為社會秩序，是儒學意識形態在帝制時代的顯著特徵之一。袁世凱在保守主義道路上越走越遠，絲毫沒有意識到「三千年未有之變局」的歷史轉軌。在這種大變局時代，尤其需要「橫覽九萬里，下窺數百年，尤恐百密尚有一疏」〔註82〕的領路人。然而袁世凱手腕有餘，而心量、眼界不足，欲以朽索駕奔車，最終無法避免車毀人亡、人亡政息的結局。

（四）袁世凱與帝制運動的高漲

　　袁世凱的帝制活動不僅葬送了民國初年政治穩定的大好局面，使中國陷入軍閥混戰民不聊生的境地，也葬送了袁世凱個人，使其背上了千古罵名。雖然事後來看袁世凱的「帝制自為」是完全錯誤的，但是無論是把帝制活動的動因歸咎於袁世凱個人野心，還是把帝制活動的發端以邏輯逆推的形式規定在二次革命前後，〔註83〕都不足以說明帝制活動的演進過程。更重要的是，這樣的分析掩蓋了在新舊衝突的歷史關口國家意識形態選擇的實質。

　　南北議和之後，民國政局基本上處在一個新舊雜糅的階段，無論是國會和政府的人員組成，國家政策制定，還是政治運作模式，都是南北、新舊妥協的結果。孫中山在二次革命後分析局勢時仍認為，國人大致可以分為三種：

〔註79〕袁世凱：《釐定文官官秩令（1914 年 7 月 28 日）》，見駱寶善、劉路生主編：《袁世凱全集》第二七卷，鄭州：河南大學出版社 2012 年版，第 558 頁。

〔註80〕袁世凱：《公布文官官秩令（1914 年 7 月 28 日）》，見駱寶善、劉路生主編：《袁世凱全集》第二七卷，鄭州：河南大學出版社 2012 年版，第 558～560頁。

〔註81〕袁世凱：《封龍濟光等爵位令（1915 年 12 月 21 日）》等，見駱寶善、劉路生主編：《袁世凱全集》第三三卷，鄭州：河南大學出版社 2012 年版，第 665～667 頁。

〔註82〕徐世昌：《為袁世凱稱帝辭職函（1915 年 9 月）》，見天津市歷史博物館藏：《北洋軍閥史料·袁世凱卷1》，天津：天津古籍出版社 1996 年版，第 604～608 頁。

〔註83〕當下學界多有此種觀點。關於這一問題李劍農認為，「我們談袁世凱的帝制運動，應該從改造《約法》說起。」參見李劍農：《戊戌以後三十年中國政治史》，北京：中華書局 1965 年版，第 197 頁。

「一舊官僚，二民黨，三則普通人民也。」〔註84〕因此意識形態領域也必然呈現出新舊雜糅的局面。但二次革命之後，國民黨在南方的勢力一掃而空，議會鬥爭的合法途徑被堵死，袁世凱的北洋軍閥勢力擴張到南方，議會解散，責任內閣撤銷。中央權力機關中的國民黨派人員被清除出去，大量啟用前清舊人，於是保守主義勢力逐漸得勢。正是在這種情況下，帝制的國家意識形態才又逐漸發揮它的作用，引導著袁世凱集團在鎮壓異己力量、完成中央集權之後，又走上個人集權的道路。

袁世凱以尊孔祭孔為旗幟，逐步在制度上恢復等級秩序，在教育上恢復讀經，在政治上加強中央集權，啟用前朝舊人。癸丑之役後，中央及地方政府官員的招聘也逐漸向前清士人集團傾斜。中央以徐世昌為國務卿，以李經羲為御用的政治會議議長。

此時地方的縣知事考試也「抱定用人求舊，力排新進之方針」。恢復了等級秩序，任人唯舊，社會上又有尊孔讀經的輿論環境。故時人評論認為「今之中國，直呈一退化之現象。由政治上觀之，則事事力求復古而新者日以劃除；由社會上觀之，則氣象愁慘無複數年前活潑進取之景象。是非其自然退化也，實有為之障者欲使國家社會漸停頓退步，而不許其向開明之軌道以進行。」〔註85〕在這種風氣下，社會上又生出將要恢復科舉的傳言。參議員程樹德曾秘呈恢復科舉制。雖因許多人反對而沒有任何下文，但這種復古的勢頭卻難以遏止了。

在尊孔讀經、崇儒復古風氣的帶動下，遺老們以經書故事、禮教綱常為立論的出發點，妄圖復活他們頭腦中所謂的正統、道統。如果說康有為組織孔教會是以挽救政教禮俗之「鉅子」自任，那麼勞乃宣、宋育仁、劉廷琛、趙爾巽、鄭孝胥等遜清遺老則是以「忠臣不事二主」為正義，仍認紫禁城裏的小皇帝為正統。由此看來，儒學意識形態在帝制時代的塑造是極為成功的。於是恢復帝制的言論，首先在清遺老中流傳開來。

在清遺老群體的復辟主張中，勞乃宣的議論最具代表性。勞乃宣在 1914 年（甲寅），先後作了兩篇文章《續共和正解》《君主民主平議》，連同辛亥年作的《共和正解》一同「印行於世」，「主張復辟，作書致徐菊人轉達袁

〔註84〕孫中山：《致大隈重信函（1914 年 5 月 11 日）》，見中國社科院近代史所等
　　　　編：《孫中山全集》第三卷，北京：中華書局 2011 年第 3 版，第 86 頁。
〔註85〕吳鈞：《進化與退化》，《庸言》1914 年第 2 卷第 5 號。

氏」。〔註86〕《共和正解》以《史記·周本紀》「周召二公共相王室，故曰共和」的歷史開篇立論，主張「若夫正解之共和，則君主居正統之名以鎮服天下人心，政府握大權之實以擔負行政之責任，又有國會處於監察之地位，使不致有跋扈之慮。有周召事功無伊霍之流弊，非今日救時之要道哉？吾願今之言共和者恪守正解以維君統而奠民生。」〔註87〕《續共和正解》主張「今年為共和三年，至總統十年任滿為共和十二年，其時宣統皇帝年已十八可以親裁大政。預定是年還政於皇帝，依周之共和十四年周召還政於宣王故事也。還政之後大清皇帝封項城為王爵世襲罔替，所以報項城之勳勞亦以保項城之身家也。」〔註88〕又主張今日宣統皇帝尚在沖齡不能親政，復辟後必用項城主持內閣，如此則「非特項城成為不世之奇傑、千古之完人，即攀龍附鳳諸人亦仍還為一朝之臣子，不復涉揣二之嫌詎，非旋乾轉坤之妙用哉？」〔註89〕又接連寫信給清史館館長趙爾巽、前清兩江總督周馥、國務卿徐世昌宣揚他的「還政於清」說，期望通過他們「上達天聽」。

與徐世昌為同榜進士的宋育仁聽說了勞乃宣的主張，也大加議論。宋育仁隨後上書袁世凱，認為勞乃宣「徒欲就名詞以改政體，為事實上所決不能行」，提出「就政體以改名詞」，以公舉袁世凱為總統比附春秋時諸侯託王於魯，以清室優待條件比附春秋諸侯共獎王室，主張「援《春秋》託王稱公之義，定名大總統獨稱公，則其下卿、大夫、士有所統系；援《春秋》共獎王室之義，酌易待以外國君主之禮，為待以上國共主之禮，朝會有時。是即育仁所主之復辟。」〔註90〕這就使復辟的意味由「還政於清」轉向了勸大總統「託王稱公」，把復古之風漸漸引向了勸進上。

〔註86〕 勞乃宣：《韌叟自定義年譜》，見沈雲龍主編：《近代中國史料叢刊》第三十六輯《桐鄉勞先生（乃宣）遺稿》，臺北：文海出版社1966～1973年版，第57頁。

〔註87〕 勞乃宣：《共和正解》，見沈雲龍主編：《近代中國史料叢刊》第三十六輯《桐鄉勞先生（乃宣）遺稿》，臺北：文海出版社1966～1973年版，第145頁。

〔註88〕 勞乃宣：《續共和正解》，見沈雲龍主編：《近代中國史料叢刊》第三十六輯《桐鄉勞先生（乃宣）遺稿》，臺北：文海出版社1966～1973年版，第151頁。

〔註89〕 勞乃宣：《君主民主平議》，見沈雲龍主編：《近代中國史料叢刊》第三十六輯《桐鄉勞先生（乃宣）遺稿》，臺北：文海出版社1966～1973年版，第161頁。

〔註90〕 《宋育仁之原呈》，《國民公報（成都）》1915年1月10日，轉引自陳陽：《正名以求王道——民國時期宋育仁復辟訴求的經學視野（1912～1924）》，《社會科學研究》2017年第4期。

　　袁世凱意識到了復辟說的危害，為制止遺老們託古復辟的熱情，遏止「歸政清廷之說」的政治輿論，於 1914 年 11 月 23 日頒布命令，「此等狂瞽之談，度倡言者不過謬託清流，好為異論，其於世界之大勢如何，國民之心理奚若，本未計及，遑故其他。」警告復辟遺民「萬一蹈瑕抵隙，變生意外，勢必至以妨害國家者，傾覆清室，不特為國民之公敵，且並為清室之罪人。」最後不重不輕地「既往不咎」，只是明確規定「嗣後有造作讕言」，即「紊亂國憲者，即照內亂罪從嚴懲辦，以固國本，而遏亂萌。」〔註 91〕

　　但當 1915 年 4 月楊度呈《君憲救國論》時，袁的態度就發生了變化。袁世凱親筆題「曠代逸才」並製成匾額，由政事堂頒給楊度，還把這篇文章秘密付印，分發各省軍民長官參考。〔註 92〕楊度大受鼓舞，即開始以研究國體問題為名組織了一個小團體，後來命名為「籌安會」。籌安會中有六君子，指楊度、孫毓筠、嚴復、劉師培、李燮和、胡瑛。後來民間又加上在帝制活動中鼓動較多的「七凶」梁士詒、朱啟鈐、段芝貴、周自齊、張鎮芳、雷震春、袁乃寬，合稱之為帝制復辟的「十三太保」。〔註 93〕袁克定在 1915 年年初就曾以國體問題詢問過梁啟超的看法，梁以「只研究政體而很少研究國體」敷衍時，楊度也在場〔註 94〕。因此楊度主持的籌安會活動意圖是和袁克定的政治主張接近的。

　　1915 年 8 月，美籍政治顧問古德諾在《亞細亞報》發表《君主與共和論》，明確提出「中國數千年以來，狃於君主獨裁之政治，學校闕如。大多數之人民智識，不甚高尚，而政府之動作，彼輩絕不與聞，故無研究政治之能力。思念以前，由專制一變而為共和，此誠太驟之舉動，難望有良好之結果者也。……然中國如用君主制，較共和制為宜，此殆無可疑者也。」〔註 95〕楊度藉此機

<hr />

〔註 91〕袁世凱：《嚴懲造作讕言紊亂國憲者令（1914 年 11 月 23 日）》，見駱寶善、劉路生主編：《袁世凱全集》第二九卷，鄭州：河南大學出版社 2012 年版，第 398 頁。

〔註 92〕參見陶菊隱：《北洋軍閥統治時期史話（上）》，太原：山西人民出版社 2013 年版，第 313 頁。

〔註 93〕參見方激編譯：《龍蛇北洋：〈泰晤士報〉民初政局觀察記》，重慶：重慶出版社 2017 年版，第 454 頁注釋。

〔註 94〕參見李劍農：《戊戌以後三十年中國政治史》，北京：中華書局 1965 年版，第 202 頁。

〔註 95〕（美）古德諾：《君主與共和論》，見古德諾著，蔡向陽、李茂增譯：《解析中國》，北京：國際文化出版公司 1998 年版，第 141 頁。

會發表《發起籌安會宣言書》和《籌安會通電》等，引用古德諾「中國尤不能不用君主國體」的言論表明立場，舉巴西、秘魯、智利等國因黨爭釀成戰禍的事例，「我國亦東方新造之共和國家，以彼例我，豈非前車之鑒乎？」〔註96〕又號召各省將軍、巡按使、都統、巡閱使、護軍使、各省城商會、上海漢口商會「惟事關根本安危，應合全國上下共同研究，擬請派代表來京加入討論。」〔註97〕以討論國體問題為名，行變更國體實行君主立憲之實。帝制活動於是聲勢大漲。

1915 年 9 月 19 日梁士詒等人在北京成立全國請願聯合會，向參議院進行所謂變更國體的總請願活動，又組織各省、各民眾團體請願團。10 月至 11 月間各省組織「國民代表大會」投票一致贊成君主立憲。12 月 11 日參議院根據各省「國民代表大會的委託，向袁世凱呈總推戴書。帝制活動一時間喧囂塵上。

三、國家意識形態過渡期的雙軌規則與國家命運

從二次革命結束開始，袁世凱起用清朝官僚，恢復清朝官制禮儀，在中央以文代武，在地方推行廢督裁兵。又彈壓復辟，帝制自為，一步一步走入人亡政息的深淵，葬送了民國初年政治統一穩定、經濟持續發展的大好局面。這不是僅僅一句「皇帝的野心」所能概括的。「人君無愚智賢不肖，莫不欲求忠以自為，舉賢以自佐，然亡國破家相隨屬，而聖君治國累世而不見者，其所謂忠者不忠，而所謂賢者不賢也。」〔註98〕

（一）雙軌規則與民初的國家意識形態過渡

在近代中國社會轉型的百餘年中，民國初年國家意識形態的新舊過渡尤其具有不可低估的歷史意義。理論創新是社會變革的先導，國家意識形態的選擇與實踐，則可以在一定程度上主導國家和社會轉型和發展的方向。

在民國時期社會轉型同時伴隨著意識形態轉型的時期，這一轉型無論是以革命的形式實現，還是以和平建設的形式實現，都必須同時滿足歷史正當性和價值正義性的雙軌規則。歷史正當性是一種意識形態得以維持和實現的

〔註96〕 楊度：《發起籌安會宣言書（1915 年 8 月 14 日）》，見劉晴波主編：《楊度集》，長沙：湖南人民出版社 1985 年版，第 585 頁。
〔註97〕 楊度：《籌安會通電（1915 年 8 月 24 日）》，見劉晴波主編：《楊度集》，長沙：湖南人民出版社 1985 年版，第 592 頁。
〔註98〕 司馬遷著：《史記‧屈原賈生列傳》，北京：中華書局 2011 年版，第 2186 頁。

現實基礎，它的來源是一個國家歷史上的國家意識形態的理論特質和實踐狀態，以及它的群眾基礎。價值正義性是一種意識形態得以實現和發展的生命前景，它指向的是一個被廣大人民認可的、可實現的理想狀態。

由此我們就可以看到，以袁世凱集團為代表的保守主義派注重意識形態的歷史正當性，主張儒學意識形態的理由就是中國是有著三千年帝制時代的社會，政體、心理、習慣等等，帝制儒學意識形態施行已久。美國政治學家古德諾也有類似的觀察：「許多中國人將中國的無助和軟弱歸罪於共和制度，認為是這項制度使得國家渙散，沒有凝聚力；而那些已經擁有權力的人為了保全他們的地位，也不喜歡共和制度；當然，更主要的是因為有許多有影響力的中國人真誠地相信，如果切實考慮到中國的歷史傳統和目前的現實狀況，只有實行君主制度才能實現國家的強盛。」〔註99〕這個觀察和論斷在民初這個過渡時期是有一定程度的正確性的。富有政治經驗，一貫小心謹慎如袁世凱，甚至包括嚴復、康有為、楊度等人在內，都一度相信這樣的判斷是正確的。然而帝制儒學意識形態的上述主張，這只是民國初年政治局勢的一個方面，這只是國家意識形態建設的歷史正當性的一個方面。

如果僅僅是清帝退位，還不足以改變改朝換代的性質；然而民主共和的價值正義性的確立，又使得這一時期絕不同於歷史上任何一次的改朝換代。民主共和作為外來的政治理想，作為自由主義意識形態，早在戊戌變法時期就已經在中國產生了影響。這一時期的主潮是君主立憲運動。但在一些先進士人中間，已有「興民權」「設議院」的主張，甚至把君主立憲稱作「君民共主」。雖然戊戌變法時期的許多主張並未在實踐中貫徹，但是民主政治作為一個政治思潮卻影響深遠。因此，辛亥革命後自由主義民主共和的政治設計，在中國已經具有一定的思想基礎和群眾基礎。袁世凱也不得不一再表示「民主共和為最良政體，世界公認。」袁世凱以承認南京臨時政府為中央政府的姿態，成為繼孫中山之後的中華民國第二任臨時大總統。這就使得民主共和觀念在全國獲得了當然的價值正義性。

在君主專制政權在全世界範圍內漸次被推翻、民主共和漸成潮流的情況下，中國先進分子們曾普遍相信，民主共和是世界上最好的政體，並且他們也努力讓一般民眾接受。袁世凱在民初革命風潮中也一再對民主政體表示認

〔註99〕　（美）古德諾著，蔡向陽、李茂增譯：《解析中國》，北京：國際文化出版公司1998年版，第114頁。

同。因此無論是在世界範圍內，還是在近代中國，自由主義意識形態的民主共和理想，已逐漸獲得了極高的價值正義性。

然而在民國初年由南北合作的中間道路，到袁世凱的保守主義，紛繁變幻的政局背後的一系列政治實踐中，轉型期意識形態重塑的歷史正當性與價值正義性的雙軌規則卻很難得到真正貫徹。以國民黨為首的革命黨人，醉心於歐美的自由主義意識形態；以袁世凱為首的北洋系和舊官僚，認為只有儒學意識形態才能使國家統一穩定。

在新舊轉折的歷史關口，新舊兩派都是各執其一端而不知天下大勢，虛張其聲勢而不知謀求立國之根基。在他們失敗以前，這兩個方向的主導者都曾堅信可以行得通。

（二）袁世凱、孫中山以及兩大意識形態之間的較量

民國初年政局風雲詭譎，各種力量，各種主張紛紛登臺。國家道路的選擇集中表現在國家意識形態的選擇上。雖然這種選擇總不外乎開新和保守兩個方向，但在某一方向上的每一步都存在著多種可能性，同時藏有或可預料、或不可預料的危機。在方向的選擇和每一步的可能性中，必然有各種各樣的主張。而每一種主張應該在多大程度上作為國家政策，或者成為國家政策之後會有什麼樣的後果，這就需要當政者依據敏銳的歷史洞察力做出大致準確的判斷。

從保守主義道路來看，在 1915 年帝制運動中，袁世凱及其一部分幕僚也一度認為帝制可以成功。帝制派也曾不遺餘力地呼號奔走，推動帝制運動在全國的高漲，或為國家計，或為私利謀。而袁世凱僅以改朝換代視之，絲毫沒有意識到民國初年正處在國家意識形態新舊交替的轉折時期。以袁世凱為首的保守主義集團力求穩妥，希望用已在中國實行兩千餘年的意識形態來鞏固統治，是只看到了帝制儒學的歷史正當性，而不顧自由主義民主政治的價值正義性。正是他認為可以成功的路，實際上是他自取滅亡的不歸路。

袁世凱集團的重要謀士徐世昌當年的觀察極有見識：「今者呼號奔走，皆為名稱之更換。而一切經國之宏綱鉅製一未預備。貿然從事如何著手？」〔註 100〕身處三千年未有之大變局中，又恰逢國家體制轉型的關鍵時期，孫

〔註100〕徐世昌：《為袁世凱稱帝辭職函（1915 年 9 月）》，見天津市歷史博物館藏：《北洋軍閥史料‧袁世凱卷 1》天津：天津古籍出版社 1996 年版，第 604～608 頁。

中山、宋教仁等不顧新舊轉型的時代情境，欲以完全來自歐美的自由主義意識形態徹底改造中國，豈不是不知國家現實而操之過急？袁世凱作為國家領導者，卻缺乏應有的大局觀，絲毫不顧天下的大勢所趨。以斥新取舊的徹底的保守主義方式應對這個新舊轉型時代，對新黨用堵則盡棄之不知取捨，對舊路用疏則任其泛濫而不知節制。把三五人製造的帝制聲勢認做大勢所趨，也是執其一端而不知國家方向。人亡政息，實在可惜！

　　然而革命黨人的自由主義意識形態實踐道路又為何失敗呢？正如孫中山所說，「數千年來，政府時興時僕，每一易姓，必先造政府，此亦人民建設之經驗，但皆陳陳相因。至民國始開一新紀元，當與從前之建設不同。」〔註101〕然而孫中山等革命黨人在樹立這一美好願景時卻低估了意識形態轉型中的實踐難度，沒有在真正掌握人民力量的基礎上推行。在1913年國會大選中，國民黨獲得了多數席位。宋教仁以及眾多國民黨派議員都認為，責任內閣制將有可能在中國得到實行。國民黨人曾熱切期望在中國落實自由平等博愛的自由主義意識形態，建設民主共和國，儘管有些人主張總統制有些人主張內閣制。以孫中山、宋教仁為首的激進主義革命黨派，「早歲哪知世事艱，中原北望氣如山」，妄想「畢其功於一役」，又缺乏政治參與經驗，僅認識到民主共和的價值正義性，就憑一腔熱情奔走呼號。

　　但是作為一種外來的意識形態，自由主義的民主共和思想不得不面臨中國傳統的帝制時代意識形態的挑戰。以儒學為核心的，與兩千年帝制社會共生的國家意識形態，比自由主義意識形態還要成熟。它已經滲透到中國社會的方方面面，早已生成了成熟的政治制度。並且還有在它培育下成長起來的、仍然是社會主要力量的士人群體包括北洋派、孔教派、皇室遺老、立憲派等等。

　　而真正醉心於民主共和的，只有以南方革命黨人為代表的新式知識分子群體。他們不但人數相對較少，普遍年輕，而且沒有掌握政權和生產工具，更缺少治理國家的經驗。而理論只有被群眾掌握，才能產生巨大的物質力量。從力量對比上來看，革命黨人的力量是無法在短期內勝過舊勢力的。因此民主共和的自由主義意識形態在短期內就無法在實際中得到貫徹。

〔註101〕孫中山：《在滬舉辦茶話會上的演說（1916年7月17日）》，見中國社科院
　　　　近代史所等編：《孫中山全集》第三卷，北京：中華書局2011年第3版，第
　　　　325頁。

不顧歷史正當性，就不能從現實出發，為具有價值正義性的意識形態的政治理想開闢道路。沒有人民力量支持的意識形態，就是虛假的，如海市蜃樓一般，大風一吹即煙消雲散了。

（三）對於現實的一點啟示

探討袁世凱保守主義道路上的可能性空間，不僅對理解民初政局的歷史事實本身存有意義，也對我們認識近代中國意識形態演變的歷史，進而思考一些問題有重大意義。

袁世凱的錯誤無他，唯有背棄了民主共和的時代方向而已。治國如治家，如治校，如治水，如令三軍，如烹小鮮——應知當重當輕，當裁當並，當堵當疏，當嚴當寬，當猛當柔。然而第一要緊事，是認清楚局部與全局的關係，分清楚由局部力量所主導的喧囂一時的政治幻象和全局性、長遠性的國家命運的關係。

洪憲帝制失敗後，民初政局逐漸發展到不可收拾的地步。在儒學和自由主義兩條道路上來回搖擺的民國政局，最終沒能真正走上任何一種意識形態的發展道路，「自辛亥八月迄今未盈四年……大抵一制度之頒，行之平均不盈半年，旋即有反對之新制度起而推翻之。使全國民彷徨迷惑，莫知適從，政府威信，掃地盡矣。」〔註102〕於是，民初的中央政權在兩種意識形態實踐方向的爭奪中散了架。

國家發展道路、國體問題那是天下重器，「豈其可以翻覆嘗試廢置如弈棋」〔註103〕？所以「治大國如烹小鮮」是有它的道理的，如臨深淵如履薄冰，小心翼翼才有可能成功；大開大闔、猛火勤翻必會支離破碎。具體到民國初年的問題，則君主制與共和制，在民國初年並不是簡單的非此即彼的關係，更不可如此猛火勤翻、莫知適從。

民國初年國體政體等問題的翻覆，至少讓一部分人看清了一個問題——「孔教與帝制，有不可離散之因緣。」〔註104〕所以反對帝制，就需要反對儒學的三綱五常、忠君愛國，這已經觸及到了意識形態的問題。隨後三民主義

〔註102〕梁啟超：《異哉所謂國體問題者（1915年8月）》，見《飲冰室合集·專集之三十三》，北京：中華書局1989年版，第96頁。

〔註103〕梁啟超：《異哉所謂國體問題者（1915年8月）》，見《飲冰室合集·專集之三十三》，北京：中華書局1989年版，第88頁。

〔註104〕陳獨秀：《駁康有為致總統總理書》，《新青年》1916年第2卷第2號。

理論體系逐漸成熟，馬克思主義傳入中國，即開啟了一個三方意識形態爭鋒的時代。

　　回望這一時期的國家意識形態建設局面，我們或可以發現，在民國初年這一難得的能夠決定「中國向何處去」的歷史機遇期，孫中山、宋教仁、袁世凱都曾做出了不同方向、不同內容上的意識形態實踐的嘗試，並一度取得了成效。然而，上述嘗試之所以皆歸於失敗，除沒有國家意識形態選擇與實踐的謹慎態度與謀定而後動的政治智慧，沒有立身於一端而統攝全域之國家命運的政治眼光之外，三人皆未能意識到國家意識形態轉型期所必須遵守的「雙軌規則」。因而即使能夠取得一時的優勢，但不能同時具有價值正義性與歷史正當性的政治實踐，毫無疑問是一條偏離時代要求的不歸路。

第二章 「打孔家店」與國家意識形態的轉捩

　　南京臨時政府的成立，使中國有了實踐民主共和的建國理想的機會。然而自由主義民主政治的正常運行，其背後有其他的支撐，比如個人主義的自由平等觀念、契約或法的精神、基督教的精神制約等等。黃興在觀察民主共和初入中國後的局面時，就曾強調「立國首重飭紀」，曾試圖以儒學的「八德」來代替西方的法的精神，從而恢復社會秩序。但是自由主義的民主政治並不能馬上在中國落地生根、全面貫徹，由儒學意識形態所規定的帝制道路依舊具有巨大的吸引力，這不是辛亥革命所能徹底扭轉的。

　　於是新文化運動時期的新式知識分子們選擇了另外一條道路來實踐民主共和——即「堂堂正正以個人主義為前提」〔註 1〕，通過「打孔家店」，使自由平等民主共和觀念在每個人心中生根、成長，以此作為實踐民主共和政治的保障。也正因這層含義，這場運動在後人眼中就帶有了啟蒙的意味。在這一時期（1916～1928），雖然北洋軍閥控制下的中央政權處在三權分立的政治模式之下，但自由主義意識形態並未在中國真正落地生根。此時軍閥混戰，各省獨立，三民主義、馬列主義、無政府主義等各種政治主張紛紛湧現，國家意識形態實際上處於空白狀態。在各方政治主張或意識形態的互相碰撞、爭奪過程中，對時局影響最大的是儒學、三民主義、馬列主義三種意識形態。

〔註 1〕李亦氏：《人生唯一之目的》，《青年》1915 年第 1 卷第 2 號。

一、新文化運動「打孔家店」的意義指向

袁世凱政權崩潰的原因固然是多方面的，但是他利用儒學作為保守主義道路的旗幟，不斷集權以至於恢復帝制的過程，也是他與革命黨人分裂，與北洋集團離心離德的過程。這是毫無疑問的。民國初年，在主張學習歐美的革命黨人和新式知識分子看來，民主共和與孝悌忠信禮義廉恥尚有共存的可能性空間，但民主與帝制，則決不能共存。袁世凱打著儒學的旗號，逐步加強集權恢復帝制的事實，帝制請願運動和孔教運動極盛一時的事實，使得追求民主共和自由平等的一班人看到了帝制與儒學意識形態之間「不可離散之姻緣」。中華民國走到 1916 年，自由主義意識形態與儒學意識形態已經呈現出非此即彼不可調和的敵對狀態。新式知識分子們在此時實行了一場影響深遠的破儒學而立自由主義的運動，由此形成了一個「新舊思潮之激戰」〔註2〕。正是在這樣一個「思想的鬥爭」中，儒學作為國家意識形態的價值正義性遭到史無前例的批判。

（一）「打孔家店」與新的政治主張

新文化運動中「破儒學」的集中體現是「打孔家店」。胡適在 1921 年做的《吳虞文錄序》中使用了「打孔家店」的提法：「我給各位中國少年介紹這位「四川省隻手打孔家店」的老英雄——吳又陵先生。」〔註3〕而「打孔家店」的批判鋒芒在新文化運動時期的主要指向在兩個方面：其一是以陳獨秀、李大釗為主將的批判尊孔復辟和孔教運動的方面，其二是以吳虞、易白沙為主將的批判儒學禮法和宗族制度的方面。在這一時期，對其中的大部分人來說「打孔家店」只是手段而不是目的，其目的是欲破舊而立新，從而建設一個全新的中國。如果不曾懂得民國初年新式知識分子歷經兩次復辟後的彷徨與絕望，也就不能理解他們「打孔家店」時的置之死地而後生的決心。

「打孔家店」的首要指向是批判儒學的帝制復辟主張。以孔子為符號的儒

〔註2〕 李大釗：《新舊思潮之激戰（1919 年 3 月 4～5 日）》，見中國李大釗研究會編著：《李大釗全集》第二卷，北京：人民出版社 2006 年版，第 312 頁。相關討論參見陳旭麓：《近代中國社會的新陳代謝》，上海：上海社會科學院出版社 2005 年版，第 396～397 頁。

〔註3〕 胡適：《吳虞文錄序》，《民國日報·覺悟》1921 年第 6 卷第 24 期。陳伯達在 1936 年做的《哲學的國防動員中》認為，「當下應該接受五四時代「打倒孔家店」的號召，繼續對中國舊傳統思想、舊宗教做全面的有系統的批判。」張申府、艾思奇、何乾之等人撰文響應，基本上承認了這一說法。

學已經歷了兩千年帝制時代的發展，亦是經歷了兩千年帝制社會的改造，其理論系統已適應於帝制的政治制度、社會結構和風俗人心，二者相輔相成難以離散。帝制的思想不僅體現在民初的復辟鬧劇中，「袁世凱之流欲想稱帝，就必須抬出千年孔子，頂禮膜拜，尊孔讀經，否則『名不正則言不順』」〔註4〕；也深深根植於國民思想中，「我們中國多數國民口裏雖然是不反對共和，腦子裏實在裝滿了帝制時代的舊思想，歐美社會國家的文明制度，連影兒也沒有，所以，口一張手一伸不知不覺都帶君主專制臭味……如今要鞏固共和，非先將國民腦子裏所有反對共和的舊思想，一一洗刷乾淨不可。」〔註5〕

陳獨秀認為，「此等政治根本解決問題，不得不待諸第七期（民國憲法實行時代）吾人最後之覺悟。」政治的覺悟有三，第一，政治參與意識的提高，「必棄數千年相傳之官僚的專制的個人的政治，而易以自由的自治的國民政治也」。第二，「出於多數國民自覺與自動」的共和憲政建設。第三，倫理的覺悟，「蓋共和立憲制，以獨立平等自由為原則，與綱常階級制為絕對不可相容之物，存其一必廢其一。」〔註6〕而「按孔教的教義，乃是教人忠君孝父從夫，無論政治倫理，都不外這種重階級尊卑三綱主義。」〔註7〕與尊孔復辟針鋒相對便不得不反對孔教以建設民主共和的新政治。

1913年的《天壇憲法草案》並未正式公布，並因袁世凱洪憲帝制的失敗而廢除。1917年，制定新的民國憲法又提上日程，孔教會藉此機會掀起第二次國教請願運動。李大釗針對把孔子寫入憲法的主張，明確指出，「孔子，歷代帝王專制之護符也。憲法者，現代國民自由之證券也。專制不能容於自由，即孔子不當存於憲法。……此專制復活之先聲也。此鄉愿〔註8〕政治之見端也。」〔註9〕這種反對態度並不是針對「數千年前之殘害枯骨」，李大釗強調，

〔註4〕 田海林：《中國近代政治思想史》，濟南：山東大學出版社1999年版，第401頁。

〔註5〕 陳獨秀：《舊思想與國體問題：在北京神州學會講演》，《新青年》1917年第3卷第3號。

〔註6〕 陳獨秀：《吾人最後之覺悟》，《青年》1916年第1卷第6號。

〔註7〕 陳獨秀：《舊思想與國體問題：在北京神州學會講演》，《新青年》1917年第3卷第3號。

〔註8〕 鄉愿：即聖人，大盜指皇帝。「大盜不結合鄉愿，作不成皇帝；鄉愿不結合大盜，作不成聖人。」參見李大釗：《鄉愿與大盜（1919年1月26日）》，見中國李大釗研究會編著：《李大釗全集》第二卷，北京：人民出版社2006年版，第279頁。

〔註9〕 李大釗：《孔子與憲法（1917年1月30日）》，見中國李大釗研究會編著：《李大釗全集》第一卷，北京：人民出版社2006年版，第242頁。

「余之掊擊孔子，非掊擊孔子之本身，乃掊擊孔子為歷代君主所雕塑之偶像的權威也；非掊擊孔子，乃掊擊專制政治之靈魂也。」〔註10〕非為打倒儒學而攻擊孔子，實為以孔子為招牌的帝制與傳統倫理阻礙了民主共和國家的建設。

　　如要解決中國的政治問題，除要反對專制思想之護符，還必須要有所建設，有所推崇。「要擁護那德先生，便不得不反對孔教、禮法、貞潔、舊倫理、舊政治。要擁護那賽先生，便不得不反對舊藝術、舊宗教。要擁護德先生又要擁護賽先生，便不得反對國粹和舊文學。……我們現在認定只有這兩位先生可以救治中國政治上道路上學術上思想上一切的黑暗。」〔註11〕「政治逼迫我們到這樣無路可走的時候，我們便不得不起一種徹底覺悟，認定政治如果不由人民發動，斷不會有真共和實現。但是如果想使政治由人民發動，不得不先有養成國人自由思想的自由評判的真精神的空氣。」〔註12〕這種以批判專制的文化思想、風俗習慣入手，進而以西方自由平等民主的思想重塑國民的新文化運動，最終的目的是救治專制的黑暗中國。

　　「打孔家店」的次要指向是批判儒學的「忠孝」思想，而「移孝作忠」是自漢代就開始形成的、是統治者為鞏固皇權而反覆強調的觀念。吳虞「非儒」的主張由來已早，但促使他激烈地「打孔家店」的誘因是他在禮法宗族體制下的境遇。1910年左右吳虞因分家析產與父親發生爭執，其父用訴訟手段並聚親族決議此事。他在日記中描述這件事情的經過，有「魔鬼親筆字據」、「大吉大利，老魔遷出」〔註13〕等語。也正因這件事，吳虞被輿論認為是「非理非孝」的逆子，被四川教育界驅逐，也因公開反對儒教以及家族制度，被官方下令追捕，於是被迫逃出成都。〔註14〕

　　吳虞在致陳獨秀的一封信中說，在《新青年》上發表的易白沙的《孔子平議》讓他產生了共鳴，因此決定把此前作的批判「孝」「家族」的一些文章

〔註10〕李大釗：《自然的倫理觀與孔子（1917年2月4日）》，見中國李大釗研究會編著：《李大釗全集》第一卷，北京：人民出版社2006年版，第246～247頁。
〔註11〕陳獨秀：《本志罪案之答辯書》，《新青年》1919年第6卷第1號。
〔註12〕胡適、蔣夢麟、陶履恭（等）：《爭自由的宣言》，《東方雜誌》1920年第17卷第16期。
〔註13〕吳虞著，中國革命博物館整理、榮孟源審校：《吳虞日記》（上），成都：四川人民出版社1984年版，第7～16頁。
〔註14〕參見《吳虞略歷》，見中國革命博物館整理、榮孟源審校：《吳虞日記》（上）卷首，成都：四川人民出版社1984年版，第1～2頁。

拿出來發表。〔註 15〕他在這一時期發表的《家族制度為專制主義之根據論》、《儒家主張階級制度之害》、《說孝》等幾篇文章，從反對「忠孝」「家族」出發，最終指向整個的儒家倫理和專制制度。而這樣的文章之所以能夠大行其道，正是因為切合了對尊孔復辟和孔教運動討論批判的時局。吳虞認為「他們教孝，所以教忠，也就是教一般人恭恭順順的聽他們一干在上的人愚弄，不要犯上作亂，把中國弄成一個『製造順民的大工廠』。孝字的大作用，便是如此！」〔註 16〕更明確地說出了帝制時代「移孝作忠」的倫理意義：「夫孝之義不立，則忠之說無所附；家庭之專制既解，君主之壓力亦散。」〔註 17〕

在帝制社會形成的具有教化作用的「二十四孝」中，多有繼母不慈而子孝的故事，樹立這樣的榜樣強調的是禮法上的母子關係，本沒有什麼情感的基礎。即使有，也是強調子女先以孝感動父母，然後才能建立和睦穩定的家庭關係。若以心中情感的發端為孝悌仁義的基礎，那麼「二十四孝」中有不少是違反孝悌本意的。因為「子生三年，然後免於父母之懷」〔註 18〕，君子仁心必然會以愛回報愛，這才是孝的出發點。以禮法為出發點，而不以「心同此理」為標準，是先秦儒家與宋明儒家的差別之一，因而發展到極端就是「存天理滅人慾」。政治上的表現就是「臣臣」「子子」反覆強調並發揚光大，而「君君」「父父」卻存而不論，彷彿一旦為君為父就能一貫正確了。而強調仁義四端和隆禮重法，是孟子和荀子思想的重大區別之一。因此，在這個意義上我們可以認為，孟軻既沒，犬儒繼起。吳虞反抗父權、族權，就持著「父不慈，子可以不孝」的信念。吳虞以《孝經》為立論的出發點，分析了孝的意義，提出「父子母子不必有尊卑的觀念，卻當有互相扶助的責任」，「要承認子女自有人格，大家都向『人』的路上走」〔註 19〕。然而在新文化運動時期實際上得到實踐的只是破壞的一面。

〔註 15〕吳虞：《致陳獨秀（1917 年 1 月 1 日）》，見《吳虞文錄》，合肥：黃山書社 2008 年版，第 117～118 頁。

〔註 16〕吳虞：《說孝（1920 年 1 月 4 日）》，見《吳虞文錄》，合肥：黃山書社 2008 年版，第 9 頁。

〔註 17〕吳虞：《家族制度為專制主義之根據論（1917 年 2 月 1 日）》，見《吳虞文錄》，合肥：黃山書社 2008 年版，第 5～6 頁。

〔註 18〕《論語·陽貨第十七》，見朱熹：《四書章句集注》，北京：中華書局 1983 年版，第 181 頁。

〔註 19〕吳虞：《說孝（1920 年 1 月 4 日）》，見《吳虞文錄》，合肥：黃山書社 2008 年版，第 13 頁。

　　新文化運動的發起者之一陳獨秀雖然在創辦《青年》雜誌之初就標榜：「批評時政，非其旨也」，但《青年》雜誌第二卷開始就逐漸增加了時評的內容。袁世凱以儒學作為保守主義道路的旗幟，最終在勸進大戲中走上帝制自為的道路，這就使得主張以民主共和建國的新式知識分子憂憤不已。陳獨秀逐漸改變了此前的認識，認為教育、實業等的發展，必賴「水平線以上的政治進化」為前提條件。〔註20〕

　　即使標榜「二十年不談政治」的胡適，最初也是立志以思想學術救國的，是「要想在思想文藝上替中國政治建築一個革新的基礎」〔註21〕。後來也被局勢所迫而不得不去研究政治，「我們本不願意談實際的政治的，但是實際的政治，卻沒有一時一刻不來妨害我們。」〔註22〕他自己解釋說，這不是「變節」，他自始至終持的都是實驗主義的態度，「我的態度是如故的，只是我的材料和實例變了。」〔註23〕而胡適實驗主義的態度，針對社會問題時提出的方法是：第一步，先研究問題的事實，找出病因；第二部，根據經驗學問提出種種解決的辦法；第三步，根據經驗學問和想像力推想各方法的效果，從而揀定一種假定的辦法。〔註24〕至於後來「好人政府」的主張，更是注重在以政府改良社會的方面。

　　這一時期魯迅的改造「國民性」思想，孫中山的「心理建設」，以及蔡元培的「教育救國」，梁啟超認識到的「全人格的覺醒」，其最終指向，都是在尋找中國的新出路。而此時自由、民主的「新」，已經與以儒學為代表的「舊」

〔註20〕陳獨秀：《答顧克剛（1917年7月1日）》，見《獨秀文存》卷三，合肥：安徽人民出版社1987年版，第718頁。

〔註21〕胡適：《我的歧路（1922年6月18日）》，見《胡適自述：我的歧路》，瀋陽：萬卷出版公司2014年版，第194頁。

〔註22〕胡適、蔣夢麟、陶履恭（等）：《爭自由的宣言》，《東方雜誌》1920年第17卷第16期。

〔註23〕胡適：《我的歧路（1922年6月18日）》，見《胡適自述：我的歧路》，瀋陽：萬卷出版公司2014年版，第196頁。胡適開始談政治明顯的證據就是1919年《每週評論》發表的《多研究些問題，少談些「主義」》等四篇文章和1920年的《爭自由的宣言》等。胡適自己認為，談政治是「國內的腐敗政治」和「高談主義而不研究問題的新興論界」「激出來的」。參見胡適：《我的歧路（1922年6月18日）》，見《胡適自述：我的歧路》，瀋陽：萬卷出版公司2014年版，第195頁。

〔註24〕胡適：《多研究些問題，少談些「主義」（1919年7月20日）》，見《胡適自述：我的歧路》，瀋陽：萬卷出版公司2014年版，第190頁。

勢不兩立了。而欲立新，新文化運動時期的知識分子們認為，必須從破舊開始。

（二）「打孔家店」的青年教育目標

醉心於自由主義意識形態的新式知識分子從培養新青年著手宣傳自由平等民主，固然是因為他們在教育界的身份，同時這也是著眼於中國未來的道路選擇。他們把清除青年頭腦中的皇權、忠孝思想而代之以民主、平等、共和觀念的教育工作視作建設民主共和國家的開端。而實際上，在新文化運動時期青年的頭腦也成為了新舊意識形態的交鋒戰場；隨著新的建國理想、新意識形態在越來越多的青年頭腦中的確立（共產黨把這個過程稱作覺悟），不同意識形態交鋒的主戰場擴大到了不同的政治群體之間。

胡適當年向中國少年介紹「打孔家店」的老英雄，這與陳獨秀創辦《青年》雜誌，培養新青年的主張是相同的。雖然在初創辦《青年》雜誌時，陳獨秀對「陳腐朽敗者」和「新鮮活潑者」的認識不是很明確，但引導青年學生除舊布新的意識是很清晰的。因而為青年提出六點建議：「自由的而非奴隸的」、「進步的而非保守的」、「進取的而非退隱的」、「實利的而非虛文的」、「科學的而非想像的」。〔註25〕

隨著討論的深入，培育新青年的除舊的矛頭逐步明確了攻擊對象——「儒者三綱之說，為吾倫理、政治之大原，共貫同條，莫可偏廢。三綱之根本義，階級制度是也。所謂名教，所謂禮教，皆以擁護此別尊卑明貴賤制度者也。」〔註26〕新與舊的矛盾衝突也比此前更加明確，「所謂平等人權之新信仰，對於此新國家新信仰不可兼容之孔教，不可不有徹底之覺悟，猛勇之決心。否則不塞不流，不止不行。」〔註27〕民國初年袁世凱的尊孔行為，孔教會的請願活動，帝制派的請願活動，使新派知識分子們認識到儒學「三綱五常」思想的根深蒂固。欲培育新青年，促進青年覺醒，使青年樹立自由平等的新價值觀，就必須打破原有的精神枷鎖，就必須反對帝制的舊想。二者不可調和。吳虞更為準確地表達了兩者之間的矛盾：「守孔教之義，故專制之威愈衍愈烈。苟非五洲大通，耶教之義輸入，恐再二千年，吾人尚不能克享憲法上平等自由之幸福，可斷言也。」因此旗幟鮮明地指出，「儒教不革命，儒學不輪轉，

〔註25〕陳獨秀：《敬告青年》，《青年》1915 年第 1 卷第 1 號。
〔註26〕陳獨秀：《吾人最後之覺悟》，《青年》1916 年第 1 卷第 6 號。
〔註27〕陳獨秀：《憲法與孔教》，《新青年》1916 年第 2 卷第 3 號。

吾國遂無新思想新學說，何以造新國民？悠悠萬事，惟此為大已。」〔註28〕

洪憲帝制失敗後，新文化運動逐步開展。特別是在以北京大學為新文化中心以後，青年學生這個最活躍最新鮮的群體首先接受了新思想，並繼承了師輩建設中國之新青年的使命感。「由於充分意識到師輩們對他們的期望和憂懼，1917年至1920年聚集於北大的年輕一代，欣然承擔起拯救中國的角色。他們具有師輩們所缺少的凝聚意識和共謀意識。」〔註29〕並在《新潮》雜誌發刊詞中明確表達了他們的使命，「總期海內同學去遺傳的科舉思想，進於現世的科學思想；去主觀的武斷思想，進於客觀的懷疑思想；為未來社會之人，不為現在社會之人；造成戰勝社會之人格，不為社會所戰勝之人格。」〔註30〕被新思想啟發的新青年們比他們的師輩走得更遠，某種意義上，他們開創了一個新的時代。

「五四」時代的一批青年學生們，沿著師輩除舊布新的思路繼續前進。在教育思想領域，高一涵認為「教育之事，端在啟淪心靈，順人類之特生異秉，使充其本然之能。……無論何人，均不能以一教之力，束縛未來人類之心思。更何有於由專制思想演繹而出之孔道。」〔註31〕在批判宗法制度方面，青年學生傅斯年認為，「善是定要跟著『個性』來的，所以破壞個性的最大勢力就是萬惡之原。然則什麼是破壞『個性』的最大勢力？我答道中國的家庭。」「可恨中國的家庭，空氣惡濁到了一百零一度。從他孩子生下來那一天，就教訓他怎樣應時，怎樣捨己從人，怎樣做你爺娘的兒子，決不肯教他做自己的自己。一句話說來，極力的摧殘個性。」〔註32〕站在新舊轉折的歷史關口，青年學生的責任意識、未來意識更加明晰。因而在師輩的引導下對新道路更加渴望，對打破舊思想、舊制度、舊習慣也就更加具有行動的勇氣。

此外，這一時期的「打孔家店」還具有落實宗教信仰自由原則的意義。陳獨秀主張以科學代宗教，蔡元培主張以美學代宗教，李大釗主張信宗教不如信真理，胡適以「社會的不朽觀念」做宗教。在這一時期，他們對待宗教和孔教的態度是大體一致的，即陳獨秀所言：「竊以為無論何種學派，均不

〔註28〕吳虞：《儒家主張階級制度之害》，《新青年》1917年第3卷第4號。
〔註29〕（美）舒衡哲著，劉京建譯：《中國啟蒙運動：知識分子與「五四」遺產》，北京：新星出版社2007年版，第73～74頁。
〔註30〕《新潮發刊旨趣書》，《新潮》1919年第1卷第1號，第7～10頁。
〔註31〕高一涵：《一九一七年豫想之革命》，《新青年》1917年第2卷第5號。
〔註32〕孟真（傅斯年）：《萬惡之原》（一），《新潮》1919年第1卷第1號。

能定於一尊，以阻礙思想文化之自由發展。」然而主張孔教者則自始自終抱著「定孔教為國教」的願望，因此陳獨秀針鋒相對地指明，「況儒術孔道，非無優點，而缺點則正多。尤與近世文明社會絕不兼容者，其一貫倫理政治之綱常階級之說也。此不改破，吾國之政治法律社會道德，俱無由出黑暗而入光明。」〔註33〕

（三）「打孔家店」的儒學更新意義

如果把新文化運動中「打孔家店」的相關言論納入中國儒學史的視野中，則能夠清晰地看到在新文化運動前後的對儒學展開的「批判」與「開新」的兩條思想發展脈絡。「打孔家店」對儒學思想「開新」的正面意義，即在於「反者道之動」的理論新生。

新文化運動之後，儒學「開新」的這一路徑並未直接參與到民國時期國家意識形態重建的進程中，孫中山、蔣介石對儒學的吸收並不是直接受到現代新儒家的影響，相反地，第二代現代新儒家反而受孫中山、蔣介石影響頗深。而這裡之所以有對此進行專門討論的必要，是在於作為民國時期國家意識形態重建中非主流的新儒家，本與這一意識形態重建過程有很深的糾葛（例如梁漱溟），又在當下的中國提出了意識形態方面的訴求。因此「打孔家店」對儒學接納民主、科學等西方思想的理論轉折意義在本文中是有討論的必要的。

中國的儒家與歐洲的哲學家不同，儒學自孔子創始，就一直有經邦濟世的家國情懷。這種精神以今文經學為載體而傳承下來。晚清經世致用的今文經學重新振興的標誌性事件，是洪亮吉冤案的平反。〔註34〕經莊存與、劉逢祿、龔自珍、魏源、廖平，至康有為、梁啟超而表現為「託古改制」的變法主張。〔註35〕在康、梁等所主張的「應時而變」的今文經學之外，同時存在著譚嗣同的「沖決網羅」，章炳麟的「檢論訂孔」等思想主張。而譚、章等人的「批孔」，還是屬於儒學思想體系內部的「反動」〔註36〕；與明末李贄所主張的「不以孔子之是非為是非」並無本質的不同。

〔註33〕吳虞、陳獨秀：通信《答吳又陵》，《新青年》1917年第2卷第5號。

〔註34〕龐樸主編：《中國儒學》第一卷，上海：東方出版中心1997年版，第342頁。

〔註35〕姜林祥主編：《中國儒學史》（近代卷），廣州：廣東教育出版社1998年版，第2頁。

〔註36〕梁啟超：《清代學術概論》，上海：上海古籍出版社1998年版，第90～96頁。

　　真正以全新的標準去重新評價儒學的，是新文化運動。此時的「打孔家店」，實質上是以自由主義意識形態中的「自由」、「民主」以及西學中的「科學」去衝擊帝制時代儒學思想中的專制、封閉。以「民主」、「科學」作為武器，來「打孔家店」，實際上逼迫儒學不得不去面對、融通西方的自由民主和哲學科學，從而在客觀上促成了儒學在「三教合一」、宋明道學形成之後的又一輪理論更新。

　　因此在賀麟看來，新文化運動「促進儒家思想新發展的功績與重要性，乃遠遠超過前一時期曾國藩、張之洞等人對儒家思想的提倡」，「新文化運動的最大貢獻在於破壞和掃除儒家的僵化部分的軀殼的形式末節，及束縛個性的傳統腐化部分。它並沒有打倒孔孟的真精神、真意思、真學術，反而因其洗刷掃除的工夫，使得孔孟程朱的真面目更是顯露出來。」〔註37〕

　　這一時期「打孔家店」的代表人物有陳獨秀〔註38〕、易白沙〔註39〕、吳虞、錢玄同等人。從其批判指意上來看，陳獨秀、易白沙在文章中的批判鋒芒直指儒學的政治專制和思想專制；吳虞的批判集中在家族宗法制度和禮教上；錢玄同師從章炳麟和崔適，對儒學的衝擊主要在疑經疑古和文學革命方面。胡適雖然沒有直接參與「打孔家店」的活動，但在他的《中國哲學史大綱》中，把孔學看做是諸子學之一，否定了其獨尊的地位，也就否定了儒學國家意識形態的地位。這種學術思想評價上的影響，同樣是巨大而深遠的。

　　當時的學者就意識到了西學對中學的全面衝擊的歷史意義，看到儒學處於一個「反者道之動」的更新時代。「表面上，西洋文化的輸入，好像是代替儒家，推翻儒家，使之趨於沒落消沉的運動。但一如印度文化的輸入，無疑亦將大大地促進儒家思想的新開展。」〔註40〕因此民國時期有一批學者欲借鑒魏晉時期「以道家之真矯儒家之偽」〔註41〕和「三教合一」的儒學轉化的

〔註37〕賀麟：《儒家思想的新開展（1941年）》，見宋志明編：《儒家思想的新開展：賀麟新儒學論著輯要》，北京：中國廣播電視出版社1995年版，第87頁。

〔註38〕湯一介等人認為，「陳獨秀是完全而徹底地站在了西方思想的立場上來估價孔子之道在現代社會的價值，所以在他眼裏以孔子為代表的儒家思想傳統也就毫無價值可言，是一文不值的。」湯一介、李中華主編，胡軍著：《中國儒學史‧現代卷》，北京：北京大學出版社2011年版，第41頁。

〔註39〕易白沙對儒學的批判見《孔子平議》，《新青年》1916年第2卷第1號。

〔註40〕賀麟：《儒家思想的新開展（1941年）》，見宋志明編：《儒家思想的新開展：賀麟新儒學論著輯要》，北京：中國廣播電視出版社1995年版，第88頁。

〔註41〕王克奇：《傳統思想新論》，濟南：齊魯書社2000年版，第141頁。

歷史經驗，從而推動了魏晉南北朝思想史研究熱潮的興起。〔註42〕魯迅在論曹操的文風時認為：「更因思想通脫之後，廢除固執，遂能充分容納異端及外來的思想，故孔教以外的思想源源引入。」〔註43〕這顯然與魯迅面對西方文化時的「拿來主義」的態度頗為神似。研究魏晉思想史和佛教的著名學者湯用彤在稍後也明確提出，「現在雖然不能預測將來，但是過去我們中國也和外來文化思想接觸過，其結果是怎麼樣呢？這也可以供我們參考。」〔註44〕

在西學尤其是自由主義意識形態的衝擊下，儒學開始了自己艱難的轉型過程。「五四」運動前後，有梁啟超對東方文化的反思和提倡；也有以杜亞泉、章士釗等為代表的東方文化派，以吳宓、梅光迪等為代表的學衡派對東方文化（尤其是儒學）的堅守。以梁漱溟、熊十力、馮友蘭、馬一浮以及張君勱〔註45〕等為代表的第一代現代新儒家，也正是在這種時代背景下崛起並成長起來的。「陳獨秀、吳虞等人在《新青年》上所發動的對儒家思想傳統的猛烈抨擊，在客觀上激發了儒家思想重新崛起。」〔註46〕

梁漱溟針對陳獨秀、李大釗等人「將中國文化連根的拋棄」的主張，試圖以確定西洋哲學、中國哲學、印度哲學「三方情勢」和「未來文化」發展方向的方式，在「世界文化三期重現說」中為中國哲學（儒學）預留了一個位置。馮友蘭的接著講的「新理學」則是受中國哲學史上的先秦道家、魏晉玄學、唐代禪宗的「超乎形象底」形上學的啟示，「利用現代新邏輯學對於形上學底批評，以成立一個完全『不著邊際』底形上學」。〔註47〕這些都是對「將

〔註42〕「一切歷史都是當代史」，民國時期對魏晉思想研究熱潮的興起固然是多方面的，但時代的相似性是其中重要的因素之一。參見李建中，馬良懷：《本世紀魏晉思想研究的兩次高潮》，《東方文化》2000 年第 1 期。

〔註43〕魯迅：《魏晉風度及文章與藥及酒之關係》，《北新》1927 年第 2 卷第 2 期。

〔註44〕湯用彤：《文化思想之衝突與調和》，《學術季刊文哲號》1943 年第 1 卷第 2 期。

〔註45〕李澤厚先生認為張君勱在現代新儒家群體中思想駁雜，創獲不多，不具有代表性。參見氏著：《略論現代新儒家》，見《中國現代思想史論》，北京：三聯書店 2008 年版。但張君勱的思想主張在「科學與人生觀」論戰時，在抗戰時期提倡民族自信力時，在臺灣為儒家文化辯護時，都對儒學思想的復興發揮了不容忽視的歷史作用。現代新儒家群體中應該有他的位置。

〔註46〕參見湯一介、李中華主編，胡軍著：《中國儒學史·現代卷》，北京：北京大學出版社 2011 年版，第 55 頁。張灝也認為，「新儒家是對思想危機的響應」。相關討論參見張灝：《新儒家與當代中國的思想危機》，見《幽暗意識與民主傳統》，北京：新星出版社 2006 年版。

〔註47〕馮友蘭：《新原道》，見《貞元六書》，北京：中華書局 2014 年版，第 914 頁。

中國化徹底打倒」和「全盤西化」主張的一個有力響應。〔註48〕他們「力圖以儒家學說為本位，來吸納、融合、會通西學，仍然想把儒學作為改造中國社會的指導思想，或以儒學來解釋中國社會的結構和發展」。〔註49〕相比於熊十力的「新唯識論」和馮友蘭的「新理學」，梁漱溟與馬一浮並未形成自己完整的思想體系，但梁、馬二人的思想學問及其影響並不在熊十力之下。梁漱溟、熊十力、馬一浮三人被後人合稱為「現代三聖」。

第二代現代新儒家的濃重的心學色彩，除了受佛學復興的時代背景影響，師承熊十力的思想之外（如牟宗三、唐君毅、徐復觀等），也在一定程度上受孫中山、蔣介石的影響。例如賀麟就認為，「我們的新哲學當然亦有理想人物作為嚮往的目標，這無疑地便是積四十年之革命、百折不回、創制民國的孫中山先生了。」〔註50〕賀麟的新心學體系形成於1940年代，其對王陽明和孫中山思想的發揮之處頗多。〔註51〕新中國成立後居於港臺的牟宗三、唐君毅等人，雖然受德國哲學影響很大，但其立論根柢是心性道德；雖力圖融合民主、科學形成「新外王」，但立足點是在「致良知」「以心通」的「內聖」，其理路是由「內聖開出新外王」，仍是心學之流裔，是「接著講」的。

以馮友蘭、侯外廬等著名學者為首的大陸哲學界開創了「新哲學」一脈，而「中國哲學史」「即就中國歷史上各種學問中，將其可以西洋所謂哲學名之者，選出而敘述之。」〔註52〕馮友蘭自己也認為，他的「新統」是「最哲學的哲學」。馮友蘭對哲學的理解是不同於馬克思主義者對哲學的理解的。「哲學本來是空虛之學，哲學是可以使人得到最高境界底學問，不是使人增加對於實際底知識及才能底學問。」〔註53〕「新哲學」即以「馬克思

〔註48〕梁漱溟：《東西文化及其哲學》，北京：商務印書館2010年版。

〔註49〕孔凡嶺主編：《孔子研究》導言，見傅永聚、韓鍾文主編：《20世紀儒學研究大系》，北京：中華書局2003年版，第9頁。

〔註50〕參見賀麟：《現代思潮的演變與剖析》，見宋志明編：《儒家思想的新開展：賀麟新儒學論著輯要》，第207頁。當然，蔣介石對陽明心學的提倡也是這個時代大潮的表現之一。在民國時期的思想史發展脈絡中，蔣介石只是推動者，而不是引領者。

〔註51〕參見賀麟：《五十年來的中國哲學》，瀋陽：遼寧教育出版社1989年版。

〔註52〕馮友蘭：《中國哲學史》（上），上海：華東師範大學出版社2010年版，第3頁。

〔註53〕參見馮友蘭：《新原道》，見《貞元六書》，北京：中華書局2014年版，第924頁。

主義哲學」或「西洋哲學」為理論框架，以傳統中國的學術成果為填充材料，是把包括儒學在內的中國學術哲學化。因此在新中國成立後中國儒學思想的發展脈絡一分為二，即主要在港臺地區的「新心學」一脈和大陸的「新哲學」一脈。

大陸的「新哲學」受馬克思主義哲學影響，呈現出多種面貌。作為儒學核心經典的十三經，也不同程度地分散到了文獻學、哲學、歷史學等現代學科之中。儒學在這一時期內不僅成了無用的「僵屍」〔註54〕，更處於「三馬分屍」的支離境地。〔註55〕文革時期的「批孔」運動，是2000餘年來對儒學進行的最猛烈的批判。「孔家店」幾乎完全被打碎了。這無疑是儒學之學統的中斷，但也是另一種意義上的新生。因為歷史會使一切渺小的東西歸於消滅，使一切偉大的東西生命不絕。能否在廢墟上重建大廈，從塵埃里開出花朵，這取決於儒學自身的價值和我們今天探索的方向。

二、政治派系鬥爭與國家意識形態的建設困境

這一時期意識形態的困境在於，袁世凱帝制運動的失敗，使得帝制儒學意識形態主導的保守主義政治道路成了禁區；而民初自由主義民主政治實踐的混亂，又使得民主政治一時間在北洋軍閥政府中失去了價值正義性。

同時從政治力量對比上來看，袁世凱的失敗及突然離世，使得中央政府出現了權力交接危機。彼此勢均力敵的各方勢力，圍繞最高權力的歸屬展開了曠日持久的鬥爭。於是，意識形態實踐的兩難境地與派系鬥爭形成了合流，進一步加劇了民初的混亂。

（一）派系鬥爭與民初政局的混亂

袁世凱逝世以後，雖然其繼任者廢除了帝制運動前期制定的帶有帝制色彩的官僚制度及各色名號，恢復了《中華民國臨時約法》；但這一時期的「共和」也好，「法統」也好，都成為了各派軍閥爭奪中央政權的工具。

〔註54〕參見周予同：《殭屍的出崇：異哉所謂學校讀經問題》，《一般（上海）》1926年第1卷第2號。周予同先生主張「經學已死，經學史的研究應該開始」。參見周予同著，朱維錚編校：《經學和經學史》，上海：上海人民出版社2012年版，第23頁。

〔註55〕王學典認為，在20世紀後半期，儒學典籍實際上處在「三家分晉」的狀態。參見王學典：《中國向何處去：人文社會科學的近期走向》，《清華大學學報（哲學社會科學版）》2016年第2期。

　　這一時期的軍閥們在激烈的派系鬥爭中，都把自己打扮成「義無反顧」的主持正義者，都指責對方「殃民禍國」〔註56〕。北京的中央政權成了各路軍閥各顯神通的「演武場」，以武力解決派系政治矛盾和督軍團〔註57〕干預決策是其爭奪中央政權的主要形式。

　　僅在 1917 年，北京就存在段祺瑞、黎元洪、張勳、馮國璋四方勢力互相爭奪政權。北洋軍閥的幾大巨頭實力相差不大，因而如走馬燈一般你方唱罷我登場。這一時期幾次大的政治事件有：府院之爭（1916～1917），張勳復辟（1917），護法戰爭（1917～1918），安福國會（1918～1920），奉直共治（1920～1922），法統重光（1922），賄選總統（1923），廢棄法統（1924），奉軍入關（1926）等等。在這一過程中，雖有新舊約法之爭和制定憲法的討論，但具體情形要麼是意見對立爭執不下，要麼成為派系鬥爭中的一紙空文。

　　派系鬥爭壓倒國家建設的典型案例，是張勳復辟前後的各自謀畫。張勳進京前，段祺瑞的心腹大將徐樹錚向參加第四次徐州會議的與會者王郅隆表示，「張勳是復辟腦袋，先讓他去做」，有人推測，段祺瑞是要「假張勳之手以驅黎，然後擁護共和再打倒張勳，恢復段之地位」〔註58〕。張勳也在復辟失敗後通電揭露真相稱，「數年以來，密謀進行，全仗眾力」，張勳進京後，「又密電各方面徵求同意，亦皆許可。」〔註59〕然而段祺瑞發表反對復辟的通電之後，北洋系將領紛紛加入「討逆軍」，全國亦一致聲討。張勳復辟在很大程度上成為了段祺瑞驅逐黎元洪的工具。

　　在 1924 年的北伐戰爭爆發之前，中國主要政治力量包括把持北京中央政權的北洋軍閥一系，兩廣的國共兩黨的合作政權和半獨立的各地方軍閥，因此國家統一問題是最大的政治問題。在政界和學界大致有會議統一方案，武

〔註56〕張憲文：《中華民國史》第一卷，南京：南京大學出版社 2005 年版，第 213 頁。

〔註57〕督軍團，即在 1916 年 9 月在第二次徐州會議期間成立的「省區聯合會」，由奉、吉、黑、直、魯、豫、蘇、浙、贛、鄂 10 省督軍代表，以及綏、察、熱 3 區代表宣布成立。參見張憲文：《中華民國史》第一卷，南京：南京大學出版社 2005 年版，第 190 頁。

〔註58〕曾毓雋：《憶語隨筆》，見杜春和等編：《北洋軍閥史料選輯》（上），北京：中國社會科學出版社 1981 年版，第 269 頁。

〔註59〕參見張憲文：《中華民國史》第一卷，南京：南京大學出版社 2005 年版，第 200 頁。

力統一方案，聯省自治方案，法統統一方案等等。〔註60〕而最終在形式上統一中國的國民黨，是通過北伐作戰完成這一歷史任務的。在各方政治力量的競爭式發展中，沒有任何一方會把擴大地盤的可能性拱手讓與對方。和平統一的道路，在袁世凱發動癸丑之役之後就已經不可能實現。

陷於中央權力之爭中的中華民國北京政府，不僅意識形態建設陷於停頓，而且就如國家根本大法的憲法制定也難以有效展開。

（二）重建「法統」的努力與意識形態的困境

這一時期，仍有一條含有意識形態建設意義的所謂「法統」的演變脈絡。從1916年洪憲帝制崩潰，到1924年段祺瑞宣布「法統已壞，無可因襲」前後，在此期間舉行過四次制定憲法的會議，並陸續地形成了《中華民國憲法草案》〔註61〕、《中華民國憲法》〔註62〕和《中華民國憲法案》〔註63〕三個憲法文件。北京政府先後組織的四次制憲會議大致情況是：

在1916到1917年的制憲會議中曾嘗試制定新的約法，然而議員們彼此「爭議極大，常因辯論起衝突，浸至議員交哄，釀成利用督軍團干憲之事」。〔註64〕爭論的焦點主要有孔教問題，緊急教令問題，省制問題等等。幾方勢力針鋒相對，互不相讓，甚至引發大鬥毆。至督軍團干預制憲，憲法審議會議員紛紛辭職，於是不足法定人數，無期延會。〔註65〕最終各方妥協，恢復《臨時約法》。

1918～1919年由安福系包辦成立的新國會，組織成立了憲法起草委員會，

〔註60〕 肖高華：《現代國家建構：20世紀20年代中國知識界的政制設計及論爭》，北京：中國社會科學出版社2013年版，第42～70頁。

〔註61〕 《中華民國憲法草案》在1919年8月12日由憲法起草委員會決議通過。參見沈雲龍主編：《近代中國史料叢刊續編》第八十一輯《中華民國憲法史料》，臺北：文海出版社1974～1982年版。

〔註62〕 《中華民國憲法》1923年10月10日由北京憲法會議公布，後稱「賄選憲法」。參見沈雲龍主編：《近代中國史料叢刊續編》第八十一輯《中華民國憲法史料》，臺北：文海出版社1974～1982年版。

〔註63〕 《中華民國憲法案》在1925年12月11日草案由國憲起草委員會三讀通過。參見沈雲龍主編：《近代中國史料叢刊續編》第八十一輯《中華民國憲法史料》，臺北：文海出版社1974～1982年版。

〔註64〕 楊幼炯著，范忠信等校：《近代中國立法史》，北京：中國政法大學出版社2011年版，第148頁。

〔註65〕 楊幼炯著，范忠信等校：《近代中國立法史》，北京：中國政法大學出版社2011年版，第149～153頁。

以《天壇草案》為基礎制定了一部憲法。後因安福俱樂部被迫解散，該憲法也成一紙空文。〔註66〕

1923年賄選總統曹錕匆忙召集了憲法會議。在制憲會議召開過程中，共開會不過數次；從10月4日完成地方制度二讀會，到10月10日《中華民國憲法》憲法公布，為時不足七日。「六七載爭論不決之問題，一一解決，進行之速，實可警人。」〔註67〕當時輿論稱為「賄選憲法」。

1925年，又有段祺瑞以臨時執政名義召集國憲起草委員會，選舉林長民為委員長制定《中華民國憲法案》。因段祺瑞執政府於當年12月瓦解，憲草於是流產。〔註68〕

北洋軍閥各派對中央行政權的爭奪和四次憲法會議的召集，均是在三權分立的代議體制下運作的。〔註69〕這樣一種權力運作模式，毫無疑問是受自由主義意識形態影響而形成的。因此有學者認為，「從根據儒家倫理作為最高政治目標來治國，過渡到『以法立國』和『以法治國』，應當說是一種歷史的進步，這也是辛亥革命之歷史意義所在。」〔註70〕但在民國政治的具體實踐中並未形成法國式的多黨制，也未形成美國式的邦聯憲法。各方政治勢力都試圖以一己之力把持政府，從而完全掌控中樞權力機構。

在三權分立的框架內，在民主共和的潮流中，能夠主持政局的北洋軍閥們仍持有「聖人執要，四方來效」的統治理念，並不能區分一個強有力的中央政府和一個大權獨攬的皇帝之間的不同。因而曾有學者曾指出，北洋軍閥政府時期的政治混亂實際上是宗法專制思想、權威體制和民主議會制度的衝突。〔註71〕自由主義意識形態和帝制的儒學意識形態，在這一點上的矛盾是極其尖銳的。

〔註66〕楊幼炯著，范忠信等校：《近代中國立法史》，北京：中國政法大學出版社2011年版，第182～184頁。

〔註67〕楊幼炯著，范忠信等校：《近代中國立法史》，北京：中國政法大學出版社2011年版，第206頁。

〔註68〕楊幼炯著，范忠信等校：《近代中國立法史》，北京：中國政法大學出版社2011年版，第216～217頁。

〔註69〕參見李雲霖：《樞機轉捩：近代中國代議制度研究》，北京：中國政法大學出版社2016年版，第97～151頁。

〔註70〕許紀霖、陳達凱主編：《中國現代化史·第一卷1800～1949》，上海：學林出版社2006年版，第339頁。

〔註71〕參見李雲霖：《樞機轉捩：近代中國代議制度研究》，北京：中國政法大學出版社2016年版，第272～314頁。

這一時期的中國政治局勢，儒學意識形態已經經過「打孔家店」而不可用，自由主義民主政治又在軍閥混戰中不得推進，於是國家意識形態建設處在逡巡徘徊的狀態下。「中國向何處去」這一問題亟待解決。

在這種局面下，意識形態建設只有破舊而立新這一條路可走，而也唯有更強有力的新「主義」的力量、革命的手段才能開出一條新路。李大釗明確提出，「本會同人已經兩載之切實研究，對內對外似均應有標明本會主義之必要，蓋主義不明，對內既不足以齊一全體之心志，對外尤不足與人為聯合之行動也。」〔註72〕因而新的主義是這一時期中國先進分子團結行動的旗幟，主義是改造社會的工具。〔註73〕這個由「主義」所開創的新路，在這一時期就是三民主義的逐步成熟和馬克思主義的曙光初露。

三、國家意識形態領域三足鼎立格局的形成

新文化倡導者們以進化論為理論指引，以「自由平等」、「民主科學」為武器批判儒學的「三綱五常」、宗法禮教。以新舊不兩立，除舊而布新的戰鬥姿態，「打孔家店」，為新文化新思想開路。

因而這一時期的除舊，在本質上就是打擊儒學意識形態的價值正義性，為自由主義的民主政治打開道路。儒學在帝制社會中綿延演進了兩千年，最終在「打孔家店」的思想衝擊下成為了帝制社會的陪葬品。

（一）帝制儒學的意識形態歷史正當性的逐步喪失

袁世凱洪憲帝制的失敗，不僅斷送了統一穩定的民國政局，終結了保守主義政治道路，而且遏止了以康有為、陳煥章等為代表的一批儒生的濟世嘗試，並最終埋葬了帝制儒學意識形態僅存的獨立的政治生命力。

自漢代以來一直作為廟堂之學的儒家學說，忽而在 1915 至 1921 年間成了「孔家店」，孔聖人成了孔丘、孔老二。這在八代之衰、三教之爭的時代也未曾出現過的狀況，預示了一個新的變化——作為帝制時代國家意識形態的儒學正在崩潰，其原有的地位即將被新的意識形態所取代。1905 年廢除科舉

〔註72〕李大釗：《在少年中國學會北京會員茶話會上的講話（1920 年 8 月 19 日）》，見中國李大釗研究會編著：《李大釗全集》第二卷，北京：人民出版社 2006 年版，第 212 頁。

〔註73〕參見李大釗：《再論問題與主義（1919 年 8 月 17 日）》，見《李大釗全集》第二卷，北京：人民出版社 2006 年版，第 2 頁。這一點認識與孫中山完全相同。

制，即使廢除了儒學的制度保障，打碎了士人通過讀經書進入仕途的進身之階，也就使儒學喪失了通過儒生群體影響國家道路的作用。

1911 年辛亥革命又打碎了儒學的政治靠山，隨著清帝國一起倒塌的，還有與民主共和不兼容的帝制政治模式。儒學從此處在無所依傍的「遊魂」境地。雖然孔教會諸人試圖用「借屍還魂」之法，模仿耶教的教會體系來創立孔教會，以作為儒學的實體組織，但這種方式因與儒學思想特質不符而一開始就存在著強烈的反對聲音。也因康有為、梁啟超、陳煥章等人借政治勢力的扶持而壯大孔教聲勢的做法，欲恢復帝制的主張，使得孔教運動與袁世凱的政治生命幾乎融為一體。

「如果說辛亥革命從政治上制度上標誌著儒學統治地位的開始終結，但真正宣告儒學統治地位終結的還是『五四』新文化運動。」〔註74〕1915年至 1921 年的「打孔家店」、傳播新思想的新文化運動，則更進一步地打擊儒學的價值正義性。新文化運動倡導者們以「自由平等」、「民主科學」觀念為民主政治做啟蒙式的開創工作，在社會上特別是青年學子中產生了深遠影響。

這種影響在新文化運動時期尚未體現在國家政治的進程中，它將與稍後的國家層面的政治實踐逐漸合流。

（二）自由主義的意識形態價值正義性的再造

這一時期中國的自由主義意識形態的政治實踐，已經逐漸走出了模仿照搬的階段。經由孫中山的結合革命實踐經驗的理論創造，三民主義理論體系已逐漸成熟。其主要表現就是孫中山在 1917 至 1921 年陸續完成的《建國方略》（包括《孫文學說》《民權初步》《實業計劃》三部分）以及 1921 年演講的《五權憲法》，1924 年詳細講演的《三民主義》，最終以《建國大綱》和《中國國民黨第一次全國代表大會宣言》的形式承認了三民主義的政治地位。

孫中山完善了軍政、訓政、憲政的三期革命理論，並詳細規劃了實業建設、社會建設、心理建設的具體內容，明確了三民主義的政治理想和實施方案。從而使脫胎於自由主義的三民主義成為一個較為完整的理論體系，初步

〔註74〕吳江：《中國封建意識形態研究》，蘭州：蘭州大學出版社 2003 年版，第 216頁。

具備了意識形態的特徵。它的作用正如孫中山所言：「我們想造成一個完完全全的新世界，一定要用三民主義來做建設這個新世界的工具。」〔註75〕

孫中山在 1917 年 2 月完成的《民權初步》（原名《會議通則》）中認為，「無如國體初建，民權未張，是以野心家竟欲復民政而復帝制」，「所幸革命之元氣未消，新舊兩派皆爭相反對帝制自為者，而民國乃得中興。今後民國前途之安危若何，則全視民權之發達如何耳。」民權具體內容則是選舉官吏、罷免官吏、創製法案、復決法案之權。民權發達須「從固結人心、糾合群力始，而欲固結人心、糾合群力，又非從集會不為功」。《民權初步》就是對集會決議等事項的規定，意在教「國民之學步」〔註76〕。

《實業計劃》為社會建設，最早的英文版發表於 1918 年版。對全國鐵路、港口、運河、礦業、農業、商業、漁業等皆有全面而詳細的計劃。〔註77〕《孫文學說》即心理建設，於 1919 年春夏間完成。

針對民國初年的自由主義政治理想不得實施的實際發展狀況，孫中山認為革命本意是廢除滿洲之專制，卻轉而生出強盜之專制，重要原因是革命黨人對革命理想的信仰不夠堅定：「不圖革命初成，黨人即起異議，謂予所主張者理想太高，不適中國之用」。孫中山首先歸結為自己號召力不夠，有自己德薄不足以率眾的原因；但最重要的則在於：「然吾黨之士，於革命宗旨、革命方略亦難免有信仰不篤，奉行不力之咎也，而其所以然者，非盡關乎功成利達而移心，實多以思想錯誤而懈志也。」〔註78〕為解決這個問題，於是孫中山提出主張「行易知難」的孫文學說，其目的在破除「知之非艱，行之惟艱」的國人心理之大敵，「庶幾吾之建國方略，或不致再被國人視為理想空談也。

〔註75〕孫中山：《在桂林軍政學七十六團體歡迎會的演說（1921 年 12 月 7 日）》，見中國社科院近代史所等編：《孫中山全集》第六卷，北京：中華書局 2011 年第 3 版，第 8 頁。

〔註76〕孫中山：《建國方略之三·民權初步（社會建設）（1917～1919 年）》，見中國社科院近代史所等編：《孫中山全集》第六卷，北京：中華書局 2011 年第 3 版，第 412～413 頁。

〔註77〕孫中山：《建國方略之二·實業計劃（物質建設）（1917～1919 年）》，見中國社科院近代史所等編：《孫中山全集》第六卷，北京：中華書局 2011 年第 3 版，第 247～411 頁。

〔註78〕孫中山：《建國方略之一·孫文學說（心理建設）（1917～1919 年）》，見中國社科院近代史所等編：《孫中山全集》第六卷，北京：中華書局 2011 年第 3 版，第 158 頁。

夫如是，乃能萬眾一心，急起直追。」〔註 79〕孫中山的「行易知難」說至蔣介石而發展為「力行哲學」，成為推行三民主義的有效理論。

（三）馬克思主義意識形態的鋒芒初露

與此同時，在儒學的舊路已經崩潰、自由主義的新路前途未明之際，馬克思主義的傳入為苦苦探索「中國向何處去」的先進分子帶來了一種嶄新的思考。「十月革命一聲炮響，給我們送來了馬克思列寧主義。十月革命幫助了全世界的也幫助了中國的先進分子，用無產階級的宇宙觀作為觀察國家命運的工具，重新考慮自己的問題。走俄國人的路——這就是結論。」〔註 80〕

1919 至 1921 年間的關於「問題與主義」的論戰和社會主義的論戰，在傳播馬克思主義的同時，也使一部分知識分子堅定了走俄國式的工人運動道路的決心。五四運動後，一部分受十月革命和「布爾什維克」主義影響的知識分子開始到工人中進行宣傳和組織工作。早期的共產主義知識分子群體和被共產主義思想武裝起來的工人群體的不斷壯大，使得馬克思主義的革命建國路線在中國一步步地由理想成為現實。〔註81〕

在理論指向上，馬克思主義尋求一種「徹底的解決」——「共產主義革命就是要最堅決地打破過去傳下來的所有制關係；所以，毫不奇怪，它在自己的發展進程中要最堅決地打破過去傳下來的各種觀念，」〔註82〕是要堅決地「消滅私有制」〔註83〕，「盡可能快地增加生產力的總量」並創建一個共有共產的新世界。〔註84〕俄國紅色政權的建立與發展，馬克思主義意識形態在俄國的成功實踐，不僅是一種精神上的激勵，同時也提供了理論上和實踐上

〔註79〕孫中山：《建國方略之一‧孫文學說（心理建設）（1917～1919 年）》，見中國社科院近代史所等編：《孫中山全集》第六卷，北京：中華書局 2011 年第 3 版，第 159 頁。

〔註80〕毛澤東：《論人民民主專政（1949 年 6 月 30 日）》，見《毛澤東選集》第四卷，北京：人民出版社 1991 年版，第 1471 頁。

〔註81〕參見丁守和、殷敘彝：《從五四啟蒙運動到馬克思主義的傳播》，北京：三聯書店 1979 年第 2 版，第 277～367 頁。

〔註82〕馬克思、恩格斯：《共產黨宣言》，見《馬克思恩格斯全集》第四卷，北京：人民出版社 1965 年版，第 489 頁。

〔註83〕馬克思、恩格斯：《共產黨宣言》，見《馬克思恩格斯全集》第四卷，北京：人民出版社 1965 年版，第 480 頁。

〔註84〕馬克思、恩格斯：《共產黨宣言》，見《馬克思恩格斯全集》第四卷，北京：人民出版社 1965 年版，第 489～490 頁。

的指導。

馬克思主義的無產階級革命理論順應了新文化運動中民主平等的民眾覺醒的啟蒙趨勢，且更為徹底。以工農群眾為革命依靠力量，這在中國有巨大的政治潛力。更為重要的，馬克思主義有紀律嚴明的黨組織，這能使覺悟了的無產階級具有強大的組織凝聚力和政治向心力。

這就表明了馬克思主義具有與帝制儒學、自由主義兩大意識形態完全不同的特質，也正是其在近代中國的政治生命力所在。

（四）「中國目前三個思想鼎足而立」

在這一過程中，伴隨著西方思想的傳入，自然有各種各樣的主張在中國興起，如吳稚暉、劉師培等人主張的無政府主義，中國青年黨的國家主義以及胡適等人主張的「一點一滴的改良」等等，都曾極盛一時。

關於這一時期的意識形態或政治力量的基本格局，胡適在《我們走那條路？》中明確指出，此時存在著中國國民黨、中國青年黨（國家主義者）、中國共產黨三派。〔註85〕羅隆基在隨後致胡適的信中，也借一家報紙的評論談到「中國目前三個思想鼎足而立：（1）共產；（2）《新月》派；（3）三民主義」〔註86〕基本的狀態。《新月》派所指即胡適派的自由主義者，〔註87〕其在意識形態根源上則與三民主義相近。顯而易見的是，在近代中國的進程中真正對國家發展道路起著決定性作用的，則只有中國傳統的儒學、三民主義和共產主義。

以民國年間政治變遷的大勢來說，鄧演達對這種意識形態並存的局勢認識比較準確：「我們如果把太平天國的革命連續下來觀察，那我們必須承認：中國是無時無日不在與舊的封建文化結算的大潮中」，然而自俄國革命以後，「在中國目前的革命運動中的確是有兩個大潮：資本主義的意識形態和社會主義的意識形態。所以就主觀上說，在革命的行程中，都是否定中國的封建文化，而要創造新的文化。」〔註88〕「舊的封建文化」「資本主義的意識形態」「社會主義的意識形態」的意識形態格局的初步形成，則是在 1915 至 1921

〔註85〕胡適：《我們走那條路？》，《新月》1929 年第 2 卷第 10 期。

〔註86〕羅隆基：《羅隆基致胡適》，見中國社會科學院中華民國史研究室編：《胡適往來書信選（中）》，北京：社會科學文獻出版社 2013 年版，第 446 頁。

〔註87〕相關討論參見章清：《「胡適派學人群」與現代中國自由主義》，上海：上海三聯書店 2015 年修訂版。

〔註88〕鄧演達：《中國內戰與文化問題》，《革命行動》1930 年第 2 期。

年間。

　　三大意識形態並存於中國的初期，正是儒學意識形態逐步崩潰，三民主義意識形態走向成熟，馬克思主義開始傳入中國的時期。因此新文化運動前後，中國正處於國家意識形態的新舊交替時期。由此觀之，近年來大陸學界中的馬克思主義派、文化保守主義派、西化派的三大思想流派，不約而同地紀念五四新文化運動且聲勢規模越來越大，其思想與歷史的根源正在於此。

第三章　儒學在南京國民政府時期
國家意識形態中的重生

　　洪憲帝制失敗後，北洋軍閥集團控制下的中央政府名存實亡，全國逐步進入軍閥割據的狀態。此後一段時期內，國家意識形態領域的空白和中央政權的急劇更迭，使多方政治力量及其主張呈現出「百舸爭流」的局面。三民主義的理論不完備的弊端經由孫中山等人的理論創造已經逐步被克服，在這一過程中雖然三民主義吸收了儒學和社會主義的某些成分，但其脫胎於自由主義的特點依舊非常明顯，並且在孫中山設想中的三民主義仍舊指向著自由主義式的民主政治的方向。而主張馬列主義的中國共產黨的力量在此時還不夠強大，不得不依附於中國國民黨。

　　從中國國民黨主導的北伐戰爭開始，各方政治力量對比不斷發生變化，三民主義意識形態也就隨著國民黨政治勢力的上升而成為國家意識形態。三民主義在上升為國家意識形態的過程中表現出強烈的排他性，在成為國家意識形態之後又在蔣介石的主導下進一步吸收宋明道學、法西斯主義和馬列主義的思想資源，最終三民主義成為了以「力行哲學」「宋明道學」為主要理論表現的精英政治的意識形態。

一、三民主義意識形態的成熟及其對儒學的吸收

　　南京臨時政府時期的三民主義，還只是一種革命理論。作為一種革命理論，三民主義有明確的革命對象：即以民權主義推翻滿清政權，以民權主義推翻專制制度，以民生主義打破財產壟斷、發展國民經濟。因此，孫中山在1912 年一度認為「今日滿清退位、中華民國成立，民族、民權兩主義俱達到，

唯有民生主義尚未著手。」〔註1〕南京臨時政府時期的國家建設則是仿行「歐美之法」，直接借鑒自由主義意識形態的建設方案。因此，總統制和內閣制的主張皆曾在此時的國民黨內盛行一時。袁世凱接管中央政權之後，「歐美之法」就逐步被廢棄了。三民主義真正形成一套國家建設方案、成為一種意識形態的標誌，是孫中山《建國方略》等重要文獻的形成。

（一）孫中山對三民主義的理論探索

三民主義是由孫中山創立並發展起來的。三民主義本脫胎於自由主義意識形態，在前文已交代過。三民主義由一種革命理論到一種意識形態的轉變，除了其理論體系不斷完善之外，還主要在於兩個方面的成熟。

其一是具體的推行策略的形成。初期主要體現在「行易知難」說對「行」的強調和《民權初步》中的具體規定。孫中山的軍政、訓政、憲政的三期革命理論，在武昌起義前就已經提出。但顯而易見，民國初年（1912～1916）並未按照這個方案實行。孫中山在二次革命失敗後鑒於黨內行動不統一、信仰不堅定的現狀，曾認為「原第一次革命之際及至第二次之時，黨員皆獨斷獨行，各為其是，無復統一，因而失勢力、誤時機者不少，議者論吾黨之敗，無不歸於散渙，誠為確當。」〔註2〕因而得出「政治之隆污，繫乎人心之振靡」〔註3〕的結論。從而孫中山提出了孫文學說，以求主義之貫徹。孫中山又造中華革命黨，強調要服從於孫文一人，又分首義黨員、協助黨員、普通黨員〔註4〕，也是為了主義之貫徹。並認為「黨本是人治，不像國家的法治」，服從個人「就是服從我的主義」。〔註5〕

〔註1〕 孫中山：《在南京同盟會會員餞別會的演說（1912年4月1日）》，見中國社科院近代史所等編：《孫中山全集》第二卷，北京：中華書局2011年第3版，第319頁。

〔註2〕 參見孫中山：《致南洋革命黨人函（1914年4月18日）》，見中國社科院近代史所等編：《孫中山全集》第三卷，北京：中華書局2011年第3版，第82頁。

〔註3〕 孫中山：《建國方略之一·孫文學說（心理建設）（1917～1919年）》，見中國社科院近代史所等編：《孫中山全集》第六卷，北京：中華書局2011年第3版，第158頁。

〔註4〕 孫中山：《中華革命黨總章（1914年7月8日）》，見中國社科院近代史所等編：《孫中山全集》第三卷，北京：中華書局2011年第3版，第98頁。

〔註5〕 孫中山：《在上海中國國民黨本部會議的演說（1920年11月4日）》，見中國社科院近代史所等編：《孫中山全集》第五卷，北京：中華書局2011年第3版，第394、393頁。

　　對於三民主義推行策略的轉變，孫中山有清楚的說明：「當初創造同盟會，我也就抱著三民主義。不過當時同志鼓吹革命，全憑著一腔熱血，未曾計劃革命成功以後怎樣的繼續進行，怎樣的完全達到我們的目的和主義。所以武昌起義成功以後，同盟會的同志就不能再往前做去，以致失敗。」〔註6〕這是孫中山在二次革命失敗後總結失敗教訓的認識，是比較切合實際的。

　　其二，是在完善三民主義理論體系時充分考慮到了中國的歷史傳統，並對中國原有的儒學進行取捨吸收，走出了仿行「歐美之法」的階段。孫中山在 1923 年稱：「余之謀中國革命，其所持主義，有因襲吾國固有之思想者，有規撫歐洲之學說事蹟者，有吾所獨見而創獲者。」〔註7〕有學者明確指出，在孫中山晚年，三民主義理論來源有三個方面：即西方資產階級思想，中國的傳統文化和蘇俄的社會主義精神。〔註8〕

　　在中國傳統文化方面，首先是態度上的轉變，在此基礎上才有了取捨的可能性。這個態度上的轉變可以用孫中山對五權憲法的解釋為例——1906 年前後，孫中山對中國的科舉制的態度是「考選本是中國始創的，可惜那制度不好，卻被外國學去，改良之後成了美制」，也認為中國自古以來就有御史臺專管監督彈劾，「然亦不過君主的奴僕，沒有中用的道理。」〔註9〕1911 年武昌起義後，孫中山在回國途中取道巴黎，在一次談話中主張應徹底捨棄中國的君主專制制度，「惟有共和聯邦政體為最美備，捨此別無他法也。」〔註10〕而到了 1920 年，這種認識發生了微妙的變化——「中國自唐、宋以來，便有脫出君權而獨立之兩權：即彈劾、考試是也。」五權與三權並沒有本質上的差別，「不過三權是把考試權附在行政部分、彈劾權附在立法部分。我們現將

〔註6〕孫中山：《在上海中國國民黨本部會議的演說（1920 年 11 月 4 日）》，見中國社科院近代史所等編：《孫中山全集》第五卷，北京：中華書局 2011 年第 3 版，第 390～391 頁。

〔註7〕孫中山：《中國革命史（1923 年 1 月 29 日）》，見中國社科院近代史所等編：《孫中山全集》第七卷，北京：中華書局 2011 年第 3 版，第 60 頁。

〔註8〕參見賀淵：《三民主義與中國政治》，北京：社會科學文獻出版社 2002 年第 3 版，第 125～126 頁。

〔註9〕孫中山：《在東京〈民報〉創刊週年慶祝大會的演說（1906 年 12 月 2 日）》，見中國社科院近代史所等編：《孫中山全集》第一卷，北京：中華書局 2011 年第 3 版，第 330、331 頁。

〔註10〕孫中山：《與巴黎〈巴黎日報〉記者的談話（1911 年 11 月 21 日～23 日間）》，見中國社科院近代史所等編：《孫中山全集》第一卷，北京：中華書局 2011 年第 3 版，第 562 頁。

外國的規制和中國本有的規制融和起來，較為周備。」〔註11〕

這種調整來源於孫中山民國以來的政治實踐經驗以及作為一個政治家的洞察力，從而能夠站在國民黨領導人的角度，及時調整了民國初年一味推行「歐美之法」即民主共和理想的極端做法和急於求成的態度。

1. 實踐性要求是孫中山接納儒學的根本原因

三民主義意識形態不僅是革命黨人的民主革命綱領，同時更是自由主義民主共和的政治理想在中國的具體表現。三民主義是由孫中山創立並發展起來的，雖然在推翻滿清統治的革命時期、在與北洋北京政府合作的建設時期以及在與中國共產黨相離合的發展時期各有不同的表現，但是三民主義中的包括民權主義、五權憲法在內的政治設計一直是以西方民主政治為理論支柱的。這個基本點沒有變，那麼三民主義脫胎於自由主義的意識形態屬性就沒有變。

作為以國家建設的頂層設計為最高指向的國家意識形態理論，三民主義始終面向的首要對象是中國革命與建設的實際。正是意識形態的這種實踐性要求，使得三民主義能夠在革命時期、建設時期、訓政時期隨時代要求的變化而呈現出不同的理論特質。三民主義意識形態理論創造的終極追求並不在學術思想的創新上，而是為了創造一個嶄新的民主國家，這就是孫中山所說的「我們想造成一個完完全全的新世界，一定要用三民主義來做建設這個新世界的工具。」〔註12〕這也是三民主義能夠吸納儒學，以至於能夠吸納社會主義的根本原因。在三民主義吸納儒學的這一過程中，孫中山起到了決定性的作用。

孫中山不同於我們現在所謂的知識分子，因此僅僅從學術理路上去推斷孫中山對儒學認知態度的變化是不得要領的，促使他轉變的第一推動力是民國初年國家政治建設的要求。孫中山曾經明確談到，「如能用古人而不為古人所惑，能役古人而不為古人所奴，則載籍皆似為我調查，而使古人為我書記，多多益善矣。」〔註13〕戴季陶曾經為這句話做了比較恰當的進一步解釋：「我

〔註11〕孫中山：《在上海中國國民黨本部會議的演說（1920 年 11 月 4 日）》，見中國社科院近代史所等編：《孫中山全集》第五卷，北京：中華書局 2011 年第 3 版，第 392 頁。

〔註12〕孫中山：《在桂林軍政學七十六團體歡迎會的演說（1921 年 12 月 7 日）》，見中國社科院近代史所等編：《孫中山全集》第六卷，北京：中華書局 2011 年第 3 版，第 8 頁。

〔註13〕孫中山：《建國方略之一・孫文學說（心理建設）（1917～1919 年）》，見中國社科院近代史所等編：《孫中山全集》第六卷，北京：中華書局 2011 年第 3 版，第 180 頁。

們讀書是彎著腰去接近書，中山先生則是挺著胸膛在讀書，合於他的需要的便吸取之，不合於他需要的便等閒視之。我們是役於書，而他則是役使著書。」〔註14〕從孫中山的這一立場出發，理清孫中山對儒學的態度變化，準確把握孫中山認同儒學時的精神世界，是理解儒學在三民主義意識形態中的理論位置的前提。

由孫中山所主導的三民主義理論內涵的變化，是與革命階段的不同實踐要求同步的。在推翻清政府後的 1912 年，孫中山一度認為「今日滿清退位、中華民國成立，民族、民權兩主義俱達到，唯有民生主義尚未著手」。〔註15〕因此可見，孫中山在革命時期的對三民主義的理解是，「驅除韃虜，建立民國」是革命黨人的主要任務，三民主義的革命性是主要的，建設性是次要的。正因這樣的理論預設，在革命成功之後，三民主義就不能繼續指導民國的政治建設。

孫中山在二次革命失敗後，反思辛亥革命以來的黨人活動，認為「當初創造同盟會，我也就抱著三民主義。不過當時同志鼓吹革命，全憑著一腔熱血，未曾計劃革命成功以後怎樣的繼續進行，怎樣的完全達到我們的目的和主義。所以武昌起義成功以後，同盟會的同志就不能再往前做去，以致失敗。」〔註16〕在革命之前雖然也考慮到了軍政府與民權的過渡關係，〔註17〕但缺少系統規劃，以至於在南京臨時政府的建設中革命黨人往往各行其是。南京臨時政府時期，革命黨人以仿行「歐美之法」的方式試圖在中國落實自由主義意識形態的政治設計，因此簡單照搬歐美的總統制和內閣制的主張皆曾在民初的革命黨內盛行一時，而完全沒有顧及到中國政治局面的實際。正是這種理論準備上的不充分，導致了政治實踐上的迷茫和挫折。

〔註14〕戴季陶：《國父的讀書生活——孫中山生平事業追憶錄》，北京：人民出版社 1986 年版，第 839 頁。

〔註15〕孫中山：《在南京同盟會會員餞別會的演說（1912 年 4 月 1 日）》，見中國社科院近代史所等編：《孫中山全集》第二卷，北京：中華書局 2011 年第 3 版，第 319 頁。

〔註16〕孫中山：《在上海中國國民黨本部會議的演說（1920 年 11 月 4 日）》，見中國社科院近代史所等編：《孫中山全集》第五卷，北京：中華書局 2011 年第 3 版，第 390～391 頁。

〔註17〕孫中山：《與汪精衛的談話（1905 年秋）》，《中國同盟會革命方略（1906 年秋冬間）》，《孫中山全集》第一卷，北京：中華書局 2011 年第 3 版，第 290、298 頁。

三民主義在政治建設方面理論準備的不充分，是由於孫中山等革命黨人長期在海外活動、遠離中國政治實際而造成的。所以在回國半年之後，孫中山對政治局勢的認識就已經有了部分轉變——「是以北方如一本舊曆，南方如一本新曆，必新舊並用，全新全舊，皆不合宜。」〔註18〕對中國傳統的「舊曆」的部分接納，是孫中山開始正視儒學的某些正面作用的開始。同時，孫中山對儒學認知態度的轉變，在很大程度上由於民國初年的政治實踐的推動。因為在孫中山之前，黃興已經意識到以儒學為核心的中國傳統文化對中國政治實踐和社會風俗的重大作用，已經萌發了改造「禮義倫常」「釀成善良風俗」〔註19〕的想法。同時蔡元培也大約在此時轉變了「除舊布新」的激進態度，在改造北京大學時採用了「兼容並包」的辦學方針，這不能不說是蔡元培對南京臨時政府時期教育改革反思的結果。因此，民國初年革命黨人在政治、教育等領域的一系列實踐，使得革命黨人在推行「泰西之法」的過程中存在進一步的反思和調整。在這一時期革命黨人的思想主張普遍地有一個轉變，這不僅僅是孫中山一人的表現。

詳細考察孫中山有關儒學和中國政治傳統的論述，可以明顯地看到孫中山對中國傳統的政治和文化有一個明顯的、由否定到部分認同的態度轉變，因而「一貫認同」或「回歸」的判斷是不能成立的。

據《孫中山全集》所存留的文獻，孫中山在解釋三民主義時對儒學經典的引用，有一個從無到有的轉變過程，這一過程大約發生在從 1912 到 1919 年之間。雖然孫中山曾言自己「幼讀儒書，十二歲畢經業」〔註20〕，即使孫中山比一般孩子要聰明，但根據當時香山縣私塾的教書次序，此時也只是背誦了四書五經的部分內容，更談不到有多深的理解。〔註21〕孫中山自己也說過，小時候所學在革命生涯中已忘卻大半。並且孫中山少年時期即出國，接受的是西式教育，即使對儒學有認識，大都不過是華人社會的耳濡目染。孫中山在海外奔走活動時期，「但念欲改革政治，必先知歷史，欲明歷史，必通

〔註18〕孫中山：《在上海國民黨歡迎會的演說（1912 年 10 月 6 日）》，《孫中山全集》第二卷，北京：中華書局 2011 年第 3 版，第 485 頁。

〔註19〕黃興：《復上海昌明孔教社書（1912 年 5 月 22 日稍後）》，見湖南社會科學院編：《黃興集》，北京：中華書局 2011 年版，第 196～197 頁。

〔註20〕孫中山：《復翟理斯函（1896 年 11 月）》，見中國社科院近代史所等編：《孫中山全集》第一卷，北京：中華書局 2011 年第 3 版，第 47 頁。

〔註21〕參見黃宇和：《三十歲之前的孫中山——翠亨、檀島、香港 1866～1895》，香港：中華書局（香港）有限公司 2011 年版，第 142～144 頁。

文字，乃取西譯之四書五經讀之，居然通矣。」〔註22〕另據黃宇和考證，1883
～1892 年孫中山在香港讀書期間，所見到的英譯四書五經應該是英國傳教士
理雅各（Rev. James. Legge，1815～1897）所翻譯出版的。香港中央書院即是
理雅各所創，孫中山曾在此求學。〔註23〕可見，雖然孫中山也在行文中偶有
引用孔子、孟子的話，但由這段論述可見孫中山在此時的儒學積累實為一般，
對儒學的認同程度是遠遠不及晚年的。

　　並且孫中山早年明確談到，「士人當束髮受書之後，所誦習者不外於四書
五經及其箋注之文字；然其中有不合於奉令承教、一味服從之義者，則且任
意刪節，或曲為解說，以養成其盲從之性。學者如此，平民可知。」〔註24〕
也就是說，孫中山在早年時認為流傳到今天四書五經，已經只剩下「養成其
盲從之性」的說教了。因為對君主專制的深惡痛絕和對四書五經的思想改造
作用的反感，孫中山認為，「我們有自己的文明，但是，因為無法進行比較、
選擇而得不到發展，它也就停滯不前了。時至今日，這種文明已經和人民群
眾完全格格不入了。」〔註25〕文明一詞雖然稍有寬泛，但這段話可以視作孫
中山早年對中國傳統文化的態度。

2. 孫中山與他的三民主義對儒學的吸收

　　在二次革命失敗以後，自由主義民主政治在實踐中遭到的巨大阻力和中
國傳統思維的強大慣性促使孫中山逐漸地意識到了儒學對中國政治的特殊影
響，因此在完善三民主義理論體系時充分考慮到了中國的歷史傳統，並對儒
學進行取捨吸收，走出了仿行「歐美之法」的階段。1911 年武昌起義後，孫
中山在回國途中取道巴黎，在一次談話中仍主張照搬美國的政治設計捨棄中
國的中央集權制度，「各省氣候不同，故人民之習慣性質亦各隨氣候而為差異。
似此情勢，於政治上萬不宜於中央集權，倘用北美聯邦制度實最相宜……倘
以一中國君主而易去滿洲君主，與近世文明進化相悖，絕非人民所欲，惟有

〔註22〕孫中山：《在滬尚賢堂茶話會上的演說（1916 年 7 月 15 日）》，見中國社科院
　　　　近代史所等編：《孫中山全集》第三卷，北京：中華書局 2011 年第 3 版，第
　　　　321 頁。
〔註23〕參見黃宇和：《三十歲之前的孫中山——翠亨、檀島、香港 1866～1895》，香
　　　　港：中華書局（香港）有限公司 2011 年版，第 149 頁。
〔註24〕孫中山：《倫敦被難記（1897 年初）》，《孫中山全集》第一卷，北京：中華書
　　　　局 2011 年第 3 版，第 51 頁。
〔註25〕孫中山：《與〈倫敦被難記〉俄譯者等的談話（1897 年初）》，《孫中山全集》
　　　　第一卷，北京：中華書局 2011 年第 3 版，第 86 頁。

共和聯邦政體為最美備，捨此別無他法也。」〔註 26〕此時對中國傳統的政治文化還沒有態度上的轉變。

然而，在 1913 年日本神戶的一次演講中，孫中山就提到「我國數千年歷史中，最善政體莫為堯舜。蓋堯舜之世，亦為今日之共和政體，公天下於民。何以見之？即堯以舜賢而讓位於舜，舜以禹賢而讓位於禹也。」孫中山在認同儒學「三代之治」的基礎上，著重批評秦以後的君主專制制度，從而把儒學政治理想與君主專制明確區分開來。「至到今日，始成共和，採美利堅、法蘭西之美政，以定政治之方針。」〔註 27〕此時僅僅是一個態度上的轉變，雖然開始注意到本國歷史傳統，但仍與 1912 年蔡元培解釋他的教育方針時所用的以儒學附會自由平等博愛的做法相似，認為美利堅、法蘭西的政治制度雖略有瑕疵，但仍是美政。

從 1916 年起，孫中山對儒學的認識發生了明顯的變化——1916 年以孫中山名義發布的《歸復約法宣言》稱「吾國有六千年文明之歷史……人習勤勞，加以尚慈善、好平和、善服從之諸美德，苟見發揮而光大之，則民生日遂，國度日昌，可操左券而獲。」從批評四書五經的「養成其盲從之性」，到此時公開提倡「服從之美德」，孫中山的認識為什麼會發生如此大的轉變？歸結起來，最可能在於對「紂有臣億萬，惟億萬心。予有臣三千，惟一心」的嚮往，這也是孫中山服膺儒學的關鍵所在。孫中山又引董仲舒「正其誼不謀其利，明其道不計其功」來說明國家繁榮是最大的功利，君子不應舍本逐末。〔註 28〕人民的勤勞、慈善、平和、服從的美德，正是中國傳統的儒學所主張的。又類比於漢初叔孫通制定朝禮的歷史，主張「國民者，民國之天子也。吾儕當以叔孫通自任，制定一切，使國民居於尊嚴之地位，則國民知所愛而視

〔註 26〕孫中山：《與巴黎〈巴黎日報〉記者的談話（1911 年 11 月 21 日～23 日間）》，見中國社科院近代史所等編：《孫中山全集》第一卷，北京：中華書局 2011 年第 3 版，第 562 頁。

〔註 27〕孫中山：《在神戶國民黨交通部歡迎會的演說（1913 年 3 月 13 日）》，見中國社科院近代史所等編：《孫中山全集》第三卷，北京：中華書局 2011 年第 3 版，第 43 頁。對堯舜時期政府、湯武革命事業的讚美，還見於《在桂林學界歡迎會的演說（1922 年 1 月 22 日）》，見中國社科院近代史所等編：《孫中山全集》第六卷，北京：中華書局 2011 年第 3 版，第 68 頁。

〔註 28〕參見孫中山：《歸復約法宣言（1916 年 6 月 9 日）》，見中國社科院近代史所等編：《孫中山全集》第三卷，北京：中華書局 2011 年第 3 版，第 305 頁。

民權如性命矣」。〔註29〕這種以民主政治之先知先覺者自任的態度，是孫中山一貫持有的自信。但是這裡的天子與賢相的類比，平和與服從的美德，是孫中山之前從未使用過的表述。

在進一步詳細解釋五權憲法時，孫中山對中國傳統政治思想的態度也有了明顯的變化。「中國自唐、宋以來，便有脫出君權而獨立之兩權：即彈劾、考試是也。」五權憲法的構想一直是中西結合的創造，這一點孫中山自始至終是承認的。但是頗有標誌意義的是，孫中山在此時借闡釋五權憲法的理論來源，明確提出了歐美政制與中國政制融合的說法：「現在我們主張五權，本來即是現時所說的三權，不過三權是把考試權附在行政部分、彈劾權附在立法部分。我們現將外國的規制和中國本有的規制融和起來，較為周備。」〔註30〕

同時孫中山也更新了對歐美之法的認識：「中國的社會既然是歐美的不同，所以管理社會的政治自然也是和歐美不同。如果不管自己的風土人情是怎麼樣，便像學外國的機器一樣，把外國管理社會的政治，硬搬進來，那便是大錯。」〔註31〕這種調整來源於孫中山民國以來的政治實踐經驗以及作為一個政治家的洞察力，從而能夠站在國民黨領導人的角度，及時調整了民國初年一味推行「歐美之法」即民主共和理想的極端做法和急於求成的態度。

孫中山在 1923 年稱：「余之謀中國革命，其所持主義，有因襲吾國固有之思想者，有規撫歐洲之學說事蹟者，有吾所獨見而創獲者。」〔註32〕這一時期孫中山等革命黨人，已經能夠全面正視儒學的價值，並對之進行借鑒取捨了。直至 1924 年，孫中山在與日本人的一次談話中明確表示，「我輩之三民主義首淵源於孟子，更基於程伊川之說。孟子實為我等民主主義之鼻祖。社會改造本導於程伊川，乃民生主義之先覺。……僅民族主義，我輩於孟子

〔註29〕孫中山：《在滬尚賢堂茶話會上的演說（1916 年 7 月 15 日）》，見中國社科院近代史所等編：《孫中山全集》第三卷，北京：中華書局 2011 年第 3 版，第 324 頁。

〔註30〕孫中山：《在上海中國國民黨本部會議的演說（1920 年 11 月 4 日）》，見中國社科院近代史所等編：《孫中山全集》第五卷，北京：中華書局 2011 年第 3 版，第 392 頁。

〔註31〕孫中山：《三民主義（1924 年 1 月～8 月）》，見中國社科院近代史所等編：《孫中山全集》第九卷，北京：中華書局 2011 年第 3 版，第 350 頁。

〔註32〕孫中山：《中國革命史（1923 年 1 月 29 日）》，見中國社科院近代史所等編：《孫中山全集》第七卷，北京：中華書局 2011 年第 3 版，第 60 頁。

得以暗示，復鑒於近世之世界情勢而提倡之也。」我們仔細梳理三民主義的思想內涵的演變，就會發現這種說法只是孫中山為三民主義找到的新的理論支撐點，三民主義只是多了一個理論來源，而最終的制度設計仍然是自由主義民主政治。孫中山在另一場合中也稱「兄弟底三民主義，是集合中外底學說，應世界底潮流所得的。……兄弟底三民主義，在彼海外底偉人已有先得我心的。」〔註33〕孫中山此時這個提法的目的也是為了說明「三民主義非列寧之糟粕，不過演繹中華三千年來漢民族所保有之治國平天下之理想而成之者也。」〔註34〕但孫中山的這種說法，也清晰的表明了他的一個態度轉向——即由原來的仿傚歐美之法到吸收儒學的思想資源以完善三民主義理論內涵的轉變。

孫中山接納儒學，並不是「為古人所奴」。在「不問外事，專心著述」的三民主義理論創造時期（1916～1921），孫中山對包括儒學在內的各種政治學說的接納或者批判，都是以構建「我的主義」的態度去做的。因而三民主義意識形態面向社會現實的實踐性，在吸收儒學的過程中得到進一步加強。但是在孫中山的三民主義理論體系中，儒學的基本精神還只是一個輔助性的填充物。儒學在三民主義理論體系中的這個輔助性特徵，在孫中山對心學的利用中表現最為突出。

3.「行易知難」心理建設與三民主義行動力的獲得

「行易知難」的孫文學說的提出，是孫中山反思二次革命失敗、民國建設不利的原因而得出的結論和對策。這一對策的提出基於以下三個認識：其一，民國建設的失敗主要原因在於黨員不能統一信仰，三民主義得不到貫徹；其二，主義得不到貫徹在於群眾沒有行動力，即後知後覺者和不知不覺者不能忠實貫徹先知先覺者已經創造出來的理想和主義；其三，後知後覺者和不知不覺者貫徹主義的行動力不足，是由於「知之非艱、行之惟艱」的錯誤思想，是由於對主義的信仰不堅定，對主義缺乏「誠」。

基於以上認識，就可以理解孫中山把「行易知難」的心理建設作為建國方略的第一條內容的用意，就是為了喚起後知後覺者和不知不覺者貫徹三民

〔註33〕孫中山：《在中國國民黨本部特設駐粵辦事處的演說（1921 年 3 月 6 日）》，
見中國社科院近代史所等編：《孫中山全集》第五卷，北京：中華書局 2011
年第 3 版，第 475 頁。

〔註34〕孫中山：《與日人某君的談話（1924 年 2 月）》，見中國社科院近代史所等編：
《孫中山全集》第九卷，北京：中華書局 2011 年第 3 版，第 532 頁。

主義的行動力。

　　孫中山始終堅信，國民黨員信仰不統一是二次革命失敗的重要原因。「原第一次革命之際及至第二次之時，黨員皆獨斷獨行，各為其是，無復統一，因而失勢力、誤時機者不少，識者論吾黨之敗，無不歸於散渙，誠為確當。」〔註35〕這種組織渙散、行動不能統一的原因之一是黨人認為民主共和的理想高於中國實際，不能實行。「不圖革命初成，黨人即起異議，謂予所主張者理想太高，不適中國之用；眾口鑠金，一時風靡，同志之士亦悉惑焉。」〔註36〕對民主共和理想的不認同，在很大程度上是由袁世凱主導的保守主義政治道路在中國的復興所致，革命黨人的政治理想遭受挫折，不能堅定信仰是受時勢所迫。

　　孫中山在分析黨人對主義信仰不堅定的原因時，把外因放在次要位置，而專注於內因，把眼光集中在黨人自身上，認為一方面承認「予之能鮮不足以駕馭群眾」，另一方面認為「吾黨人士，於革命宗旨、革命方略亦難免有信仰不篤、奉行不力之咎也，而其所以然者，非盡關乎功成利達而移心。實多以思想錯誤而懈志也。」〔註37〕這個錯誤思想就是「知之非艱、行之惟艱」的傳統觀點，「不惟能奪吾人之志，且足以迷億兆人之心也。」〔註38〕

　　在此前後，孫中山也從「五四」運動中看到了新思想所造就的政治力量，「吾黨欲收革命之成功，必有賴於思想之變化。兵法「攻心」，語曰「革心」，皆此之故。故此種新文化運動，實為最有價值之事」，孫中山認為這種思想的大變動「倘能繼長增高，其將來收效之偉大且久遠者，可無疑也」〔註39〕。

〔註35〕此時參見孫中山：《致南洋革命黨人函（1914年4月18日）》，見中國社科院近代史所等編：《孫中山全集》第三卷，北京：中華書局2011年第3版，第82頁。

〔註36〕孫中山：《建國方略之一・孫文學說（心理建設）（1917～1919年）》，見中國社科院近代史所等編：《孫中山全集》第六卷，北京：中華書局2011年第3版，第158頁。

〔註37〕孫中山：《建國方略之一・孫文學說（心理建設）（1917～1919年）》，見中國社科院近代史所等編：《孫中山全集》第六卷，北京：中華書局2011年第3版，第158頁。

〔註38〕孫中山：《建國方略之一・孫文學說（心理建設）（1917～1919年）》，見中國社科院近代史所等編：《孫中山全集》第六卷，北京：中華書局2011年第3版，第158頁。

〔註39〕孫中山：《致海外國民黨同志函（1920年1月29日）》，見中國社科院近代史所等編：《孫中山全集》第五卷，第210頁。

對黨員的凝聚力和主義的執行力的渴望，使得孫中山在組織中華革命黨時不惜號召黨員「先犧牲一己之自由平等」，一意採取「甘願服從文一人」〔註40〕的組織原則，以達到「有臣三千，惟一心」〔註41〕的效果。從「駕馭群眾」的認識出發，在培育精神力量之外，孫中山同時又造中華革命黨加強組織建設。中華革命黨黨義強調，要服從於孫文一人，又分首義黨員、協助黨員、普通黨員也是為了主義之貫徹。孫中山認為「黨本是人治，不像國家的法治」，服從孫中山個人「就是服從我的主義」〔註42〕。

再造具有嚴格人身隸屬關係的中華革命黨與「行易知難」心理建設，是分別從組織上和精神上改造革命黨人。孫中山經過二次革命失敗的打擊，認識到「以革命黨人而論，其真能絕對高尚不好權利者，為至少數，故不能以此至少數之思想律之於人」〔註43〕，所以律之於人的就是孫文學說和「首義黨員」的權利，其增強黨人的凝聚力和行動力的主觀意圖是顯而易見的。因此孫文學說與中華革命黨的黨章一樣，其對象是心志不堅定的一般黨人，而不是懷抱高尚理想的先知先覺者。

因此孫中山對三民主義的解釋重點，從民主建國的政治設計轉向三民主義推行動力的闡發，在這一過程中發現可以用儒學的「心性之學」作為三民主義的精神內核。所以孫中山特別強調，「國家政治者，一人群心理之現象也。是以建國之基，當發端於心理。」〔註44〕正因為認識到心理、精神對執行三民主義的重要性，所以孫中山此時認為要想保持黨人的團結一致，求主義之貫徹，「聚此四萬萬散沙」為一機體，「則必從宣誓以發其正心誠意之端，而

〔註40〕 參見孫中山：《致陳新政及南洋同志書（1914 年 6 月 15 日）》，見中國社科院近代史所等編：《孫中山全集》第三卷，北京：中華書局 2011 年第 3 版，第 92 頁。

〔註41〕 參見孫中山：《討袁檄文（1914 年 5 月）》，見中國社科院近代史所等編：《孫中山全集》第三卷，北京：中華書局 2011 年第 3 版，第 91 頁。

〔註42〕 參見孫中山：《在上海中國國民黨本部會議的演說（1920 年 11 月 4 日）》，見中國社科院近代史所等編：《孫中山全集》第五卷，北京：中華書局 2011 年第 3 版，第 394、393 頁。

〔註43〕 孫中山：《致吳敬恒書（1914 年）》，見中國社科院近代史所等編：《孫中山全集》第三卷，北京：中華書局 2011 年第 3 版，第 152 頁。

〔註44〕 孫中山：《建國方略之一·孫文學說（心理建設）（1917～1919 年）》，見中國社科院近代史所等編：《孫中山全集》第六卷，北京：中華書局 2011 年第 3 版，第 214 頁。

後修、齊、治、平之望可幾也。」〔註45〕孫中山以飲食、用錢、作文、建屋、造船、築城、開河、電學、化學、進化十件事為例，詳細論證了「行易知難」的道理，「已成為鐵案不能移矣。」〔註46〕然後結合人類社會進化、世界各國歷史、孫中山個人革命經歷，以「知行總論」「能知必能行」「不知亦能行」「有志竟成」層層推進。孔子已經有「民可使由之，不可使知之」的認識，「行易知難」的道理是古今一致的，「古之聖人亦嘗見及」；孟子有「行之而不著焉，習矣而不察焉，終身由之而不知其道者，眾也」的認識，所以行易知難「實為宇宙間之真理，施之於事功，施之於心性，莫不皆然也」。〔註47〕

4. 宋明內聖之學與儒化三民主義意識形態的受眾

孫中山對以儒學內聖學說塑造三民主義的精神內核的工作在革命實踐中逐步推進，除了提出「行易知難」的孫文學說，又借鑒儒學思想提出「以至誠立心」的革命工夫和「智、仁、勇」的軍人精神。孫中山還在宣傳工作大會上主張除了用槍炮去落實三民主義，還應該用語言文字去奮鬥，這就是宣傳工作。應該以「誠」心來做三民主義的宣傳工作，「須拿至誠做基本」，「能有誠心，便容易感人；能感化人，才可以把我們的主義宣傳到民眾，令民眾心悅誠服。」這種推己及人的做法是孫中山借鑒儒學而創造出來的貫徹三民主義的方法，接著孫中山預想了以「至誠」宣傳三民主義的效果：「民眾受了我們的感化，才能夠同我們合作；到了民眾都同我們合作，革命自然可以成功。」〔註48〕孫中山敏銳地意識到了人民群眾在革命運動中的巨大潛力。在此時以「誠」的宣傳工作來取得民眾的同情和合作，相比於革命時期的以留學生、新軍、會黨等為主要依靠力量的做法，不得不說是一種進步。

〔註45〕孫中山：《建國方略之一・孫文學說（心理建設）（1917～1919 年）》，見中國社科院近代史所等編：《孫中山全集》第六卷，北京：中華書局 2011 年第 3 版，第 212 頁。

〔註46〕孫中山：《建國方略之一・孫文學說（心理建設）（1917～1919 年）》，見中國社科院近代史所等編：《孫中山全集》第六卷，北京：中華書局 2011 年第 3 版，第 185 頁。

〔註47〕孫中山：《建國方略之一・孫文學說（心理建設）（1917～1919 年）》，見中國社科院近代史所等編：《孫中山全集》第六卷，北京：中華書局 2011 年第 3 版，第 196、197 頁。

〔註48〕孫中山：《在廣州國民黨講習所開學典禮的演說（1924 年 6 月 29 日）》，見中國社科院近代史所等編：《孫中山全集》第十卷，北京：中華書局 2011 年第 3 版，第 352 頁。

　　在軍政時代，三民主義貫徹的主力是軍人，所以孫中山特別重視軍人對三民主義的信仰，反覆強調軍人的精神塑造。孫中山重新發掘了孔子的「知者不惑，仁者不憂，勇者不懼」〔註49〕的主張，認為軍人「能發揚這三種精神，始可以救民，始可以救國。」〔註50〕分而論之，軍人之智即別是非、明利害、識時勢、知彼己。「軍人之智，須以合於道義為準。」〔註51〕軍人之仁是救世、救人、救國。又引韓愈所言，「博愛之謂仁」，救國救民的方法是三民主義，「實行三民主義，以成救國救民之仁。」〔註52〕軍人之勇是長技能、明生死。要使智、仁、勇的軍人精神發揚光大得到貫徹，「非有決心，不能實現。」〔註53〕軍人的決心就是成功、成仁，要為新世界國家而行革命，「改造安樂之新世界，即在乎此。」〔註54〕革命軍人「若因革命而死，因改造新世界而死，則為死重於泰山」。〔註55〕

　　孫中山想要造成的新世界國家，是三民主義指導下的國家，是與三代相似的保民、教民、養民之國家：「新世界國家，與以前國家不同，通常國家僅能保民，而不能教民、養民。真能教民、養民者，莫如三代。其時井田、學校，皆有定制，教養之責，在於國家。」〔註56〕這是與俄國新創國家相似的

〔註49〕《論語‧子罕第九》，朱熹：《四書章句集注》，北京：中華書局1983年版，第116頁。

〔註50〕孫中山：《在桂林對滇贛粵軍的演說（1921年12月10日）》，見中國社科院近代史所等編：《孫中山全集》第六卷，北京：中華書局2011年第3版，第16頁。

〔註51〕孫中山：《在桂林對滇贛粵軍的演說（1921年12月10日）》，見中國社科院近代史所等編：《孫中山全集》第六卷，北京：中華書局2011年第3版，第22頁。

〔註52〕孫中山：《在桂林對滇贛粵軍的演說（1921年12月10日）》，見中國社科院近代史所等編：《孫中山全集》第六卷，北京：中華書局2011年第3版，第29頁。

〔註53〕孫中山：《在桂林對滇贛粵軍的演說（1921年12月10日）》，見中國社科院近代史所等編：《孫中山全集》第六卷，北京：中華書局2011年第3版，第35頁。

〔註54〕孫中山：《在桂林對滇贛粵軍的演說（1921年12月10日）》，見中國社科院近代史所等編：《孫中山全集》第六卷，北京：中華書局2011年第3版，第38頁。

〔註55〕孫中山：《在桂林對滇贛粵軍的演說（1921年12月10日）》，見中國社科院近代史所等編：《孫中山全集》第六卷，北京：中華書局2011年第3版，第35頁。

〔註56〕參見孫中山：《在桂林對滇贛粵軍的演說（1921年12月10日）》，見中國社

大同社會。設想到北伐革命成功以後，「將我祖宗數千年遺留之寶藏，次第開發」，「至於此時，幼者有所教，壯者有所用，老者有所養，孔子之理想的大同世界，真能實現，造成莊嚴華麗之新中華民國，且將駕歐美而上之。」〔註57〕這樣一種建國理想，已經在三民主義的民主共和之內融入了儒學的「大同世界」。日後蔣介石繼承了孫中山以中國固有道德訓練軍人精神的做法，並在理論上更進一步，由「智、仁、勇」擴充成為四維八德；在實踐上推廣，由訓練軍人精神發展為新生活運動中的全民生活軍事化，作為以黨治國、推行主義的辦法。儒學的某些思想內容經過改造後，又在蔣介石控制下的南京國民政府中大放異彩。

　　孫中山的「行易知難」強調的是行的動力，理論根源雖然是宋明的「心性之學」，但是與儒學有一個根本的不同，即是理論的受眾不同。作為意識形態的帝制儒學固然有引導民眾的規範性和強制性，但儒學對「士」階層的使命感、時代意識和向上的精神追求的強調無疑是內聖外王的核心點。

　　從儒學的流變來看，宋明理學的心性論所面向的基本受眾是「士」階層，是包括最高統治者在內的統治階層的上層，所懷有的是「正君心」「得君行道」的社會治理理想；即使在內聖之學下移的明代，也懷有「人人皆可為堯舜」的信念追求。至清代，儒學中向上的精神追求才被大大削弱，其對帝國官僚和普通民眾的規範性要求被大大提升。

　　孫中山在孫文學說中所強調的儒學，幾乎看不到其學說之受眾完善自我道德人格、主動探尋治世理想的空間，而只是截取了儒學中部分有利於「養成其盲從之性」的理論而加以發揮，期望以此形成推行三民主義的執行力。如果說古代儒學特別是先秦儒學的受眾還帶有先知先覺者的色彩，那麼繼承清代帝制儒學意識形態的「行易知難」心理建設的受眾，則完全是後知後覺甚至是不知不覺者。因此孫中山「行易知難」理論的領導者就是居於國民黨黨魁地位的三民主義理論家，其受眾就是居於主義執行者地位的普通黨員。所以孫文學說的目的，就是為了凝聚起國民黨中的後知後覺者和不知不覺者，提高他們貫徹三民主義意識形態的執行力。

科院近代史所等編：《孫中山全集》第六卷，北京：中華書局 2011 年第 3 版，第 38 頁。

〔註57〕孫中山：《在桂林對滇贛粵軍的演說（1921 年 12 月 10 日）》，見中國社科院近代史所等編：《孫中山全集》第六卷，北京：中華書局 2011 年第 3 版，第 39 頁。

　　孫中山對儒學受眾的轉化，不僅基於三民主義意識形態實踐性的需要和對二次革命失敗的總結，更根源於孫中山對人類天賦的觀察。孫中山認為人的「聰明才力」天賦是不同的，他主張，民眾以為的人人天生平等，其實是「聖賢與愚劣平等」，「把位置高的壓下去，成了平頭的平等」是一種假平等。中國古代的「帝—王—公—侯—伯—子—男—民」的等級制度，是人為的不平等。

　　而孫中山理想中的平等，「是始初起點的地位平等，後來各人根據天賦的聰明才力自己去造就」，因天賦的不同，「所以造就的結果當然不同」，人們根據自己天賦的聰明才力去自由創造，是會自然產生「聖—賢—才—智—平—庸—愚—劣」〔註 58〕的差別的。這樣才是真平等，是「自然之真理」〔註 59〕。而實際上，孫中山對這種差別的承認和設計，並未超出「唯上知與下愚不移」〔註 60〕的傳統觀念。對人類天賦的這種認識，是孫中山的「先知先覺者，後知後覺者，不知不覺者」的理論基礎，更是「行易知難」的理論預設。孫中山從來都是以先知先覺者自任，所以才格外強調傚仿叔孫通，為民國立法；傚仿諸葛亮，教千千萬萬個阿斗實行民主；撰寫《民權初步》，「教國民學步」。「因為中國人民都是不知不覺的多，就是再過幾千年，恐怕全體人民還不曉得要爭民權……我們要知道民權不是天生的，是人造的。我們應該造成民權，交到人民，不要等人民來爭才交到他們。」〔註 61〕

　　也正是因為孫中山這種自覺的「為民請命」的意識，和對「仁義道德的王道文化」的繼承，才使得戴季陶在孫中山逝世後有底氣稱孫中山為「孔子以後第一個繼往開來的大聖」。〔註 62〕

　　理解孫中山的這一理論預設，就能看到孫中山講儒學所面向的學說受眾

〔註 58〕 參見孫中山：《三民主義（1924 年 1 月～8 月）》，見中國社科院近代史所等編：《孫中山全集》第九卷，北京：中華書局 2011 年第 3 版，第 284～287 頁。

〔註 59〕 參見孫中山：《三民主義（1924 年 1 月～8 月）》，見中國社科院近代史所等編：《孫中山全集》第九卷，北京：中華書局 2011 年第 3 版，第 284～287 頁。

〔註 60〕 《論語・陽貨第十七》，朱熹：《四書章句集注》，北京：中華書局 1983 年版，第 176 頁。

〔註 61〕 孫中山：《三民主義（1924 年 1 月～8 月）》，見中國社科院近代史所等編：《孫中山全集》第九卷，北京：中華書局 2011 年第 3 版，第 323～324 頁。

〔註 62〕 戴季陶：《孫文主義之哲學的基礎（1925 年 5 月～6 月）》，見桑兵、朱鳳林編：《中國近代思想家文庫・戴季陶卷》，北京：中國人民大學出版社 2014 年版，第 427 頁。

是後知後覺者和不知不覺者，所強調的是由「誠」而生發出來的對三民主義
的信仰和執行力，所以孫中山才認為王陽明主張「知行合一」是「勉人為善」，
「惟以人之上進，必當努力實行，雖難有所不畏。既知之則當行之。故勉人
以為其難。」但實際上仍是「行之惟艱」的意思，所以「與真理背馳」，「實與
人性相反」。因此王陽明的學說對當下來說「無補於世道人心」〔註63〕；而戴
季陶、蔣介石所講的儒學，不僅忽略了孫中山強調的執行力，又把帝制時代
儒學的「盲從」一方面大加發揮，從而人為地創造了一條在國民黨與人民群
眾之間的鴻溝。因此蔣介石對儒學化的三民主義意識形態的推行手段，帶有
居高臨下的上位者心態。這就不免被國民黨內反對派、自由主義知識分子、
共產黨理論家共同批判為「愚民政策」。

5. 三民主義制度框架與儒學精神內核的融合

孫中山在完善三民主義意識形態的過程中，吸收了宋明理學心性論的內
容作為凝聚人心、推行主義的精神動力，以忠孝仁愛、修齊治平和王道政治
作為民族主義實現的有效途徑，以孟子「先知先覺」論、孔子「上知下愚」論
作為民權主義、五權憲法設計的理論依據。從基本點上看，孫中山吸納儒學
作為三民主義精神內核之後，三民主義的民族、民權、民生的基本架構沒有
變，民主共和政治的基本追求沒有變。

孫中山一直強調，民族主義對自己民族來說就是爭自由，對別的民族來
說就是平等和博愛，也就是相互支持和幫助。引入儒學基本精神之後，孫中
山關於民族主義的論述，隱去了民族革命的暴力手段，代之以對內恢復民族
精神和民族認同，對外提出以王道政治謀求民族互助的「大亞洲主義」。

孫中山認為中國在民國初年只有家族和宗族，沒有民族主義。〔註64〕放
在世界的大背景中，中國正受歐美政治力、經濟力的壓迫，我們民族正處在
危險中，而民族主義則「是國家圖發達和種族圖生存的寶貝」〔註65〕。孫中

〔註63〕孫中山：《建國方略之一・孫文學說（心理建設）（1917～1919年）》，見中國
社科院近代史所等編：《孫中山全集》第六卷，北京：中華書局2011年第3
版，第197頁。

〔註64〕中國民族主義消亡的原因，孫中山認為」被異族征服的原因為最大」，而異族
征服主要是指的滿清入主中原。參見孫中山：《三民主義（1924年1月～8
月）》，見中國社科院近代史所等編：《孫中山全集》第九卷，北京：中華書局
2011年第3版，第214頁。

〔註65〕孫中山：《三民主義（1924年1月～8月）》，見中國社科院近代史所等編：
《孫中山全集》第九卷，北京：中華書局2011年第3版，第210頁。

山認為，恢復我們的民族主義的方法，首先「就要把固有的舊道德先恢復起來」。中國固有的舊道德就是忠孝、仁愛、信義、和平。「這些舊道德，中國人至今還是常講的。但是，現在受外來民族的壓迫，侵入了新文化，那些新文化的勢力此刻橫行中國。」〔註66〕舊道德遭到了醉心新文化的人的排斥，而西化「新文化的勢力」最大的表現，就是此前以北京為中心的新文化運動。

孫中山此時主張，中國固有的東西，好的應該保存，不好的才可以放棄。這樣一種態度與辛亥之前的主張相比，變化是極大的。在具體的解釋中，雖然是中外對比式的，卻不是再用儒學的語言去解釋自由主義的道理：「中國從前的忠孝仁愛信義種種的舊道德，固然是駕乎外國人，說到和平的道德，更是駕乎外國人。這種特別的好道德，便是我們民族的精神。」〔註67〕只有把這種精神發揚光大，我們民族的地位才可以恢復。

恢復民族主義的第二個方面，是恢復固有的政治智慧。「中國有一段最有系統的政治哲學，在外國的大政治家還沒有見到」，那「就是《大學》中所說的「格物、致知、誠意、正心、修身、齊家、治國、平天下」那一段的話。孫中山認為這樣的道理不止外國人沒有見過，修齊治平的工夫，中國人近幾百年也沒做到。「把一個人從內發揚到外，由一個人的內部做起，推到平天下止。像這樣精微開展的理論……這就是我們政治哲學的知識中獨有的寶貝，是應該要保存的。」〔註68〕此外，還要恢復固有的能力，如發明指南針、印刷術和火藥的能力，發明茶、絲、房屋、弔橋的能力。恢復了固有的道德、知識和能力，再去學習歐美，「迎頭趕上去」。

這裡雖講的是民族主義，孫中山同時也有一個世界眼光：「我們要將來能夠治國平天下，便先要恢復民族主義和民族地位。用固有的道德和平做基礎，去統一世界，成一個大同之治，這便是我們四萬萬人的大責任。」〔註69〕但孫中山對於我們的現狀有清醒的認識，「我們受屈民族，必先要把我們民族自

〔註66〕孫中山：《三民主義（1924年1月～8月）》，見中國社科院近代史所等編：《孫中山全集》第九卷，北京：中華書局2011年第3版，第243頁。
〔註67〕孫中山：《三民主義（1924年1月～8月）》，見中國社科院近代史所等編：《孫中山全集》第九卷，北京：中華書局2011年第3版，第247頁。
〔註68〕孫中山：《三民主義（1924年1月～8月）》，見中國社科院近代史所等編：《孫中山全集》第九卷，北京：中華書局2011年第3版，第247頁。
〔註69〕孫中山：《三民主義（1924年1月～8月）》，見中國社科院近代史所等編：《孫中山全集》第九卷，北京：中華書局2011年第3版，第253頁。

由平等的地位恢復起來之後，才配得來講世界主義。」〔註70〕

　　孫中山認為實現民族主義也是一個「由一個人的內部做起，推到平天下止」的過程，從我們的民族主義出發，再向外推，於是提出「大亞洲主義」的設想。類比於亞洲西部的各民族「彼此都有很親密的交際，很誠懇的感情，他們都可以聯絡起來」，因此主張「我們在亞洲東方的各民族，也是一定要聯絡的」，要通過這種民族間聯絡的方式來「恢復我們亞洲從前的地位」。「在亞洲東部最大的民族，是中國與日本。」〔註71〕這種設想是基於他對世界人種差異和民族文化差異的認識，並且他年輕時周遊世界的經歷使他對東西方的文明、民族和政治文化特點有較深的感性認識，因此孫中山結合國內的政治實踐經驗和此時中國知識分子對東西文化的相關比較討論，認為歐洲近百年物質文明發達以來，「是科學的文化。是注重功利的文化」，「專是一種武力的文化」。當歐洲人的勢力延伸到亞洲之後，「歐洲人近又專用這種武力的文化來壓迫我們亞洲」，「所以歐洲的文化是霸道的文化」。而我們亞洲有比霸道更好的，這就是「王道的文化」，其本質是「仁義道德」。「用這種仁義道德的文化，是感化人，不是壓迫人。是要人懷德，不是要人畏威。」〔註72〕

　　孫中山以中國曾在一千多年的強盛時期對周邊弱小民族和國家行王道的歷史，並舉了不丹和尼泊爾的例子，來說明王道文化的特點：「中國完全是用王道感化他們，他們是懷中國的德，甘心情願，自己來朝貢的」。據此，孫中山於是主張「仁義道德就是我們大亞洲主義的好基礎」。〔註73〕孫中山認為俄國近來的新文化即馬克思主義是主持公道的，不用少數壓迫多數，是反霸道的文化，因此歐洲人排斥俄國人；而日本「既得到了歐美的霸道的文化，又有亞洲王道文化的本質」，孫中山提醒日本人應該「詳審慎擇」「是做西方霸

〔註70〕孫中山：《三民主義（1924 年 1 月～8 月）》，見中國社科院近代史所等編：《孫中山全集》第九卷，北京：中華書局 2011 年第 3 版，第 226 頁。

〔註71〕孫中山：《對神戶商業會所等團體的演說（1924 年 11 月 28 日）》，見中國社科院近代史所等編：《孫中山全集》第十一卷，北京：中華書局 2011 年第 3 版，第 404 頁。

〔註72〕孫中山：《對神戶商業會所等團體的演說（1924 年 11 月 28 日）》，見中國社科院近代史所等編：《孫中山全集》第十一卷，北京：中華書局 2011 年第 3 版，第 405 頁。

〔註73〕孫中山：《對神戶商業會所等團體的演說（1924 年 11 月 28 日）》，見中國社科院近代史所等編：《孫中山全集》第十一卷，北京：中華書局 2011 年第 3 版，第 406、407 頁。

道的鷹犬，或是做東方王道的干城」。〔註74〕把王道政治與民族主義向融合，是孫中山在民主政治時代對中國外交思想做出的新的理論探索。

民權主義的理論在孫中山引入儒學之後有了較大的發展，基於「先知覺後知，先覺覺後覺」〔註75〕的認識，孫中山在以儒學解釋民權主義時，部分認同了賢人政治的主張。雖然孫中山認同「主權在民」的基本原則，為民權主義確立了代議制與縣級直接民權相結合的實施辦法，〔註76〕但在軍政、訓政的建國階段，在儒學賢人政治的思想下，「民主自決」的實行，無論是在程度上還是在時間上，都大大推後了。這就為日後蔣介石的獨裁統治留下了實踐的空間。

孫中山承認「中國人的民權思想都是由歐美傳進來的，所以我們近來實行革命，改良政治，都是仿傚歐美」；〔註77〕但同時又認識到，中國有自己的社會情形，況且歐美代議政體也有許多流弊。「所以中國今日要實行民權，改革政治，便不能完全仿傚歐美，便要重新想出一個方法。」〔註78〕因此孫中山提出「權」與「能」要分開的辦法。民權主義「是要把政權放在人民掌握之中」，認為中國幾千年來真能做到「實在負政治責任為人民謀幸福的皇帝，只有堯舜禹湯文武」。因為他們有兩個長處，第一次本領很好，建成了一個好的政府；第二是道德很好，能做到「仁民愛物」，孫中山高度讚揚堯舜禹湯文武的開創性工作，幾千年來我們都歌頌他們。而這種開創性在秦以後就大大削弱了，後世的皇帝，大都是沒有本領，沒有道德的，沒有本領做開創新的工作，但是權力很大，因此就造成了權力的集中。〔註79〕

民主時代要開創新的政權建設辦法，其核心就是中央權力的歸屬問題。

〔註74〕孫中山：《對神戶商業會所等團體的演說（1924 年 11 月 28 日）》，見中國社科院近代史所等編：《孫中山全集》第十一卷，北京：中華書局 2011 年第 3 版，第 409 頁。

〔註75〕《孟子・萬章上》，朱熹：《四書章句集注》，北京：中華書局 1983 年版，第 310 頁。

〔註76〕參見賀淵：《三民主義與中國政治》，北京：社會科學文獻出版社 2002 年第 3 版，第 87 頁。

〔註77〕孫中山：《三民主義（1924 年 1 月～8 月）》，見中國社科院近代史所等編：《孫中山全集》第九卷，北京：中華書局 2011 年第 3 版，第 314～315 頁。

〔註78〕孫中山：《三民主義（1924 年 1 月～8 月）》，見中國社科院近代史所等編：《孫中山全集》第九卷，北京：中華書局 2011 年第 3 版，第 320 頁。

〔註79〕孫中山：《三民主義（1924 年 1 月～8 月）》，見中國社科院近代史所等編：《孫中山全集》第九卷，北京：中華書局 2011 年第 3 版，第 325 頁。

孫中山的設計則是,「國民是主人,就是有權的人,政府是專門家,就是有能的人。」〔註 80〕在共和政體中,就要讓四萬萬人民去做皇帝,但這就如有四萬萬個阿斗,一定要如諸葛亮般的聰明人才替他去治理。〔註 81〕順著這樣的思路,孫中山設計了實行民權的具體辦法:以人民掌握政權,政權細分為選舉權、罷免權、創制權、復決權;以政府掌握治權,治權又分為司法權、立法權、行政權、考試權、監察權。〔註 82〕李澤厚認為,「把『政權』與『治權』分開,又強調行使『治權』的是諸葛亮,是先知先覺者,這就是在理論上和實際上,把『治權』放在『政權』之上。」〔註 83〕

對於懷抱民主政治理想,敢於直剖「吾人亦本素所懷抱平等自由之主義,行權於建設之初期,為公乎?為私乎?」〔註 84〕之心跡的孫中山來說,這樣的理論只是實現民主政治的途徑,然而卻未能料到其繼任者卻把「教國民學步」當做行使政權的常態。

孫中山認為民權主義的重點是平等,而人群中總是存在著先知先覺和後知後覺的不同,所以平等並不是無差別的一致,這一認識孫中山在辛亥革命前領導革命時就已經產生。這一時期在以三民主義吸收儒學後,孫中山又繼續發展了這一認識。他也說得很明白,以個人天賦的聰明才力,可以把人類分作三種,先知先覺者,後知後覺者,不知不覺者。「世界上的事業,都是先要發起人,然後又要許多人贊成,再然後又要許多實行者,才能夠做成功。」〔註 85〕這一認識在革命時代就已經產生並向眾人宣傳。以先知先覺者自任的孫中山,一直抱有這種自覺和自信。也正因為這種先知先覺的「為生民立命」「為萬世開太平」的意識自覺,孫中山主張「要預先來替人民打算」,國民黨的領袖要做輔佐阿斗的諸葛亮,幫助劉邦的叔孫通。在人民掌握政權的情況

〔註 80〕孫中山:《三民主義(1924 年 1 月〜8 月)》,見中國社科院近代史所等編:《孫中山全集》第九卷,北京:中華書局 2011 年第 3 版,第 331 頁。
〔註 81〕孫中山:《三民主義(1924 年 1 月〜8 月)》,見中國社科院近代史所等編:《孫中山全集》第九卷,北京:中華書局 2011 年第 3 版,第 326 頁。
〔註 82〕孫中山:《三民主義(1924 年 1 月〜8 月)》,見中國社科院近代史所等編:《孫中山全集》第九卷,北京:中華書局 2011 年第 3 版,第 349〜355 頁。
〔註 83〕李澤厚:《論孫中山的思想》,見《中國近代思想史論》,天津:天津社會科學院出版社 2003 年版,第 301 頁。
〔註 84〕孫中山:《致吳敬恒書(1914 年)》,見中國社科院近代史所等編:《孫中山全集》第三卷,北京:中華書局 2011 年第 3 版,第 152 頁。
〔註 85〕孫中山:《三民主義(1924 年 1 月〜8 月)》,見中國社科院近代史所等編:《孫中山全集》第九卷,北京:中華書局 2011 年第 3 版,第 324 頁。

下，以國民黨掌握治權實際上就是賢人政治的變種。這與宋明儒家所追求的賢相治國「得君行道」，在本質上是一致的。

需要特殊說明的是，孫中山用儒學對三民主義的一系列理論改造，可以視作是與組建中華革命黨相配合的，在理論上和組織形態上有明顯的中央集權的性質，某些地方固然已經違背了自由主義意識形態的基本原則。孫中山本人對這些是有清醒認識的，甚至在一定程度上，這種集權舉措是孫中山有意為之。

二次革命的失敗使孫中山由一個革命的理想主義轉變為建設的現實主義者，「當第一次革命南京政府前後時代，黨人之離本黨而他圖樹立勢力者，皆不平之士也；甚者且獻身於敵，而倒行逆施，為問一般魁梧奇偉之士，皆可使之淡然無欲否耶？」〔註 86〕既然人性如此，欲得到政治上的團結，就不得不「稽勳酬勞」，爵位與黃金不可取，「今惟以其有為政治革命首義之功，因而報以政治上優先之權利」〔註 87〕，就成了孫中山能想到的唯一辦法。進而，為了三民主義的實行，孫中山要求首義黨員「以救國救民為己任，則當先犧牲一己之自由平等，為國民謀自由平等，故對於黨魁則當服從命令，對於國民則當犧牲一己之權利。」〔註 88〕因此孫中山設想在軍政、訓政時期集中權力，犧牲黨員的自由平等，在訓政後期和憲政時期使黨員優先得到政治上的特權以為回報，這是孫中山開載布公強調黨員服從的自信所在。那麼，孫文學說的創造和中華革命黨的組織形式的改革，其主要用意就在於集中權力以「統一號令」，這是確定無疑的。其心事天青日白，其手段則後患無窮。

孫中山面向現實政治的理論創造與一般意義上的學說構建有很大不同，因此在理論上難免有矛盾衝突的地方，某些方面也存在著邏輯薄弱、以偏概全的弊病。三民主義儒學化道路的繼續開闢的工作，則是戴季陶和蔣介石完成的。從儒學視角解釋三民主義是戴季陶、蔣介石等人的一貫做法，但是這

〔註 86〕孫中山：《致吳敬恒書（1914 年）》，見中國社科院近代史所等編：《孫中山全集》第三卷，北京：中華書局 2011 年第 3 版，第 151 頁。

〔註 87〕孫中山：《致吳敬恒書（1914 年）》，見中國社科院近代史所等編：《孫中山全集》第三卷，北京：中華書局 2011 年第 3 版，第 151 頁。

〔註 88〕參見孫中山：《致陳新政及南洋同志書（1914 年 6 月 15 日）》，見中國社科院近代史所等編：《孫中山全集》第三卷，北京：中華書局 2011 年第 3 版，第 92 頁。

種解釋使得三民主義意識形態逐步陷入帝制儒學的泥潭裏，反而無法做出有利於現實政治的理論探索。

（二）戴季陶對三民主義的繼承與開新

戴季陶曾經作為機要秘書長期在孫中山身邊工作，又是孫中山遺囑的簽證人之一。因此在孫中山逝世以後，戴季陶即以「純正的三民主義」相號召，接連寫了《孫文主義之哲學的基礎》、《國民革命和中國國民黨》和《行易知難》等幾部作品。戴季陶在這一時期的理論探索，對三民主義意識形態的發展具有重要意義。

其一，繼承並發揚了孫中山三民主義儒學化的思路。不僅重又拾起了道統論，稱孫中山為繼承孔子道統的繼往開來的大聖，稱「中山先生的思想，完全是中國的正統思想，就是繼承堯舜以至孔孟而中絕的仁義道德的思想。」〔註89〕戴季陶自己聲稱，仁愛是孫中山革命道德的基礎，「知行的目的，卻都是要以仁愛為主。」〔註90〕並在此意義上，對孫中山進行神化──孫中山的思想「是要在他四十年革命救國的努力上，在他以一誠貫徹智、仁、勇三德的全人格上，才顯示出他的崇高、偉大、仁慈來。」〔註91〕同時又強調，求智、仁、勇三達德貫徹的決心，「就是全心理過程的專注，就是中國古代所說自強不息的誠意。」〔註92〕戴季陶對「誠」的強調，是對孫中山行易知難說「破國人心理之大敵」和智仁勇的軍人精神訓練的思路的發展；同時又給蔣介石強調精神訓練以啟發，成為蔣介石「行的哲學」的理論基礎。

其二，戴季陶的理論探索為日後蔣介石的清黨運動提供了理論基礎，促

〔註89〕戴季陶：《孫文主義之哲學的基礎（1925 年 5 月～6 月）》，見桑兵、朱鳳林編：《中國近代思想家文庫·戴季陶卷》，北京：中國人民大學出版社 2014 年版，第 425 頁。

〔註90〕戴季陶：《孫文主義之哲學的基礎（1925 年 5 月～6 月）》，見桑兵、朱鳳林編：《中國近代思想家文庫·戴季陶卷》，北京：中國人民大學出版社 2014 年版，第 424 頁。

〔註91〕戴季陶：《孫文主義之哲學的基礎（1925 年 5 月～6 月）》，見桑兵、朱鳳林編：《中國近代思想家文庫·戴季陶卷》，北京：中國人民大學出版社 2014 年版，第 431 頁。

〔註92〕戴季陶：《孫文主義之哲學的基礎（1925 年 5 月～6 月）》，見桑兵、朱鳳林編：《中國近代思想家文庫·戴季陶卷》，北京：中國人民大學出版社 2014 年版，第 424 頁。

使三民主義意識形態的精神力量和中國國民黨的組織力量緊密結合起來，為三民主義上升為國家意識形態創造了條件。戴季陶聲稱民生主義才是三民主義的本體，民族主義、民權主義、民生主義只是在方法上的展開。並以此為依據與共產主義作比較，認為兩者在目的上和性質上完全相同，在哲學基礎和實行方法上完全不同。這種對比孫中山也曾做過，認為「民生主義實時下底社會主義」，主張實行民生主義的原因在於貧富不均，還是要落實在「土地」和「資本」兩方面，以政府的力量進行控制和分配。〔註 93〕而戴季陶則鼓吹民生主義是以中國固有倫理哲學和政治哲學為哲學基礎，主張以各個階級革命專政為實行方法，從而試圖達到以民生主義包容、壓制共產主義的理論效果。〔註 94〕這種解釋實際上充當了國民黨右派實行清黨運動的理論基礎。

另一方面，戴季陶在《國民革命和與中國國民黨》的小冊子中，繼承孫中山「主義就是一種思想、一種信仰和一種力量」〔註 95〕的說法並大加發揮，認為「在中國古代所謂『道』就是和今天所謂主義，一個意義」〔註 96〕，也必須要多數人信奉才能產生力量。拼命鼓吹主義在團體中應具有獨佔性和排他性，因此主義應該具有統一性和支配性，否則就是沒有主義。「一個政黨，除了主義，便沒有結合的基礎，主義是黨的神經系，同時是黨的血管。」〔註 97〕明確要求國民黨黨員應堅定三民主義信仰，要求以個人身份加入國民黨的共產黨員「要真把三民主義認為唯一理論，把國民黨認為唯一救國的政黨」〔註 98〕。並把批判的矛頭指向共產黨和唯物史觀理論，稱國民黨內最大的危機是存在兩個中心。污蔑孫中山制定的國共合作政策是「C.P.的寄生政策」，並且明確

〔註 93〕參見孫中山：《在中國國民黨本部特設駐粵辦事處的演說（1921 年 3 月 6 日）》，見中國社科院近代史所等編：《孫中山全集》第五卷，北京：中華書局 2011 年第 3 版，第 476～481 頁。

〔註 94〕戴季陶：《孫文主義之哲學的基礎（1925 年 5 月～6 月）》，見桑兵、朱鳳林編：《中國近代思想家文庫·戴季陶卷》，北京：中國人民大學出版社 2014 年版，第 416～418 頁。

〔註 95〕孫中山：《三民主義（1924 年 1 月～8 月）》，見中國社科院近代史所等編：《孫中山全集》第九卷，北京：中華書局 2011 年第 3 版，第 184 頁。

〔註 96〕戴季陶：《國民革命與中國國民黨·導言（1925 年 7 月 23 日）》，上海：中國文化服務社 1946 年版，第 2 頁。

〔註 97〕戴季陶：《國民革命與中國國民黨（1925 年 7 月 23 日）》，上海：中國文化服務社 1946 年版，第 16 頁。

〔註 98〕戴季陶：《國民革命與中國國民黨（1925 年 7 月 23 日）》，上海：中國文化服務社 1946 年版，第 37 頁。

地提出「在組織上凡是高級幹部，不可跨黨」〔註99〕的主張。

　　戴季陶的這種理論被包括其在內的國民黨右派利用，先是在譚延闓、蔣介石等人推動下於 1926 年 5 月國民黨二屆二中全會上通過《整理黨務案》，嚴格限制共產黨員的人數和權力，使國民黨右派分子把持黨權，最終導致了清黨運動的發生和國共合作的破裂。〔註100〕因此，戴季陶在相當長的時期內被共產黨理論家視為頭號大敵。〔註101〕

　　其三，戴季陶還把孫中山「行易知難」學說落實到三民主義意識形態的建設中。這是極具有預見性的工作。

　　在行的方面，戴季陶提出「官規的制定和實施」和「人才的養成」。〔註102〕所謂人才的養成，就是要通過「三民主義的訓育」，用教育的手段培養出信仰和推行三民主義的人才。認為黨員對三民主義有正確的、一致的認識，才能使黨的意志統一，感情融洽。從青年教育的長遠眼光來看，「唯獨三民主義自身的發揚光大，才是真正的革命成功」。戴季陶敏感地意識到了孫中山強調過的三民主義宣傳教育的重大意義，認識到要真正使三民主義意識形態落地生根，就必須孕育出一個獨特的生命體，從而其意識形態才能具有長久的生命力——而教育是極重要的途徑。因此重又提出了三民主義在全社會推廣的必要性和緊迫性，從而使得南京國民政府在確立中央政府的權威地位之後，進一步在全國範圍內落實了這一方面的工作。

　　「在知的方面，不單是瞭解總理所已歸納起來的結論，而是要很切實地

〔註99〕戴季陶：《國民革命與中國國民黨（1925 年 7 月 23 日）》，上海：中國文化服務社 1946 年版，第 39 頁。

〔註100〕清黨運動同樣對國民黨「自殘不淺」，陳立夫晚年認為，清黨之後，國民黨失去了學界同情，使一般人民失望。參見王奇生：《黨員、黨權與黨爭：1924～1949 年中國國民黨的組織形態》，北京：華文出版社 2010 年修訂版，第 142～146 頁。

〔註101〕這一時期共產黨人對戴季陶的批判以瞿秋白《中國國民革命與戴季陶主義（1925 年 9 月）》和惲代英《孫中山主義與戴季陶主義（1925 年 12 月）》為代表。參見宋仲福、趙吉惠、裴大洋：《儒學在現代中國》，鄭州：中州古籍出版社 1991 年版，第 138～141 頁。另參見劉宏誼：《第一次國內革命戰爭時期反對戴季陶主義的鬥爭》，《復旦大學學報（哲學社會科學）》1963 年第 1 期。

〔註102〕戴季陶：《孫文主義之哲學的基礎（1925 年 5 月～6 月）》，見桑兵、朱鳳林編：《中國近代思想家文庫‧戴季陶卷》，北京：中國人民大學出版社 2014 年版，第 448～449 頁。

瞭解成就總理的思想的各種基本知識，要切實地應用總理刻苦求知的科學方法，更要很忠實地應用一切更新的知識、更精密的方法去成就三民主義的建設。」〔註103〕

戴季陶為三民主義的發展提出了塑造其意識形態學術根基的重要途徑：「要能夠把世界最進步的科學，最進步的科學方法，用來做建設三民主義的理論基礎。然後三民主義的內包外延，才能夠不斷的發展，不斷的進步。」〔註104〕這種宏大的理論構想如果能夠實現，把三民主義「建設成知識世界中的最高指導原則」，無疑會使三民主義佔據理論的制高點，從而具有強大的理論自信和理論生命力。戴季陶提出這樣一種理論設想的目的，是試圖以這樣一種無所不包的三民主義「領導起全國的民眾，聯合起全世界的人類」，「使後來的人們踏著我們所努力建設起的歷史階梯來前進。」〔註105〕這應該是戴季陶一生中乃至其他三民主義理論家對建立三民主義意識形態的思想學術根基的最宏大的設想。只是在那個戰亂年代，連他本人也未能堅持去做，更勿論其他人了。

戴季陶的三民主義儒學化的主張，遭到以瞿秋白、鄧演達、胡漢民、宋慶齡、柳亞子等為代表的多方勢力的批判和反對。並且在孫中山逝世後，胡漢民、汪精衛、周佛海、鄧演達等人也提出了自己對三民主義的理解，並試圖建立一套不同於戴季陶的三民主義的理論體系。但因胡漢民、汪精衛、鄧演達等人的三民主義理論體系的政治作用不明確，在儒學的轉化等方面不具有代表性，以及在激烈的派系鬥爭中最終失敗等等原因，他們的理論在以蔣介石為首的南京國民政府中發揮的作用並不是很大。故不贅述。

二、儒學化的三民主義意識形態在全國的推行

政治思想與政治的走向相類似，都是逐漸向前推進的。就如大河入海必

〔註103〕戴季陶：《孫文主義之哲學的基礎（1925 年 5 月～6 月）》，見桑兵、朱鳳林編：《中國近代思想家文庫‧戴季陶卷》，北京：中國人民大學出版社 2014年版，第 450～451 頁。

〔註104〕戴季陶：《孫文主義之哲學的基礎（1925 年 5 月～6 月）》，見桑兵、朱鳳林編：《中國近代思想家文庫‧戴季陶卷》，北京：中國人民大學出版社 2014年版，第 460 頁。

〔註105〕戴季陶：《孫文主義之哲學的基礎（1925 年 5 月～6 月）》，見桑兵、朱鳳林編：《中國近代思想家文庫‧戴季陶卷》，北京：中國人民大學出版社 2014年版，第 451 頁。

受到地形的制約，在政治思想演化的多種可能性方向中，其中的某一方向之所以得到了實踐，其背後也必然受政治局勢以及社會情境的制約。

孫中山的三民主義理論，雖然吸收了儒學的某些成分，其主要的還是自由主義民主政治的理想。而在戴季陶的三民主義理論中，儒學和民生主義就成了支柱性的思想資源。蔣介石則沿著三民主義儒學化的方向奮力前行，在進行理論探索的同時，又憑藉中央政府的力量在社會上推行。從而使得南京國民政府統治下的中國，形成了辛亥革命以後第二次儒學復興的局面。

（一）三民主義上升為國家意識形態

孫中山的理論探索，使三民主義理論逐步成熟，並具備了意識形態的特徵。隨後在共產國際的幫助下，國民黨於 1923 至 1924 年實行了改組，組織凝聚力得到大大加強。

真正使三民主義意識形態在中國國民黨組織中得到確立的法理性文獻，是以孫中山親審的名義發布的《中國國民黨第一次全國代表大會宣言》。[註106]《宣言》經國民黨第一次代表大會表決通過後，雖然因共產國際的因素等等，孫中山並不完全認同這個宣言的全部內容，但孫中山在會上發言時仍強調「大家必須依宣言而進行，擔負此項實行責任」，「來做徹底成功的革命」。不僅僅包括與會代表，「就是各省海外的同志」，都有實行革命貫徹主義的責任。[註107]《宣言》明確規定，國民黨之主義「即孫先生所提倡之三民主義」，「本此主義以立政綱，吾人以為救國之道，」[註108] 三民主義意識形態在中國國民黨內的指導地位就確定無疑了。而且孫中山特別強調，要重視三民主義的教育和宣傳：「對於本黨黨員，用各種適當方法施以教育及訓練，使成為能宣傳主義、運動群眾、組織政治之革命的人才。」[註109] 孫中山又擬《國民政府建國大綱》，

〔註106〕雖然在 1919 年 10 月 10 日的《中國國民黨規約》中已經宣稱「本黨以鞏固共和，實行三民主義為宗旨」，但此時三民主義還不能真正具備意識形態的特徵。

〔註107〕孫中山：《對於中國國民黨宣言旨趣之說明（1924 年 1 月 23 日）》，見中國社科院近代史所等編：《孫中山全集》第九卷，北京：中華書局 2011 年第 3 版，第 125、126 頁。

〔註108〕孫中山：《中國國民黨第一次全國代表大會宣言（1924 年 1 月 23 日）》，見中國社科院近代史所等編：《孫中山全集》第九卷，北京：中華書局 2011 年第 3 版，第 118 頁。

〔註109〕孫中山：《中國國民黨第一次全國代表大會宣言（1924 年 1 月 23 日）》，見中國社科院近代史所等編：《孫中山全集》第九卷，北京：中華書局 2011 年第 3 版，第 122 頁。

第一條即明確規定「國民政府本革命之三民主義、五權憲法建設中華民國」。並規定了軍政、訓政、憲政各個期的建設大綱，而三民主義、五權憲法為貫穿三期建設的根本原則。〔註110〕

此時的三民主義只是確立為中國國民黨的主義，而國民黨在 1926 年出師北伐之前，只是一個偏居兩廣的地方性政黨。中國國民黨的統治範圍由兩廣擴展到長江流域、乃至全國的過程，就是三民主義意識形態上升為國家意識形態的過程。在這一過程中伴隨著蔣介石主導的三民主義的儒學化和排斥共產黨人、鎮壓工農革命的清黨運動。而鎮壓工農革命，在中原大戰結束後的三十年代又演變為「剿匪」。在以剿匪為名，借軍事力量打擊地方軍閥勢力時，蔣介石以推行民權主義指導下的縣自治為藉口，大力恢復保甲制度，加強對基層的控制，而美其名曰「新縣政」。三民主義的儒學化在自上而下的推行和自下而上的迎合中逐步深化。

1925 年孫中山逝世以後，國民黨於廣州召開一屆三中全會通過《中國國民黨接受總理遺囑宣言》，「全體一致奉行總理遺教」，三民主義的權威地位得到維持和延續。〔註111〕經過北伐作戰，國民黨的軍事政治勢力在 1927 年初擴展到長江流域。1927 年 4 月 15 日蔣介石集團實行清黨，武漢汪精衛集團在「七一五」「分共」後與南京的蔣介石集團合作，國民黨主要政治力量在南京合流。1928 年國民黨又進行二次北伐，這年底張學良宣布「遵守三民主義，服從國民政府，改旗易幟」〔註112〕，中國國民黨完成了形式上的統一。三民主義意識形態也在名義上由兩廣擴展到東北。因此在 1929 年的《中國國民黨第三次代表大會宣言》上，國民黨稱，「至於今日，則三民主義為國民革命唯一之準則，蓋為舉世所公認矣」〔註113〕。即三民主義的價值正義性已經在全國範圍內得到認可，三民主義自此時已成為名義上的國家意識形態。循名而責實，國民黨三大強調，「今後之生路，即在於努力

〔註110〕 孫中山：《國民政府建國大綱（1924 年 1 月 23 日）》，見中國社科院近代史所等編：《孫中山全集》第九卷，北京：中華書局 2011 年第 3 版，第 126～129 頁。

〔註111〕 賀淵：《三民主義與中國政治》，北京：社會科學文獻出版社 2002 年第 3 版，第 129 頁。

〔註112〕 《東北易幟統一完成》，《國聞週報》，1929 年第 6 卷第 2 號。

〔註113〕 《中國國民黨第三次全國代表大會宣言（1929 年 3 月 28 日）》，見中國第二歷史檔案館編：《中華民國史檔案數據彙編第五輯第一編·政治》，南京：江蘇古籍出版社 1994 年版，第 62 頁。

實施三民主義之建設。」〔註114〕

　　並且，國民黨在 1929 年進一步明確強調「確定總理所著三民主義、五權憲法、建國方略、建國大綱及地方自治開始實行法，為訓政時期中華民國最高之基本法。」〔註115〕因此正是在這個意義上，在意識形態的認識高度，高華認為，「1928 年後，國民黨就以三民主義為理論武器，向共產主義和自由主義發起全面進攻。國民黨充分利用其掌握的政權使其意識形態社會化。」〔註116〕

　　1930 年國民黨宣布「入於訓政時期」，並召開國民會議制定訓政時期約法。1931 年 5 月 12 日國民會議制定《中華民國訓政時期約法》，約法照搬了孫中山《建國大綱》所規定的政治原則：「國民政府本革命之三民主義、五權憲法以建設中華民國」，「訓政時期之政治綱領及其設施依建國大綱之規定」。除了確定中國國民黨的領導地位為「代表國民大會行使中央統治權」外，還特別規定「三民主義為中華民國教育之根本原則」〔註117〕。這就以國家根本大法的形式確立了三民主義在政治、文教等領域的主導地位。也就是完全確立了其國家意識形態的地位。

　　於同年召開的國民黨第四次全國代表大會充分認識到了日本佔領東北後的局面是「當國家最危難之時」，號召「我全國同胞、全體同志」「集中於三民主義之下，做積極救國的準備」。而挽救國難的第一步，則是要求「一體貢獻吾人一切精神物質之力量以聽命於中央之指揮」〔註118〕。此時國民黨實行軍事集權作為抗戰辦法的意圖已經初步顯露了。

〔註114〕　《中國國民黨第三次全國代表大會宣言（1929 年 3 月 28 日）》，見中國第二歷史檔案館編：《中華民國史檔案數據彙編第五輯第一編・政治》，南京：江蘇古籍出版社 1994 年版，第 67 頁。

〔註115〕　《中國國民黨第三次全國代表大會重要決議案（1929 年 3 月）》，見中國第二歷史檔案館編：《中華民國史檔案數據彙編第五輯第一編・政治》，南京：江蘇古籍出版社 1994 年版，第 91 頁。

〔註116〕　許紀霖、陳達凱主編：《中國現代化史・第一卷 1800～1949》，上海：學林出版社 2006 年版，第 356 頁。

〔註117〕　《中華民國訓政時期約法（1931 年 5 月 12 日）》，第 1～7 頁，見沈雲龍主編：《近代中國史料叢刊續編》第八十一輯《中華民國憲法史料》，臺北：文海出版社 1974～1982 年版。

〔註118〕　《中國國民黨第四次全國代表大會宣言（1931 年 11 月 23 日）》，見中國第二歷史檔案館編：《中華民國史檔案數據彙編第五輯第一編・政治》，南京：江蘇古籍出版社 1994 年版，第 323 頁。

直至 1946 年制訂的《中華民國憲法》，總綱第一條也明確規定「中華民國基於三民主義，為民有、民治、民享之民主共和國」〔註 119〕。因此，三民主義的思想內涵雖在國民黨統治下的各個具體歷史時期內有所不同，特別是在國民黨第五次全國代表大會宣言中三民主義儒學化的傾向尤其濃重，但三民主義的國家意識形態地位一直未曾改變。

（二）儒化三民主義意識形態在政治領域的推行

三民主義在 1928 年開始作為國家意識形態推行，中經日本侵略勢力的打擊排斥，至 1949 年完全退出大陸，在這段時期內，其在全國的影響力始終是依附於國民黨的政治力量的。三民主義意識形態在全國推行過程中的意涵變化極其複雜，但主要受國民黨的中央領導人，尤其是蔣介石的影響。

帶有濃重儒學傾向的三民主義意識形態在政治領域推行的主要內容包括蔣介石面向中上層黨員、軍官和各省軍民長官提出的「行的哲學」，面向地方治理而實行的以宗法宗族保甲為實質的新縣政，以及面向社會群眾而發起的新生活運動等等。

1. 力行哲學對儒學的吸收

蔣介石繼承孫中山主張的「行易知難」的孫文哲學和「智仁勇」的軍人精神教育、並將之發揚光大的「行的哲學」，是蔣介石政治思想的靈魂，貫穿於其他具體的政策推行過程中。

軍人出身的蔣介石有一種特別的實幹精神，長期的軍事生涯，使他對孫中山強調的「智仁勇」三達德有較深的體會。提倡這種行的哲學的本意，就是改變「沉滯不進的狀態」「打破彷徨煩悶的心理，大家一齊起來去力行。」〔註 120〕

「行的哲學」以內外維度來看，內在的就是革命精神，即精神性的「誠」和「致良知」，後來發展為「禮義廉恥」，這繼承了孫中山「行易知難」的軍人精神訓練的內容和王陽明「知行合一」說。「一部孫文學說，就是在啟示我們革命力行的道理」〔註 121〕，是照著講的。外在的就是強調行的效果，

〔註 119〕《中華民國憲法（1946 年 12 月 25 日）》，見張晉藩、曾憲義：《中國憲法史略》，北京：北京出版社 1979 年版，第 335 頁。

〔註 120〕蔣介石：《行的道理（行的哲學）（1939 年 3 月 15 日）》，見張其昀主編：《先總統蔣公全集》第一冊，臺北：中國文化大學出版部 1984 年版，第 1243 頁。

〔註 121〕蔣介石：《三民主義之體系及其實行程序（1939 年 5 月 7 日）》，見張其昀主編：《先總統蔣公全集》第一冊，臺北：中國文化大學出版部 1984 年版，第 1277 頁。

「行的表現，在創造，在進取，在建設，在完成三民主義的革命」，「行之極致，就是殺身成仁，捨身取義」〔註122〕。在這內外之間的連接，是大學之道。蔣介石主張「我們除了講總理的哲學，講陽明的哲學，還要明白大學之道」〔註123〕。在蔣介石看來，革命就是實行三民主義，革命就是要人「知道他的目的，是要人自始至終地去實行他所定的目的，到於至善為止的田地」。先由內心確立三民主義的信仰，確立「誠」的精神，然後通過力行，由內推到外，「做一個三民主義實行家」，「雪恥禦侮救中國」，最終達到「治國平天下」的革命目的。〔註124〕——這是仿照《大學》格致誠正修齊治平的程序來的，繼承了孫中山對《大學》的理解，「由一個人內在做起，由內發揚到外，推到平天下止。」〔註125〕

因此蔣介石強調「革命之學，大學也，革命之道，大學之道也」〔註126〕；而行的哲學，則是由內到外的精神動力，沒有這樣一種行的力量，三民主義的信仰就得不到落實，軍隊和黨就沒有凝聚力，抗戰建國就沒辦法完成。「只要下定決心，只要抱著熱誠，只要照著我們信仰去力行，我敢斷言，抗戰必勝，建國必成」〔註127〕。從這樣的角度我們就可以理解，蔣介石強調「行的哲學為唯一的人生哲學」〔註128〕，「力行就是革命」的現實意義。行的要素在內在上就是「智仁勇」，行的源動力就是「誠」，在具體過程中要篤信，要有決心，要有志氣。在實行上就要講科學方法，要「有起點」，「有順序」，「有目的」，還「要經常」。〔註129〕

〔註122〕蔣介石：《行的道理（行的哲學）（1939年3月15日）》，見張其昀主編：《先總統蔣公全集》第一冊，臺北：中國文化大學出版部1984年版，第1246頁。

〔註123〕蔣介石：《革命哲學的重要（1932年5月23日）》，見張其昀主編：《先總統蔣公全集》第一冊，臺北：中國文化大學出版部1984年版，第636頁。

〔註124〕蔣介石：《革命哲學的重要（1932年5月23日）》，見張其昀主編：《先總統蔣公全集》第一冊，臺北：中國文化大學出版部1984年版，第636頁。

〔註125〕孫中山：《三民主義（1924年1月～8月）》，見中國社科院近代史所等編：《孫中山全集》第九卷，北京：中華書局2011年第3版，第247頁。

〔註126〕蔣介石：《革命哲學的重要（1932年5月23日）》，見張其昀主編：《先總統蔣公全集》第一冊，臺北：中國文化大學出版部1984年版，第636頁。

〔註127〕蔣介石：《行的道理（行的哲學）（1939年3月15日）》，見張其昀主編：《先總統蔣公全集》第一冊，臺北：中國文化大學出版部1984年版，第1248頁。

〔註128〕蔣介石：《行的道理（行的哲學）（1939年3月15日）》，見張其昀主編：《先總統蔣公全集》第一冊，臺北：中國文化大學出版部1984年版，第1243頁。

〔註129〕蔣介石：《行的道理（行的哲學）（1939年3月15日）》，見張其昀主編：《先

　　蔣介石的政治哲學對儒學思想的吸收也有一個過程。這個過程內在的以蔣介石學習曾國藩的思想為起點。根據對蔣介石早年日記的研究發現，蔣介石在年輕時（1918～1926 年間），除了學習孫中山的著作之外，還大量接觸新思想，所讀的報刊、書籍如《新青年》、《馬克思學說概要》、《共產黨宣言》以及經濟學著作和法、德、俄革命史等等。〔註 130〕另一方面大量閱讀明清大儒著作，王陽明、曾國藩、胡林翼等人的著作最受重視。《曾文正公全集》蔣介石曾失而復得，在日記中稱「今竟復見，不啻舊友重逢」〔註 131〕。他對曾國藩的文章評價極高，稱「真可不朽矣」。在蔣介石 20 年代的日記中，記載著他用曾國藩的修身辦法磨練意志、克己修身的許多細節。〔註 132〕蔣介石在留日期間，受日本民眾崇敬王陽明心學的影響頗大，這對蔣介石崇尚心學有直接的作用。而蔣介石選擇王陽明、曾國藩、胡林翼、左宗棠等人為學習模仿對象，應該和他追隨孫中山的動力是一致的，是為了成為孫中山的繼承人，「成為一個最偉大的軍事領袖，把全中國統一在一個中央政府之下。」〔註 133〕

　　蔣介石內在的理論建構過程與其軍事、政治生涯的實踐緊密結合在一起，呈現出階段性的特點。在 1928 年的一次演講中，蔣介石強調的是軍人的精神和紀律，認為革命的三要素是「主義、精神、紀律」。軍事訓練就是「嚴格精神教育」〔註 134〕，堅定三民主義的信仰。這其中自然有孫中山強調的「智仁勇」三個軍人精神訓練的標準。同時又強調「軍人立身革命之本，在不自欺不欺人」〔註 135〕，這就是誠。這是第一階段的特點。至 1930

　　　　總統蔣公全集》第一冊，臺北：中國文化大學出版部 1984 年版，第 1246～1247 頁。
〔註 130〕參見楊天石：《找尋真實的蔣介石：蔣介石日記解讀》，太原：山西人民出版社 2008 年版，第 15～17 頁。
〔註 131〕《蔣介石日記》1921 年 4 月 29 日，轉引自楊天石：《找尋真實的蔣介石：蔣介石日記解讀》，太原：山西人民出版社 2008 年版，第 37 頁。
〔註 132〕參見楊天石：《找尋真實的蔣介石：蔣介石日記解讀》，太原：山西人民出版社 2008 年版，第 38～39 頁。
〔註 133〕陳潔如：《陳潔如回憶錄》，北京：中國友誼出版公司 1993 年版，第 41 頁。
〔註 134〕蔣介石：《接受嚴格訓練造成真正革命幹部（1928 年 3 月 6 日）》，見張其昀主編：《先總統蔣公全集》第一冊，臺北：中國文化大學出版部 1984 年版，第 549 頁。
〔註 135〕蔣介石：《無形的戰爭與有形的戰爭（1928 年 3 月 10 日）》，見張其昀主編：《先總統蔣公全集》第一冊，臺北：中國文化大學出版部 1984 年版，第 551 頁。

年，蔣介石又兼任行政院長，明確表示「尤願以整齊嚴肅的治軍精神，用於政治」，認為數年來軍事上有進步，但革命政治未能跟上。所以要「肅正革命政府綱紀」，即把軍事生涯養成的嚴肅實幹的精神擴展到政治中，「以求進步」〔註136〕。

此時蔣介石已完全接受了戴季陶的說法，主張孫中山的思想是繼承堯舜孔孟的中國正統思想，「三民主義就是從仁義道德中發生出來。」〔註137〕並要求教育部同人「從總理的正統思想起頭去研究」；要從這個中心思想中「使國民發生愛國思想來」，如此中華民族才有自立的根基。「並要身體力行貫徹到底，來發揮教育的功效，完成革命的使命。」〔註138〕這是第二個階段，基本上還是對孫中山、戴季陶思想的繼承。

第三個階段是在1931年「九一八」事變之後。蔣介石的理論重心逐漸轉移到了強調中國立國精神上，認為「要抵抗日本帝國主義首先要抵抗日本武士道的精神」〔註139〕，一方面要用自己的民族精神民族道德作為立國精神，另一方面「尤要實行總理『知難行易』的革命哲學」。宣稱「知行合一」和「知難行易」「都淵源於『大學之道』」，「統是注重在行的哲學」〔註140〕。而日本致強的原因，是「得力於中國的哲學」，得力於「中國王陽明知行合一『致良知』的哲學」。日本霸道的民族精神就是武士道；「武士道乃是儒教中殘餘的東西，片斷的被日本截取了去，做他們霸道立國的民族精神。」〔註141〕

借鑒於東鄰日本，蔣介石認為中國的應對之策就是「趕快恢復我們的固有民族性，把我們中華民族數千年的立國精神復興起來」〔註142〕。而承認了

〔註136〕蔣介石：《以整齊嚴肅的治軍精神治政（1930年11月25日）》，見張其昀主編：《先總統蔣公全集》第一冊，臺北：中國文化大學出版部1984年版，第608～609頁。

〔註137〕蔣介石：《中國教育的思想問題（1931年2月）》，見張其昀主編：《先總統蔣公全集》第一冊，臺北：中國文化大學出版部1984年版，第617頁。

〔註138〕蔣介石：《中國教育的思想問題（1931年2月）》，見張其昀主編：《先總統蔣公全集》第一冊，臺北：中國文化大學出版部1984年版，第617頁。

〔註139〕蔣介石：《中國的立國精神（1932年6月6日）》，見張其昀主編：《先總統蔣公全集》第一冊，臺北：中國文化大學出版部1984年版，第637頁。

〔註140〕蔣介石：《革命哲學的重要（1932年5月23日）》，見張其昀主編：《先總統蔣公全集》第一冊，臺北：中國文化大學出版部1984年版，第633頁。

〔註141〕蔣介石：《中國的立國精神（1932年6月6日）》，見張其昀主編：《先總統蔣公全集》第一冊，臺北：中國文化大學出版部1984年版，第638頁。

〔註142〕蔣介石：《革命哲學的重要（1932年5月23日）》，見張其昀主編：《先總統

孫中山的思想是繼承堯舜孔孟的正統思想，蔣介石就名正言順地稱中國的民族性和立國精神就是三民主義。三民主義「在倫理和政治方面講，就是『忠孝仁愛信義和平來做基礎』；在方法實行上講，就是『知難行易』的革命哲學。」〔註143〕蔣介石之後的理論創造，實際上主要也在這兩個方面。即在實行的方面提出「行的哲學」，從「力行」到「實幹、硬幹、快幹」；在民族精神方面，其一是把三民主義同大學之道緊密結合起來，主張「三民主義就是『明德』『親民』的道理，要信仰『三民主義』，實行『三民主義』就是『在至於至善』的道理。」〔註144〕最終目的就是治國平天下。

　　其二是在孫中山「忠孝仁愛信義和平」八德的基礎上重又拾起「禮義廉恥」的四維，號召革命者「要在人格上與道德上做工夫，拿主義做前提」，「要以『親愛精誠』四字造成真正的團結，更要以『禮義廉恥』四維振奮民德人心」〔註145〕。因此蔣介石在其政治生涯中一貫主張「蓋精神為萬事成功之母，抗戰建國之原動力，實有賴於個人之信仰與覺悟」。〔註146〕以四維振奮民德人心的社會推廣，就是新生活運動。以四川為例，蔣介石在地方治理上的一套辦法是：「我們要建設四川，首先要從精神建設著手，然後可以完成政治經濟社會一切的建設」〔註147〕。由此看來，蔣介石在九一八事變之後，主要在幹「精神動員」的工作。

　　這裡還有一個隱含的命題，即孫中山的「覺悟等級論」。蔣介石反覆強調「後知後覺，以及不知不覺的人們，只是跟著先知先覺的人們去行，就可以節省時間，完成革命。因為跟著去『行』是很容易的。」〔註148〕順著孫中山

　　　　蔣公全集》第一冊，臺北：中國文化大學出版部1984年版，第632頁。
〔註143〕蔣介石：《革命哲學的重要（1932年5月23日）》，見張其昀主編：《先總統蔣公全集》第一冊，臺北：中國文化大學出版部1984年版，第632頁。
〔註144〕蔣介石：《革命哲學的重要（1932年5月23日）》，見張其昀主編：《先總統蔣公全集》第一冊，臺北：中國文化大學出版部1984年版，第635頁。
〔註145〕蔣介石：《人格與革命（1932年4月19日）》，見蔣中正，秦孝儀：《先總統蔣公思想言論總集》卷十，臺北：中央文物供應社1984年版，第492頁。
〔註146〕蔣介石：《自信自立與自強（1937年9月20日）》，見《蔣委員長抗戰言論集》，新生活運動促進總會編印1938年版，第21頁。
〔註147〕蔣介石：《建設新四川為復興民族基礎（1935年10月6日）》，見《蔣中正先生最近言論集》，出版信息不詳，第182頁。
〔註148〕蔣介石：《自述研究革命哲學經過的階段（1932年5月16日）》，見張其昀主編：《先總統蔣公全集》第一冊，臺北：中國文化大學出版部1984年版，第628頁。

「行易知難」的理論，蔣介石認為要解決「知難」的問題，也唯有從力求中去求，「因為我們都是後知後覺，我們除了基本的革命大義以外，所知的實在是有限」。但蔣介石卻要「將力行真諦」拿出來「貢獻給大家」〔註149〕，繼孫中山之後扮演起先知先覺的角色。要求黨員「必須實行，而後始有真知，也唯有能行而後能知」〔註150〕。並宣稱力行的效果就是大學中所講的「至用力之久，而一旦豁然貫通焉，則眾物之表裏精粗無不到，而吾心之全體大用無不明矣」，力行也就成了「革命成功的方法」。〔註151〕

因此，蔣介石在推行三民主義時主張「只有從『力行』中去實行三民主義」〔註152〕，對軍官士兵演講時強調要「力行實幹」〔註153〕，在對教育部同人講要「身體力行」〔註154〕，在強調政治建設時講「為政貴在力行」〔註155〕，在江西督師剿匪時強調要「實幹、硬幹、快幹」〔註156〕，在發動新生活運動時更要求「下定一個決心」，「如此努力幹去」〔註157〕等等。因此「行的哲學」是蔣介石推行其政策和各種政治運動時的基礎性的政治哲學。

2. 新生活運動中的儒學成分

蔣介石在 1934 年發動新生活運動時的目的是「以民族固有之德性『禮義廉恥』為基準求國民生活合理化」〔註158〕，以國民精神建設「建設國家

〔註149〕蔣介石：《行的道理（行的哲學）（1939 年 3 月 15 日）》，見張其昀主編：《先總統蔣公全集》第一冊，臺北：中國文化大學出版部 1984 年版，第 1248 頁。

〔註150〕蔣介石：《行的道理（行的哲學）（1939 年 3 月 15 日）》，見張其昀主編：《先總統蔣公全集》第一冊，臺北：中國文化大學出版部 1984 年版，第 1248 頁。

〔註151〕蔣介石：《行的道理（行的哲學）（1939 年 3 月 15 日）》，見張其昀主編：《先總統蔣公全集》第一冊，臺北：中國文化大學出版部 1984 年版，第 1248 頁。

〔註152〕蔣介石：《三民主義之體系及其實行程序（1939 年 5 月 7 日）》，見張其昀主編：《先總統蔣公全集》第一冊，臺北：中國文化大學出版部 1984 年版，第 1281 頁。

〔註153〕蔣介石：《革命軍人的哲學提要（1934 年 7 月 23 日）》，見張其昀主編：《先總統蔣公全集》第一冊，臺北：中國文化大學出版部 1984 年版，第 858 頁。

〔註154〕蔣介石：《中國教育的思想問題（1931 年 1 月 19 日）》，見張其昀主編：《先總統蔣公全集》第一冊，臺北：中國文化大學出版部 1984 年版，第 617 頁。

〔註155〕蔣介石：《國父遺教概要（1935 年 9 月 14 日至 19 日）》，見張其昀主編：《先總統蔣公全集》第一冊，臺北：中國文化大學出版部 1984 年版，第 90 頁。

〔註156〕蔣介石：《剿匪要實幹（1933 年 1 月 30 日）》，見張其昀主編：《先總統蔣公全集》第一冊，臺北：中國文化大學出版部 1984 年版，第 661 頁。

〔註157〕蔣介石：《新生活運動之要義（1934 年 2 月 19 日）》，見（中國國民黨）中央宣傳部編：《新生活運動言論集》，南京：正中書局 1940 年版，第 30 頁。

〔註158〕《新生活運動綱要》，見（中國國民黨）中央宣傳部編：《新生活運動言論集》，

復興民族」。「新生活運動為一種生活革命的社會教育，即心理建設之實行」
〔註159〕。所謂心理建設，就是樹立立國精神，就是樹立國魂。「一個國家要
生存，健全穩固，一定要有靈魂。」而在蔣介石看來，中國魂就是三民主義，
三民主義重要所在即是「忠孝、仁愛、信義、和平」八字，這八個字又被蔣
介石化約為「禮義廉恥」四個字。〔註160〕要建設國家復興民族，只要用禮
義廉恥來促進一般國民道德和知識的進步，〔註161〕進而達到「轉移風氣」
〔註162〕的效果。

　　「一般國民知識道德的高下，即文明和野蠻，從什麼地方可以表現出來
呢？我們要提高一般國民知識道德，要以什麼地方著手呢？」〔註163〕對於這
個問題，蔣介石的答案就是王陽明在四百年前的結論，即知行合一的良知從
百姓生活日用中來——「這就要講到一般國民的基本生活，即所謂『衣食住
行』這四項」。「一個人或一個國民的精神、思想、知識、道德，統統可以從基
本生活的樣法，表現出來。」〔註164〕這與此前蔣介石「行的哲學」中從行中
求知的思想是一以貫之的。

　　從而，新生活運動的邏輯就清楚了，就是「要將禮儀廉恥應用在日常生
活中衣、食、住、行四事，每日要反省是否是新生活」〔註165〕。不合新生
活要求的衣服、飯食、房屋就要不穿、不食、不住。蔣介石也注意到古今意

南京：正中書局1940年版，第127頁。
〔註159〕蔣介石：《國父遺教概要（1935年9月14日至19日）》，見張其昀主編：《先
　　　　總統蔣公全集》第一冊，臺北：中國文化大學出版部1984年版，第43頁。
〔註160〕蔣介石：《養成禮義廉恥純潔心地（1933年10月10日）》，見（中國國民黨）
　　　　中央宣傳部編：《新生活運動言論集》，南京：正中書局1940年版，第2、3
　　　　頁。
〔註161〕蔣介石：《新生活運動之要義（1934年2月19日）》，見（中國國民黨）中
　　　　央宣傳部編：《新生活運動言論集》，南京：正中書局1940年版，第20～21
　　　　頁。
〔註162〕《新生活運動綱要》，見（中國國民黨）中央宣傳部編：《新生活運動言論集》，
　　　　南京：正中書局1940年版，第129頁。
〔註163〕蔣介石：《新生活運動之要義（1934年2月19日）》，見（中國國民黨）中
　　　　央宣傳部編：《新生活運動言論集》，南京：正中書局1940年版，第22頁。
〔註164〕蔣介石：《新生活運動之要義（1934年2月19日）》，見（中國國民黨）中
　　　　央宣傳部編：《新生活運動言論集》，南京：正中書局1940年版，第22頁。
〔註165〕蔣介石：《復興國家民族惟有實行新生活（1934年11月10日）》，見（中國
　　　　國民黨）中央宣傳部編：《新生活運動言論集》，南京：正中書局1940年版，
　　　　第64頁。

義的不同，所以用今天的話解釋為：「禮是規規矩矩的態度，義是正正當當的行為，廉是清清白白的辨別，恥是切切實實的覺悟。」以禮義廉恥「貫注在衣、食、住、行中，就是要求數據之獲得合乎廉，質量之選擇合乎義，方式之運用合乎禮」〔註166〕，最後要達到的效果是「反乎粗野鄙陋之行，為求國民生活之藝術化」；「反乎爭盜竊乞之行，為求國民生活生產化」；「反乎亂邪昏懦之行，為求國民之生活軍事化」〔註167〕。新生活運動在全面抗戰時期因戰時的特殊情況，其中心準則演變為「嚴嚴整整的紀律」、「慷慷慨慨的犧牲」、「實實在在的節約」、「轟轟烈烈的奮鬥」〔註168〕因此新生活運動的目的就由初期的「建設國家復興民族」「以教育代武力」〔註169〕，轉變為戰時動員。

　　由宋美齡建議、蔣介石在江西南昌發起的新生活運動，通過黨政機關、團體、學校，漸次影響到全國。社會各界相繼出臺了實施細則，文獻可見的有陳立夫署名的《中國國民黨員與新生活運動》，林風眠《藝術家與新生活運動》，胡叔異《兒童的新生活》，朱代殷《警察的新生活》，朱培德《軍官的新生活》，唐槐秋《戲劇家的新生活》，溥岩《婦女的新生活》。另有探討新生活運動與民生史觀、與民族復興、與鄉村建設、與婦女解放、與禮樂、與健康等方面的理論著作。在運動一週年時已「建成風氣，造成相當之基礎」〔註170〕；三週年時通過「大學生暑期農村服務團」、「暑期平民學校」等方式把新生活運動推行到農村。〔註171〕並且根據當時報刊的相關報導，可以證實新生活運動的聲勢是很大的。

〔註166〕《新生活運動綱要》，見（中國國民黨）中央宣傳部編：《新生活運動言論集》，
　　　　南京：正中書局 1940 年版，第 135～136 頁。
〔註167〕《新生活運動綱要》，見（中國國民黨）中央宣傳部編：《新生活運動言論集》，
　　　　南京：正中書局 1940 年版，第 139～141 頁。
〔註168〕蔣介石：《新生活運動五週年紀念訓詞（1938 年 2 月 19 日）》，《新運十年》
　　　　新生活運動促進總會編 1944 年版，第 300～303 頁。
〔註169〕蔣介石：《教養衛（1934 年 2 月 12 日）》，見（中國國民黨）中央宣傳部編：
　　　　《新生活運動言論集》，南京：正中書局 1940 年版，第 10 頁。
〔註170〕蔣介石：《新運週年紀念告全國同胞書（1935 年 2 月 19 日）》，見（中國國
　　　　民黨）中央宣傳部編：《新生活運動言論集》，南京：正中書局 1940 年版，
　　　　第 84 頁。
〔註171〕蔣介石：《新運三週年紀念詞（1937 年 2 月 19 日）》，見（中國國民黨）中
　　　　央宣傳部編：《新生活運動言論集》，南京：正中書局 1940 年版，第 120 頁。

3. 新縣政與地方儒法宗族勢力

三民主義意識形態在地方上的推行也帶有濃厚的傳統色彩，具體表現就是國民黨推行的新縣政〔註172〕。南京國民政府自 1930 年宣布進入訓政時期以後，即宣稱以三民主義、五權憲法、建國大綱建設中華民國。中央在國民政府下設立行政、立法、司法、考試、監察五院。同時規定「訓政時期由中國國民黨全國代表大會代表國民大會行使中央統治權」，人民的政權與治權「由國民政府訓導之」〔註173〕，實際上是國民黨訓導之，即是推行以黨治國的政治方略。在地方上，《建國大綱》規定「縣為自治單位」，「一完全自治之縣，其國民有直接選舉官員之權」，其他罷免、創制、復決三權皆由國民直接行使〔註174〕。國民黨也在 1928 到 1930 年間開始進行調查人口、丈量土地等工作，並陸續頒布了《縣組織法（民國十八年十月）》，《區自治施行法（民國十八年十月）》，《鄉鎮自治施行法（民國十九年七月）》以及清鄉條例，人口登記條例等等。但實際上國民黨忙於派系鬥爭，地方行政直至 1930 年仍沒有多大進展。

南京國民政府統治下的地方政治的真正實行，是從江西開始的，保甲制的實施針對的就是共產黨領導的豫鄂皖三省土地革命和中華蘇維埃政權。蔣介石曾在中央政治學校發出號召「古今中外的土地制度，均應深刻研究，以作為改革土地問題的參考」〔註175〕。除了土地問題，蔣介石還提出「攻心為上」，認為共產黨「最怕的是我們中國固有的美德──禮義廉恥，而禮義廉恥，亦就是攻敵人之心的最好武器」〔註176〕，這也成為上文提到的新生活運動的理論基礎之一。

在江西督師「剿匪」過程中，蔣介石逐步吸取了此前「進剿」「會剿」以

〔註172〕 此時的新縣政的工作重點與 1939 年後的新縣制不同。

〔註173〕 《中華民國訓政時期約法（1931 年 5 月 12 日）》，第 4 頁，見沈雲龍主編：《近代中國史料叢刊續編》第八十一輯《中華民國憲法史料》，臺北：文海出版社 1974～1982 年版。

〔註174〕 孫中山：《國民政府建國大綱（1924 年 1 月 23 日）》，見中國社科院近代史所等編：《孫中山全集》第九卷，北京：中華書局 2011 年第 3 版，第 127 頁。

〔註175〕 蔣介石：《整理土地是我們國計民生一個生死關鍵（1932 年 11 月 15 日）》，見張其昀主編：《先總統蔣公全集》第一冊，臺北：中國文化大學出版部 1984 年版，第 652 頁。

〔註176〕 蔣介石：《剿匪要實幹（1933 年 1 月 30 日）》，見張其昀主編：《先總統蔣公全集》第一冊，臺北：中國文化大學出版部 1984 年版，第 664 頁。

及前幾次「圍剿」失敗的教訓，開始改變單純依賴軍事行動的做法，採納了楊永泰提出的「三分軍事，七分政治」的建議。據王又庸的回憶，這個主張出自楊永泰的「政治剿匪論」及其整套方案，包括訓練人才、整飭綱紀、教育民眾、整頓保甲、訓練民兵等等。楊永泰與當時的江西省主席熊式輝關係密切，同是「新政學系」首腦。〔註177〕蔣介石主張「總要政治上有辦法，政治上軌道，剿匪才可以成功」〔註178〕，所以「以後我們剿匪，不要再專門依賴兵……（在兵力不及時）最好能夠統統用民，用民就是要組織各地方的保衛團，要把各縣保甲辦好，使各地民眾都有組織，都能武裝起來！足以自衛，足以幫助剿匪！」〔註179〕因此除經濟封鎖、堅壁清野、修建碉堡等手段，又推行保甲連坐之法，加強對人民的控制。在第五次「圍剿」結束之後，保甲法就作為成功經驗被保留下來，成為新縣政的內容之一。江西新縣政推行的重要人物是江西省主席熊式輝。「江西的縣政，因為蔣委員長坐鎮督剿時的耳提面授，兼以熊氏能秉承上峰實幹主義的精神以勵精圖治」〔註180〕。而熊氏新縣政的主要方法就是「三保政策」（保甲、保衛團和碉堡），並以「教、罰、殺」訓練縣政人員，以「汗血精神」從事生產，以「軍事化」進行政治訓練。〔註181〕江西省各縣和南昌市在兩年多內編制完成了 472 區、2242 保聯、23244 保、228948 甲、2527631 戶、12590956 口。〔註182〕這種嚴密的組織管控逐步成為

〔註177〕參見王又庸：《關於「新政學系」》，見中國人民政治協商會議全國委員會文史資料研究委員會編：《文史資料選輯》第四輯，北京：中華書局 1960 年版，第 86～89 頁。

〔註178〕蔣介石：《清剿匪共與修明政治之道（1932 年 6 月 18 日）》，見蔣中正，秦孝儀：《先總統蔣公思想言論總集》卷十，臺北：中央文物供應社 1984 年版，第 622 頁。

〔註179〕蔣介石：《剿匪技能之研究（1933 年 4 月 25 日）》，見張其昀主編：《先總統蔣公全集》第一冊，臺北：中國文化大學出版部 1984 年版，第 671 頁。

〔註180〕楊康君：《江西縣政訓練的新精神》，見汗血月刊社編：《新縣政研究》，上海：汗血書店 1935 年版，第 223 頁。

〔註181〕楊康君：《江西縣政訓練的新精神》，見汗血月刊社編：《新縣政研究》，上海：汗血書店 1935 年版，第 219～223 頁。熊式輝對縣政人員進行軍事化的訓練訓練的具體內容參見熊式輝編：《公務人員工典綱領》，江西省政府印行，1935年。

〔註182〕楊康君：《江西縣政訓練的新精神》，見汗血月刊社編：《新縣政研究》，上海：汗血書店 1935 年版，第 220 頁。據南京國民政府統計，江西省在 1943 年新縣制實施以後相關資料是 265 區，1884 鄉鎮，19325 保，209401 甲，2693902戶，14433918 人，轉引自冉綿惠、李慧宇：《民國時期保甲制度研究》，成都：四川大學出版社 2005 年版，第 76 頁。

國民黨的新縣政的精神。此時江西在全國的特殊地位「是因為五次圍剿時，蔣委員長的駐節，為了各種新運動的發軔，益以江西省府當局能秉承蔣委員長實幹精神而去從事於一切的建設」，所以江西「頓然成了全國的模範省似的」〔註183〕。三民主義中設想的縣自治，實際上被國民黨控制下的基層保甲制和宗族村治取代。〔註184〕

宗族村治的特點則是集政權、族權、神權為一體，本質上是家國同構體制下的帝制組織原則在基層政權中的映像。毛澤東在此前從事農民運動時調查過湖南農村的社會現狀，發現農民要受三種勢力的支配，即政權、族權、神權。「中國的男子，普通要受三種有系統的權力的支配，即：（一）由一國、一省、一縣以至一鄉的國家系統（政權）；（二）由宗祠、支祠以至家長的家族系統（族權）；（三）由閻羅天子、城隍廟王以至土地菩薩的陰間系統以及由玉皇上帝以至各種神怪的神仙系統——總稱之為鬼神系統（神權）。」〔註185〕

而在地方族權下，往往形成氏族，即地方封建勢力的代表。「此種氏族之領袖，多屬大地主之直系子孫」，因有經濟上和教育上的特殊地位，「遂成為氏族或地方上之中堅人物」。因此他們在政治上「要持有封建勢力的專制權」，「在意識上主張保守的文化」〔註186〕。然而保甲制度在秦漢時期就已經實行（當時稱作什伍連坐），唐宋又一度盛行鄉約村規，經過兩千年的帝制社會，保甲制已與這種血緣宗族制度幾乎融為一體。「已成為家族制度根底的孔子道德」〔註187〕，雖經新文化新思想的衝擊，但在蔣介石提倡「禮義廉恥」的情況下又復興起來。雖然國民黨中央政府一直力圖削弱地方宗族勢力，但實際上並沒有獲得良好的效果。

國民黨政權在研究保甲制推行政策時，曾主張保甲規約與鄉約相結合，

〔註183〕楊康君：《江西縣政訓練的新精神》，見汗血月刊社編：《新縣政研究》，上海：汗血書店1935年版，第215頁。

〔註184〕相關內容參見杜贊奇著，王福明譯：《文化、權力與國家：1900～1942年的華北農村》，南京：江蘇人民出版社2008年版。

〔註185〕毛澤東：《湖南農民運動考察報告（1927年3月）》，見《毛澤東選集》第一卷，北京：人民出版社1991年版，第31頁。

〔註186〕參見董修甲編著：《中國地方自治問題》，上海：商務印書館萬有文庫版，第262、263頁。

〔註187〕（日）季長野朗著，朱家清譯：《中國社會組織》，上海：光明書局1931年版，第47頁。

稱宋代的《朱子增損呂氏鄉約》「後世尊為楷模」〔註188〕。因而有研究認為，「在國內分裂傾向日趨嚴重的巨大壓力下，民國政府轉向與扶植、收買基層宗族勢力，尋求政權與族權的結合。」〔註189〕所以鄉村宗族勢力在一定程度上又獲得了延續甚至復興的土壤，保甲制在新縣政的口號下，又借用傳統禮法鄉約的規範力，使得原有的農村宗族勢力與新縣政運動走向暫時性的融合。與此相配合的是，在民國時期的鄉鎮中，「儒家文化雖已處於十分衰落的狀態，但仍然支配著日常的社會生活；一切人倫關係，從婚喪禮俗到歲時節慶，大體上都遵循著儒家的規範而輔之以佛、道二教的信仰和習行。」〔註190〕關於這一時期基層政權建設的典型案例研究，則有民國時期江西萬載縣的「族董會制」的實施，〔註191〕湖北省沔陽縣選舉糾紛的解決，〔註192〕廣東地區保甲與宗族勢力的互動〔註193〕等等。

（三）儒化三民主義在文教領域的推行

早在在北伐前，國民黨的勢力還侷限於兩廣時，廣州國民政府就把三民主義的宣傳推廣與國民黨力量的擴張結合起來，提出「黨化教育」的主張，用管理黨的方法來管理文化與教育。這一管理模式也成為了儒化三民主義意識形態的重要推行路徑。

1. 黨化教育與黨義的理學色彩

國民黨在三民主義的宣傳教育上下了很大的力氣，不斷根據推行的現實情況作策略和方法上的調整。當時就有人明確看到，「教育就是完成革命，灌輸和推行主義的工具，所以他們規定以三民主義為其教育宗旨。」〔註194〕南

〔註188〕黃強編著：《中國保甲實驗新編》，南京：正中書局1935年版，第22頁。

〔註189〕楊婉蓉：《試論民國時期農村宗族的變遷》，《廣東社會科學》2002年第21期。

〔註190〕這是余英時先生回憶1937～1946年鄉居安徽潛山縣一個農村時的體會。參見余英時：《現代儒學論》序，上海：上海人民出版社1998年版，第1頁。

〔註191〕楊吉安：《文本制度與權力擴張——基於江西萬載縣族董會制度運作過程的分析（1930～1945）》，《民國檔案》2013年第4期。

〔註192〕參見汪巧紅：《民國時期湖北的新縣制研究（1939～1949年）》，華中師範大學學位論文2007年。

〔註193〕沈成飛：《保甲制度與宗族勢力的調適與衝突——以民國時期的廣東地區為例》，《福建論壇（人文社會科學版）》2016年第5期。

〔註194〕陳青之：《中國教育史（下）》，吉林人民出版社2012年版，第766頁。初版於上海三聯書店1936年版。

京國民政府時期，國民政府教育行政委員會還作出「學校員生需全體加入國民黨」的規定，以此推行黨化教育。〔註195〕在教育的指導思想上明確主張，「我們的教育要建築在國民黨的根本政策上。國民黨的根本政策是三民主義，建國方略，建國大綱和歷次全國代表大會的宣言和決議案，我們的教育方針，應該根據這種材料而定。這是黨化教育的具體意義。」〔註196〕

根據《黨化教育大綱》，1927年公布的《浙江實施黨化教育大綱》承襲了廣州黨化教育的精神，制訂了實施黨化教育的細則：一以本黨（中國國民黨）訓練黨員之方法訓練學生，二以本黨的紀律為學校的規約，三依據孫文學說（行易知難）及民族主義第六講建設新道德應從求知入手（破壞浪漫主義個人主義等舶來品，建設忠孝仁愛信義的新道德，並應保存格物、致知、誠意、正心、修身、齊家、治國平天下的思想），四依據訓政時期國家的組織為學生自治的組織，五以三民主義之中心思想確定學生的人生觀。〔註197〕

1928年南京國民政府大學院第一次全國教育會議提出以「三民主義教育」代替「黨化教育」，並在1929年的國民黨三大上通過，明確規定以三民主義教育為教育的宗旨。這一時期教育的根本原則「必須以造成三民主義的文化為中心」〔註198〕。在學校實施三民主義教學，必須「以史地教闡明民族之真諦；以集團生活訓練民權主義之運用，以各種生產勞動的實習，培養實行民生主義之基礎。務實知識道德融會貫通於三民主義之下，以收篤信力行之效」。其中史地教育闡明民族之真諦的號召影響尤其廣大深遠，因日本侵華後民族危機的加深何民族主義思想的興盛，在史地和思想哲學等領域陸續出現了一批激勵民族抗戰意志的優秀著作，這其中以錢穆著《國史大綱》、傅斯年編《東北史綱》以及反映此一時代精神的馮友蘭著《貞元六書》為代表。〔註199〕三

〔註195〕熊明安：《中華民國教育史》，重慶：重慶出版社1997年版，第6頁。
〔註196〕許崇清：《教育方針草案（1926年8月）·近代中國教育史料補編》，見舒新城編：《近代中國教育史料》第四冊，上海：上海科學技術出版社2015年版，第9頁。
〔註197〕《浙江實施黨化教育大綱（1927年7月30日）·近代中國教育史料補編》，見舒新城編：《近代中國教育史料》第四冊，上海：上海科學技術出版社2015年版，第23～27頁。
〔註198〕《中國國民黨第三次全國代表大會重要決議案（1929年3月）》，見中國第二歷史檔案館編：《中華民國史檔案數據彙編第五輯第一編·政治》，南京：江蘇古籍出版社1994年版，第83頁。
〔註199〕傅斯年編《東北史綱》在1931年，錢穆所著《國史大綱》完成於1939年，馮友蘭《貞元六書》則寫作於抗戰時期，取貞下起元之意。

民主義意識形態中的民族主義順應了抗日民族統一戰線的時代要求，在這一方面是有其不可磨滅的歷史貢獻的。同時，又特別規定「須根據總理遺教，以陶融兒童及青年『忠孝仁愛信義和平』之國民道德為目的」〔註200〕。並在1931年通令全國學校懸掛「忠孝仁愛信義和平」的八字匾額。

另又陸續設訓育主任，實行訓育制度，實行軍事化管理。在各級學校設黨義科為必修課，不僅面向在校生，也面向教員灌輸。在國民黨四大上，提出了黨義課生硬灌輸的弊端，指出「特立科目」「聽者以其為自作宣傳，反覺貌然無味」。以至於社會上出現了外籍教師抗議國民黨意識形態灌輸的報導〔註201〕。針對這種現象，國民黨提出《滲透黨義教材案》，使用「滲透黨義於各種社會科學書籍中」的辦法，「將黨義軟化編入國語（文）教材、商農業教材、地理教材中」〔註202〕。雖然設想「自可融會而貫通」，但在實行上仍然難改以灌輸為宣傳的做法。

此時相比於民國四年，南京國民政府在三民主義的旗幟下部分恢復了儒學教育的內容，放棄了孔教的主張，在民族固有道德的號召下推行「禮義廉恥」之四維八德的實質性內容。這種做法不僅避免了無謂的風潮，而且也在推行中取得了一定的成效。不得不承認，蔣介石集團在運用儒學的思想資源方面，雖然有生搬硬套，知義而不知宜的一些弊端，但在方法上實在要比袁世凱、康有為之流高明了不少。

2. 以宋明理學作為黨員教育素材

對黨員進行三民主義的教育及意識形態灌輸由來已久。三民主義革命理論誕生之初，孫中山即用它來做革命黨人的奮鬥目標，造中華革命黨時也要求必須服從主義。1919年孫中山明文規定，國民黨員以實行三民主義為宗旨。但到了南京國民政府時期，國民黨的三民主義教育又增添了新的內容。

1935年國民黨五大在黨員訓練方面一反此前強調的三民主義和人格智慧

〔註200〕《中國國民黨第三次全國代表大會重要決議案（1929年3月）》，見中國第二歷史檔案館編：《中華民國史檔案數據彙編第五輯第一編・政治》，南京：江蘇古籍出版社1994年版，第101頁。

〔註201〕《FOREIGN TEACHERS AND PARTY——Not to be Forced to Study the Ideology of the Kuomingtang》，《The North-China Daily News》，Sept.28，1930.

〔註202〕《中國國民黨第四次全國代表大會重要決議案（1931年11月）》，見中國第二歷史檔案館編：《中華民國史檔案數據彙編第五輯第一編・政治》，南京：江蘇古籍出版社1994年版，第334、335頁。

訓練，轉而強調「往古聖人」「一貫大道」，黨員守則規定：「忠勇為愛國之本，孝順為齊家之本，仁愛為接物之本，信義為立業之本，和平為處世之本」，又強調禮節、服從、勤儉、整潔、助人、學問、有恆共十二條。

在日本侵華勢力咄咄逼人，德意法西斯日益擴張之際，蔣介石也認識到中國已「國難嚴重」，「世界人類禍患方興未已」，他的應對之策就是以「四維八德」「修齊治平」來期望國民黨員「人人能成為世界上頂天立地之人」，然後「三民主義能實行於中國，弘揚於世界」。這樣的主張本質上仍是蔣介石「行的哲學」的進一步落實，在國難深重之際，寄希望於以「總理遺教」「固有道德」喚起同志國人責任意識的自覺。仍然強調「社會之隆污，繫於人心之振靡」〔註203〕，頗有晚清時「根本之圖，在人心不在技藝」的意味。

在正式黨員訓練之外，國民黨還組織三民主義青年團，以作三民主義宣傳和黨員培養的「預備隊」。三民主義青年團，簡稱「三青團」、「青年團」。由國民黨總裁兼任團長。於1938年7月在武漢成立，1947年10月黨團合併，三青團取消。根據《三民主義青年訓練要旨》，青年團團員須在18至30歲之間，可自由加入青年團的訓練。受訓完畢後，自動升格為國民黨黨員。且國民黨在青年團成立後，取消了國民黨預備黨員的設置，因而青年團就成了「國民黨的弟弟」。

三民主義青年團的成立是國民黨在此前主張的「青年統一運動」的產物，由國民黨蔣總裁親自出面組織的全國性青年團體。三青團還在組織籌備階段時，蔣介石就下令取消國民黨內的中華復興社和青白團，又下令解散西北青年救國聯合會、青年救國團、民先隊等青年團體。以突出三青團在全國的統一之勢。三青團的訓練內容包括「一為忠勇愛國的精神訓練，二為健身強種之體格訓練，三為勤勞儉樸之生活訓練」等六個方面〔註204〕，重點在精神訓練和體格訓練。訓練的書面材料由中央團編印，例如《三民主義之要義》、《全國青年對本團應有的認識》、《團長對青年之訓示》、《團長革命哲學》、《三民主義體系及其實行程序》、《國民精神總動員運動》、《新生活運動綱要》、《新

〔註203〕《中國國民黨第五次全國代表大會重要決議案（1935年11月）》，中國第二歷史檔案館編：《中華民國史檔案數據彙編第五輯第一編·政治》，南京：江蘇古籍出版社1994年版，第491～492頁。

〔註204〕《三民主義青年團中央團部工作報告（1938年7月～1943年3月）》，轉引自賈維：《三民主義青年團史稿》上冊，北京：社會科學文獻出版社2013年版，第287頁。

生活運動》等等。青年團團員實際上就是國民黨宣傳主義擴充組織的預備役隊員。

三青團的成立，是為了號召全國青年樹立「一個國家一個主義一個努力方向」的信念，「為求國民革命新的力量之集中。」〔註205〕三青團明確聲稱：「現在國民黨組織的三民主義青年團，完全是糾正過去青年運動的畸形狀態的，組織只有一個——青年團，信仰只有一個——三民主義，領袖只有一個——蔣總裁。」〔註206〕從組織動員上來看，三青團使全國青年運動統一到國民黨的領導下，從而消弭青年運動中的黨派和宗派紛爭，達到意志集中、力量集中的團員青年動員效果。

在三青團的精神訓練的教材中，蔣介石特別強調了宋元學案和明儒學案，「是我們中國兩部最完善，最系統的教育哲學史」，是教育、感化、領導青年的根據，需要一般校長、教職員領導青年「切實研究，身體力行」〔註207〕。

3. 中國本位文化建設論與全盤西化論的對抗

儒學化的三民主義意識形態推行的另一表現就是 1935 年展開的中國本位文化建設運動。1935 年 1 月，由王新命、樊仲雲、何炳松、薩孟武、陶希聖等十教授署名的《中國本位的文化建設宣言》在《文化建設》月刊發表。宣言用悲觀語調表達了對中國文化現狀的認識，認為中國在文化領域裏已經消失了，因而明確提出文化建設的中國本位。主張用「此時此地的需要」來做「中國本位的基礎」，「不守舊，不盲從；根據中國本位，採取批評態度，應用科學方法來：檢討過去，把握現在，創造將來」〔註208〕。「十教授宣言」隨後以中國文化建設協會為主導力量推向全國，從而引發了一場關於中國文化向何處去的大討論。在討論過程中主要是以「中國本位」派和「全盤西化」派兩種立場為導向，兩派針鋒相對互有攻訐。這場討論實質上就是在文化發展方向上的中西之爭。

中國本位文化建設主張的提出有其獨特的思想生態，認識這一思想生態

〔註205〕蔣介石：《告全國青年書》，《教育通訊（漢口）》1938 年第 15 期。

〔註206〕陶滌亞：《三民主義青年團的組織與精神》，《半月文摘（漢口）》1938 年第 3 卷第 1 期。

〔註207〕蔣介石：《青年團工作根本要旨（1941 年 7 月 2 日）》，見張其昀主編：《先總統蔣公全集》第二冊，臺北：中國文化大學出版部 1984 年版，第 1528～1529 頁。

〔註208〕《中國本位的文化建設宣言（1935 年 1 月 10 日）》，見馬芳若編：《中國文化建設討論集》上編，《民國叢書》第一編第 43 冊，上海：上海書店 1989 年版，第 5、6 頁。

是理解本位文化建設主張的關鍵。在「十教授宣言」發表之前的 1933 年 1 月，時任嶺南大學教授的陳序經在中山大學做了一篇《中國文化之出路》的演講。演講中陳序經對文化上的復古派和折衷派進行了批評，明確提出中國應「全盤西化」的主張。演講隨後發表於廣州民國日報，並在中國南方引發了一場文化論戰，「此事頗引起廣州學界之注意」〔註 209〕。陳序經又對這篇演講進行修訂、補充，在 1934 年由商務印書館出版了單行本。書中詳細分析了「折衷辦法」和「復古辦法」的主張及其錯誤，並討論了鴉片戰爭以來有西化態度傾向的胡林翼、曾國藩、陳獨秀、胡適等人的觀點，認為「六七十年來的西化的錯誤，本來是在於遲疑不決的態度」〔註 210〕。陳序經給出的中國需要全盤西化的理由有三：其一在理論上和事實上中國已在趨於全盤西化，其二歐洲近代文化的確比我們進步得多，其三西洋的現代文化是現世的趨勢〔註 211〕。從 20 世紀 30 年代兩次文化論戰中的討論情況看，認同這一觀點的人是有不小的勢力的。

　　而在 1933 年前後，正是蔣介石「行的哲學」的形成和新生活運動的醞釀時期，也正是三民主義意識形態中的民族主義盛行的時期。經過戴季陶、蔣介石的改造，民族主義幾乎已經成為中國正統思想，即孔孟之道的同義詞。在這種背景下出現的全盤西化的主張，就必然引起南京國民政府的格外注意。

　　根據這一時期儒學化的三民主義意識形態在其他領域的推行特點，就可以判斷出其在文化領域也必然採取民族主義的立場。因此，代表南京國民政府（執行蔣介石意志）、實際主持具體文化工作的陳立夫，就以「一民族之所以能維持其生命，必有其不可磨滅之歷史在」的觀點立論，認為「吾人自五四運動以來，所有文化工作」，「大部分均係破壞工作」。陳立夫站在民族主義的立場，認為「今日吾國民族，對於固有之文化，莫不棄之如敝屣」。又特別批判「今日一般知識分子」，指責在他們中「且形成討厭過去、敷衍現在、不管將來之現象」〔註 212〕。這批判的矛頭應是指向西化主張的。

　　陳立夫在論述中借鑒了此前梁啟超等人把中西文化分為精神文化和物質文化的觀點，並根據他在此前後正在醞釀的民生哲學的理論，主張「文化偏

〔註 209〕陳序經：《中國文化之出路》編者注，《文化月刊》1934 年第 7 期。
〔註 210〕陳序經：《中國文化的出路》，長沙：嶽麓書社 2010 年版，第 94 頁。
〔註 211〕陳序經：《中國文化的出路》，長沙：嶽麓書社 2010 年版，第 97 頁。
〔註 212〕陳立夫：《文化建設之前夜（1934 年 4 月 16 日）》，《中央週報》1934 年第 307 期。

重於一方，不是最好的。所以中西文化，偏重於精神或物質，都是各有所長，各有所短」〔註 213〕。而今日中國衰弱至此，「這是由於民族自信力之衰落及物質創造力之缺乏所致」，因此「要復興中華民族，必先復興中華民族的文化」。

復興中國文化的策略，就是對民族文化要「從根救起」，對西方文化要「迎頭趕上」，「一方面恢復民族自信力，一方面培植物質創造力」。復興民族文化的具體方法就是「先恢復固有的至大至剛、至中至正的民族特性，再加以禮義廉恥的精神，以形成堅強的組織和紀律，再儘量利用科學的發展以創造人民所必須關於衣食住行之數據。則民族之復興，當在最近的將來」。雖然用的是學術化的語言，最終的落腳點仍在「我民族固有的特性」和「禮義廉恥」的精神。換句話說，就是中國本位。

對於本位文化建設與新生活運動中一以貫之的思想，陳立夫也明確地說：「吾人慾建設文化」，必須醒悟如果徹底失去吾國民族的德性智慧，民族就沒有將來的道理。然後就必須「以科學方法整理過去，計劃將來。則光明之現在，即在目前。吾人提倡新生活之意義，亦即在此」。〔註214〕

這一時期的「十教授宣言」、中國本位文化建設協會，與陳立夫的文化主張有密切的關係。據當事人葉青的回憶，《中國本位的文化建設宣言》在 1934年 11 月至 12 月間起草時，是由《文化建設》月刊主編樊仲雲出面組織的。葉青與樊仲雲、孫寒冰、王新命、陳高傭等人一起討論了幾次才定稿，他本人出過一些主意，也贊同最後的定稿，但並未署名。〔註215〕

在 1937 年召開的「中國文化建設協會第一次會員代表大會」稱：「溯自左翼反動文化政策施行以來，以其背叛民族利益，麻痺青年頭腦之故，中國之思想界，遂呈混亂之象。」因此，「本會為糾正此反動思潮之流弊，打擊此邪說異端之流傳，爰有十教授『中國本位文化建設宣言』之發表。」又借全國各地報章雜誌的名義，自誇為「贊為切中時弊之的論」〔註216〕。《文化建設》月刊是中國文化建設協會的機關刊物，在宣言發表以後，「本會各省市分會更

〔註213〕陳立夫：《中國文化建設論》，《文化建設》1934 年第 1 卷第 1 期。
〔註214〕陳立夫：《中國文化建設論》，《文化建設》1934 年第 1 卷第 1 期。
〔註215〕參見丁偉志：《中國近代文化思潮（下卷）‧裂變與新生》，北京：社會科學文獻出版社 2011 年版，第 436 頁。相關內容參見《任卓宣評傳》，臺北：帕米爾書店 1965 年版。
〔註216〕中國文化建設協會編：《中國文化建設協會第一次會員代表大會紀念冊（1937年出版）》，見民國時期文獻保護中心，中國社科院近代史研究所編：《民國文獻類編》文化藝術卷第 876 冊，北京：國家圖書館出版社 2015 年版，第 5 頁。

從而推行，努力宣傳，或作深切之研究，或召座談以切磋……其哄動之久，熱烈之狀，實為『五四』運動以來所未有。」〔註217〕很顯然，這種熱烈現象，是有政治的推力存在的。

並且在主張上，「十教授宣言」中建設中國本位文化的辦法，與陳立夫所主張的「科學化運動，其主要任務在檢討過去；新生活運動，其主要任務在把握現在；文化建設運動，其主要任務在創造將來」〔註218〕幾乎如出一轍。「十教授宣言」的指導思想實際上是陳立夫的主張，而陳立夫的主張來自於蔣介石的儒化三民主義。因此，中國本位文化建設運動是儒學化的三民主義意識形態在文化領域的表現，這一認識是基本可以成立的。

在儒學化的三民主義意識形態推行過程中，國民黨也逐漸改變了1928年「春秋祀孔舊典，一律廢止」〔註219〕的態度，在1934年前後轉而紀念孔子誕辰，並在曲阜舉行大規模祭孔活動。〔註220〕社會上「尊孔讀經」風潮又因此興起。

到1943年，國民黨召開五屆十一中全會時，通過《文化運動綱領》，主張「制定適合國家民族及時代需要之禮樂服制，」並鼓吹1943年是「禮樂年」。這項工作由考試院長戴季陶主持，於是他發表《制禮通議》、《讀禮簡記》等文章〔註221〕，以研究的名義進行造勢宣傳。1943年國民政府教育部成立「國立禮樂館」〔註222〕，又成立「國立中央民眾教育院」，推行「禮樂教育」。〔註223〕隨後又創辦《禮樂半月刊》、《社會教育季刊》。國民黨的頭面文化人物如戴季陶、陳立夫、顧毓琇等認定蔣介石提出的「抗戰建國」設

〔註217〕中國文化建設協會編：《中國文化建設協會第一次會員代表大會紀念冊（1937年出版）》，見民國時期文獻保護中心，中國社科院近代史研究所編：《民國文獻類編》文化藝術卷第876冊，北京：國家圖書館出版社2015年版，第5頁。

〔註218〕陳立夫：《中國文化建設論》，《文化建設》1934年第1卷第1期。

〔註219〕《中央教育法令：為廢止春秋祀孔舊典由》，《大學院公報》1928年第1卷第3期。

〔註220〕記者：《國府特派大員赴曲阜祭孔》，《大道半月刊》1934年第18期。

〔註221〕參見宋仲福、趙吉惠、裴大洋：《儒學在現代中國》，鄭州：中州古籍出版社1991年版，第210頁。

〔註222〕顧毓琇：《國立禮樂館概況》，《社會教育季刊（重慶）》1943年第1卷第4期。

〔註223〕陳大白：《禮樂教育施教工具之新試驗：國立中央民眾教育館人範館試驗記》，《社會教育季刊（重慶）》1943年創刊號。

想即將實現，「治定功成，禮樂乃興」，於是此時皆專注於制禮的相關活動，試圖把制禮活動的機構設置與所謂學術討論並舉。並與同年（1943 年）在四川北碚縉雲山下的北溫泉會議中討論了國民政府的新禮制問題，與會者以為「北泉之會，實開國盛事」。〔註 224〕

此時不僅欲照搬「吉、嘉、軍、賓、凶」的古禮，又出現以「人範教化」來規範民眾的主張。在抗日戰爭尚未勝利，國內民生凋敝、百廢待興的情況下，國民政府不切實際的如此主張毫無疑問是於事無補的。

三、理論層面道學化與實踐層面精英化的新意識形態

儒學化的三民主義意識形態經過孫中山、戴季陶、蔣介石等人的理論探索和初步實踐，到 1934 年前後南京國民政府蔣介石主政時，已在政治、教育、文化等領域全面實施，在地方治理上也形成了一種國民黨政權與地方士紳族權合作的狀態。因而這一時期作為國家意識形態的三民主義，又呈現出一些新的時代特徵。

（一）理論層面道學化的新意識形態

且不論儒學化的三民主義意識形態在具體推行過程中受實際環境影響而做出的調整，單就南京國民政府在建構其意識形態體系和在推行過程中的具體主張來看，儒學化的三民主義意識形態呈現出了兩大特點：

其一即是，三民主義意識形態在儒學化的過程中，主要吸收的是宋明道學的思想資源。〔註 225〕20 世紀 30 年代及以後，三民主義儒學化的理論進路毫無疑問是由蔣介石、戴季陶等人主導的，因此他們的思想特點對三民主義儒學化的影響，幾乎是決定性的。宋明理學對蔣介石的影響是深刻而長遠的。由蔣介石日記反映的修身思想來看，不晚於 1919 年，蔣介石就開始長期學習朱熹一派的「省、察、克、治」的修身辦法。〔註 226〕並且喜讀《曾文正公全集》，用曾國藩的話做自己的「借鏡」，「力圖按曾國藩的訓導立身處世。」〔註 227〕楊天石根據蔣介石日記，總結了蔣介石修身時克制人

〔註 224〕國立禮樂館編：《北泉議禮錄》記，北碚私立北泉圖書館印行 1944 年版。
〔註 225〕參見黃道炫：《蔣介石與朱、王二學》，《史學月刊》2002 年第 12 期。
〔註 226〕楊天石：《找尋真實的蔣介石：蔣介石日記解讀》，太原：山西人民出版社 2008 年版，第 38～39 頁。
〔註 227〕楊天石：《找尋真實的蔣介石：蔣介石日記解讀》，太原：山西人民出版社 2008 年版，第 37 頁。

欲的幾個方面，主要包括戒色、懲忿、戒客氣、戒名利諸欲等。〔註228〕除此日常省察之外，在 1926 年北伐戰爭中處境困難時，蔣介石「看《嘉言抄》及《菜根譚》」，尤重視自我精神的修養與磨礪，「逆來順受、居安思危等條，志為之踔，氣為之振，應以大無畏之精神，與此橫逆決鬥，以應環境，以破當前難關也。將其計而就之，則天下無難事矣。」〔註229〕

蔣介石誠意修身和磨練意志的經驗體會，直接反映在「行的哲學」的思想體系中，內在的「誠」、「主義的信仰」、「篤信」、「決心」和外在的「力行」、「實行主義」「完成革命」，這正是宋明理學中以「天理」規範行為的要求，是側重誠意、正心的相關環節的個人自我意志的覺醒。〔註230〕在軍人精神訓練和各種軍事訓練團的演講中，明確可見蔣介石推廣個人修身經驗的意圖，即拿出來「貢獻給大家」，進行有意識地踐行與宣傳。

在國民黨官方哲學力行哲學體系構建過程中，蔣介石引用最多的還是王陽明的心學。這一理論傾向主導著南京國民政府時期的儒學理論發展方向。蔣介石不僅主張孫中山「行易知難」和王陽明「知行合一」都是強調行的方面，把王陽明「知行合一」說吸收進「行的哲學」中；還尤其強調「致良知」的認識，在具體政策的推行中特別強調精神力量。〔註231〕

可見，蔣介石雖然強調「知行合一」，強調民生史觀的「心物合一論」〔註232〕，但其哲學體系在理論中展開的過程中，主要傾向還是在於唯心的方向。根據這種認識，國民政府在實際宣傳時就傾向於強調「立國精神」、「心理建設」、「精神動員」，而核心就是「禮義廉恥」。蔣介石曾明確表示：「總理教導國人革命救國，即以軍人精神教育為最要典範，所謂精神力量居其九，物質力量居其一也。」〔註233〕

〔註228〕 參見楊天石：《找尋真實的蔣介石：蔣介石日記解讀》，太原：山西人民出版社 2008 年版，第 40～53 頁。

〔註229〕 參見蔣介石日記 1926 年 8 月 26 日。轉引自楊天石：《找尋真實的蔣介石：蔣介石日記解讀》，太原：山西人民出版社 2008 年版，第 40 頁注釋。

〔註230〕 參見黃道炫、陳鐵健：《蔣介石：一個力行者的思想資源》，太原：山西人民出版社 2012 年版。

〔註231〕 參見黃道炫：《力行哲學的思想脈絡》，《近代史研究》2002 年第 1 期。

〔註232〕 蔣介石：《大學之道下篇（1934 年 9 月 15 日）‧科學的學庸》，見張其昀主編：《先總統蔣公全集》第一冊，臺北：中國文化大學出版部 1984 年版，第 96 頁。

〔註233〕 陳布雷：《陳布雷回憶錄》，上海：東方出版社 2009 年版，第 187 頁。

南京國民政府對固有道德、精神教育的重視，體現在軍事訓練，黨員教化、社會動員等方方面面。在國民革命時期，國民黨就繼承了孫中山主張的「智仁勇」的軍人精神教育並光大之，在全面抗戰時期更強調，「吾人正宜提倡精神制勝之重要，發揮我固有道德與民族精神，以奠千秋萬世之精神國防，」〔註234〕把民族英勇抗戰的行為稱作「都是這種民族固有道德精神之最高表現」〔註235〕。而「民族固有道德精神」就是「禮、義、廉、恥」四維和「忠、孝、仁、愛、信、義、和、平」八德。

從上文討論的國民政府在宣傳「行的哲學」與進行黨員黨化教育的具體思路和內容中，也可以明確看到南京國民政府的主要理論立場在「知」與「行」上逐漸滑向了強調「知」，在精神與物質上逐漸滑向了精神。這個「精神國防」的核心內容就是民族固有道德精神——四維八德。而以民族固有的道德精神——四維八德——來完成革命建國、抗戰建國任務的實際承擔者，就是國民黨黨員群體。

（二）實踐層面精英化的新意識形態

因此，儒學化的三民主義意識形態的第二個特點，就是在理論的出發點上和在實際上是精英政治〔註236〕的意識形態。精英政治形態體現在訓政時期以黨治國的政治綱領的規定，另一方面也體現在對培養國民黨黨員的君子人格的期望。儒學化的三民主義的應有之用意，就是期望國民黨黨員「應成為頂天立地之人」「自覺負起革命建國之大責重任」，並以「禮義廉恥」「孝悌、仁愛、信義、和平」做核心精神，以「往古聖人誠正修齊治平之一貫大道」〔註237〕做方法。

為促使國民黨黨員達成君子人格，後來蔣介石又明確要求國民黨黨員借鑒宋明道學的修身辦法，「對於自己的言行，應隨時省察，隨時檢點，以盡到

〔註234〕陳布雷：《陳布雷回憶錄》，上海：東方出版社2009年版，第187頁。

〔註235〕蔣介石：《黨員守則之意義（1939年11月20日）》，見張其昀主編：《先總統蔣公全集》第二卷，臺北：中國文化大學出版部1984年版，第1347頁。

〔註236〕關於蔣介石精英治國的政治理念，呂厚軒曾有簡短的評論。參見呂厚軒：《接續「道統」：國民黨實權派對儒家思想的改造與利用（1927～1949）》，濟南：山東人民出版社2013年版，第194～195頁。

〔註237〕《中國國民黨第五次全國代表大會重要決議案（1935年11月）》，見中國第二歷史檔案館編：《中華民國史檔案數據彙編第五輯第一編·政治》，南京：江蘇古籍出版社1994年版，第492頁。

我們做國民模範的責任。」〔註238〕上述一些列要求的實質意義，就是把國民黨黨員儒生化、精英化。

以儒學化促進國民黨黨員精英化是否可行？國民黨精英政治的具體實踐道路為什麼沒有收到預想中的效果？前文提到，孫中山在革命實踐中，依據各人天賦把人分成三類，即先知先覺者，後知後覺者和不知不覺者，我們可以簡稱之為「覺悟等級論」。並強調根據個人的天賦和努力程度而區別對待，才是真正的平等。孫中山之後的國民黨理論家毫不懷疑地繼承了這套理論，然而卻以後知後覺自稱，以先知先覺者自認。不僅聲稱反對我就是反對革命，也要把個人經驗拿出來「貢獻給大家」。而宋明道學中「心即理」、「吾心即宇宙」、「良知不假外求」的認識，主張通過外在的「省、察、克、治」的修身和向內「體悟自性」，而達到「明德」〔註239〕和「致良知」〔註240〕。這在政治家的改造和曲解中，造成了一種彷彿一旦達到，就能立地成聖、心物合一、一貫正確的錯覺。正是這種居高臨下、「一貫正確」的上位者心態，給了領導者「制裁」異端的自信和膽量。而領導者或者其他任何人能一貫正確嗎？顯然不能！

從訓政時期綱領中可見，國民黨黨員的儒生化，就是黨國體制下國民黨黨員的精英化，是就是國民黨領導下的儒生化和精英化。非黨員和非領袖派的國民黨黨員，大都在被排斥之列。而一派一系的國民黨黨員的精英化，能代表全民族的精英化嗎？南京國民政府能依靠這種方式形成向心力和凝聚力，〔註241〕領導全國人民嗎？顯然不能。由此可見，儒學特別是陽明心學如果不能擺脫個體覺悟做聖人的自我束縛，不能夠恰當評判認識外部世界與客觀規律，就無法融入現代政治思想和現代政治管理之中。

精英政治的理論立足點是人的天賦的差別。這不僅僅是個哲學問題，更是

〔註238〕 蔣介石：《黨員精神修養與心理改造之重要（1939 年 11 月 20 日）》，見張其昀主編：《先總統蔣公全集》第二卷，臺北：中國文化大學出版部 1984 年版，第 1350 頁。

〔註239〕 參見馮友蘭：《中國哲學史》，上海：華東師範大學出版社 2010 年版，第 208 頁。

〔註240〕 參見馮友蘭：《中國哲學史》，上海：華東師範大學出版社 2010 年版，第 221～223 頁。

〔註241〕 王奇生教授稱國民黨的統治形式是「弱勢獨裁」，這個概念較為恰當地說明了蔣介石統治下國民黨黨內政治的特點。參見王奇生：《黨員、黨權與黨爭：1924～1949 年中國國民黨的組織形態》，北京：華文出版社 2010 年修訂版，第 380～399 頁。

個現實政治問題。根據孫中山的理論，人們根據自己天賦的聰明才力去自由創造，是會自然產生「聖—賢—才—智—平—庸—愚—劣」的差別的。〔註242〕他根據對人類這種差別的認識，進一步提出革命運動需要先知先覺的人們去領導，後知後覺的人去跟隨宣傳，不知不覺的人去實行。至少在清末以至於民國的革命運動中，孫中山是扮演了先知先覺的領導者角色的。因此時人吳稚暉稱「學生無先生不醒，先生無汪胡不盛」。〔註243〕後人也讚美孫中山為「偉大的革命先行者」。對人類天賦存在差別的認識並不是孫中山獨有的，孔子認為，「中人以上，可以語上也。中人以下，不可以語上也。」〔註244〕戰國縱橫家鬼谷子稱，「夫賢、不肖；智、愚；勇、怯；仁、義；有差。」〔註245〕司馬遷也同樣認為人有智、愚、賢、不肖之分。唐代韓愈也主張，「性之品有上中下三。上焉者，善焉而已矣；中焉者，可導而上下也；下焉者，惡焉而已矣。」〔註246〕佛教雖然強調眾生平等，但也明確提到眾生根性不同。而且現代社會學理論中，有一套國際通用的智商測試辦法：通常認為測試得分在 90 到 110 分為智力正常者，120 到 140 分為聰明人，140 分以上者為天才。〔註247〕且不論古今中外對人的「質」、「性情」、「材質」、「根性」、「智商」的劃分標準的差異，但有一共同點是不可否認的，即人的天賦存在差異。在每個人的現實交往體驗中，也能感受到智力和能力等差別的存在。

但歷史的經驗告訴我們，個人的天賦與其一生的作為的大小並不是完全對等的，這裡有天賦的原因，也有後天造就的原因。有天資聰穎而早慧的人，成年後在社會上卻表現一般；有長期默默無聞的人，在中年甚至晚年才顯名於當世；也有年輕時曾一度引領潮流後來卻孤苦終老的人；也有年輕時顛沛流離而晚年卻能引領歷史潮流的人。而在某一時期充當先知先覺者，推動歷

〔註242〕 參見孫中山：《三民主義（1924 年 1 月～8 月）》，見中國社科院近代史所等編：《孫中山全集》第九卷，北京：中華書局 2011 年第 3 版，第 284～287 頁。

〔註243〕 吳稚暉：《吳稚暉全集》卷六，北京：九州島出版社 2013 年版，第 305 頁。

〔註244〕 《論語·雍也第六》，見朱熹：《四書章句集注》，北京：中華書局 1983 年版，第 89 頁。

〔註245〕 《鬼谷子·捭闔第一》，武漢：崇文書局 2008 年第 2 版，第 5 頁。

〔註246〕 韓愈：《原性》，見《韓愈文集匯校箋注》第一冊，北京：中華書局 2010 年版，第 47 頁。

〔註247〕 本書編委會：《中國學生教育管理大辭典》，北京：北京師範學院出版社 1991 年版，第 17 頁。

史發展時，有些人是有自覺意識的，如辛亥革命時期的孫中山；而有些人是無意識的，「充當了歷史的不自覺的工具，」〔註 248〕一如新文化運動時期的陳獨秀。

（三）對於現實的一點啟示

歷史地看，在特定的某一歷史階段或某一運動中，有時候是存在著領路人的；而在國家意識形態以及建設道路的選擇中，需要在一定程度上進行合理的規劃——因而就絕不能把希望寄託在某些「不自覺的工具」上，在國家穩定發展時期尤其如此。這種合理規劃能否完全依託於領導者呢？歷史地看，前一歷史時段的先知先覺者，並不會必然成為下一時段的先知先覺者，沒有誰能一直站在時代的潮頭，沒有誰能一貫正確。

因此，在某一具體的歷史時段內，先知先覺、後知後覺、不知不覺的差別是存在的，精英群體也是存在的，但是這只是一個動態的暫時性的平衡。隨著歷史情境的演進，個人思想、能力的進步或者退步，先知先覺者可能成為不知不覺者；而在原來後知後覺，甚至不知不覺的群體中，也可能出現能夠把握新的歷史潮流的人，這樣的人在因緣際會之下有可能成為新的先知先覺者。正所謂「江山代有才人出，各領風騷數百年」。這個意義上的精英政治也就是「選賢舉能」的賢能政治，自上而下的「選」和自下而上的「舉」所依據的標準不是出身和財產，而是個人根據其天賦才力去造就的「賢」與「能」。

無論是從理論上還是從歷史實踐的經驗上，都可以得出這樣一種結論，即精英政治必須保持其在前瞻性探索上的思想空間和代際更替上的組織活力，才能具有強大的號召力和生命力。

〔註 248〕卡爾・馬克思：《不列顛在印度的統治》，見《馬克思恩格斯全集》第九卷，北京：人民出版社 1961 年版，第 196 頁。

餘　論

　　從歷史學的學科思維出發，以「國家意識形態」演化的視角重新審視民國時期兩屆中央政府對儒學的利用和改造，則能夠看到儒學的政治理想在北京臨時政府時期、南京國民政府時期所表現出的一系列優點以及不合時宜之處。這一思考進路和經驗總結，是哲學領域對儒學的理論探索所替代不了的。因而近代以來作為「國家意識形態」的儒學演化路徑已經證明了當代中國告別帝制儒學、走出宋明心學體系的必要性。

一、儒學在當代中國的位置

　　在民國時期的兩次國家意識形態建設的進程中，對儒學思想資源改造、吸收的過程及其得失，可以讓我們在今天欲重新借鑒儒學思想資源時看明白兩點：

　　其一，袁世凱的失敗表明需要告別帝制儒學，這一點在今天已基本成為共識。能夠矯正帝制儒學的，就是發源於西方的民主政治的基本形式，這種政治形式的優點之一是「數頭而不必砍頭」〔註1〕。現代新儒家理論探索的重心之一，即是儒學如何開出「民主之花」：「儒家學術第三期的發展，所應負的責任即是要開這個時代所需要的外王」，「今天這個時代所要求的新外王，即是科學與民主政治。」〔註2〕雖然理論主張各有差別，但儒學與民主政治的基本形式的結合是時代所賦予的共同理論前提。這個大潮已經形成，絕不會

〔註1〕殷海光：《中國文化的展望》，北京：中華書局 2016 年版，第 411～412 頁。
〔註2〕牟宗三：《政道與治道》新版序，長春：吉林出版集團有限責任公司 2010 年版，第 8～12 頁。

因某些個人的主觀意願而改變。違背這一歷史趨勢的袁世凱，已經被歷史的車輪碾得粉碎。前轍俱在，不辯自明。

其二，蔣介石的失敗在一定程度上表明需要改造宋明道學。宋明道學由韓愈「性情」論、李翱「復性」論初興，到張橫渠為「天地之性」「氣質之性」，發展到程朱為「理氣」合一，陸王為「知行合一」〔註3〕。在民國時期，宋明心學經陳立夫、蔣介石的改造而為「心物合一」〔註4〕。蔣介石的理論仍沿用了陽明心學的路徑，強調「力行哲學」的知行合一；由內在的「省、察、克、治」的修身，向外推廣而使他人仿傚。這種倫理哲學有其獨特的理論價值，也曾盛行一時。而在今天的國家治理領域，相比於個人的修身成聖，人們更關注道路正確、制度正確。而且在發達的自然科學和西方哲學的衝擊下，宋明道學的世界觀已經崩塌。作為一種理論模式和思維方式，自有其價值，也有可借鑒的地方，以宋明道學求安身立命尚可；但作為治國理政的參考，則必然走向人治，所以已經基本上不適於今日的政治設計需要了。〔註5〕

而主要作為「內聖」之學的宋明道學，其當代價值應該在教育領域。教育可以引導個體生命由自知走向自覺，自覺才能自立，自立才能真正自由。我們相信真正自由的社會是「以各個人自由發展為一切人自由發展的條件」〔註6〕，那麼能夠對自己的自由選擇負責、從而能夠承擔社會使命的生命個體，不僅是民主政治的基石，也應該是實現「天下大同」的真正的出發點。從自知到自覺，對個人來說，是一個漫長而艱苦的過程。而實現個體生命自知、自覺和自由的途徑，在於學和教。因此，宋明道學的理論和實踐的重點應該在於，培養什麼樣的人和如何培養人；而如何讓合適的人到達合適的位置，

〔註3〕參見馮友蘭：《中國哲學史》下，上海：華東師範大學出版社2010年版，第153～230頁。

〔註4〕蔣介石：《大學之道下篇（1934年9月11日）·科學的學庸》，見張其昀主編：《先總統蔣公全集》第一冊，臺北：中國文化大學出版部1984年版，第96頁。主要理論著作是陳立夫《唯生論》。這個改造在很大程度上是針對唯物史觀的。

〔註5〕關於儒學在當下由「內聖」到「外王」的內在的理論矛盾，參見蔣慶：《政治儒學：當代儒學的轉向、特質與發展》，福州：福建教育出版社2014年修訂本。

〔註6〕馬克思、恩格斯：《共產黨宣言》，見《馬克思恩格斯全集》第四卷，北京：人民出版社1965年版，第491頁。

這不是宋明道學所能回答的。〔註7〕

　　此外，也應該重新評價「中體西用」論的當下作用。新中國成立以來，特別是改革開放以來，在中國特色社會主義理論體系指導下，中國在政治、經濟、文化教育（包括科技）、社會等領域的現代化建設取得了巨大成就。在政治形態、經濟形態、文化風俗形態、社會形態等諸多方面基本上完成了由近代向現代的過渡。近代中國曾經存在的、巨大的中西差異已基本不復存在，「師夷長技以制夷」的時代已經結束。因此在今天我們應該告別各種形式的「中體西用」論。這並不是說「體用」這個分析工具不可用，而是「中體西用」這個理論模式已經不適用於當代了。

　　用「體用」的分析模式來說，體是原則，用是形式。體即是精神內核，而「用」的制度外殼，是根據時代需要而生成的。「舜舞有苗，禹坦裸國」；春夏秋冬，蔽體各異。因時制宜，因地制宜，這是「用」的要求。而在今天的中國，在傳統文化逐漸復興的時代背景下，中西問題已經演變為古今問題。〔註8〕我們的時代問題，已經不是「用」的層面，而是「體」的層面；是「體」應該指向哪裏的問題，即是需要創造一種新的「體」以正面回答「中國向何處去」的問題。對於歷史悠久的中國，文獻中記載著許許多多成功解決古今問題的案例。這些歷史的經驗與儒學的思想資源一樣，都是我們寶貴的財富。

　　面對當代中國如何借鑒發展儒學的問題，常常出現激進與保守兩種傾向。這裡激進指的是主張用快速的、徹底的方法改變現狀的思想傾向。傳統文化中的儒學對當代中國大陸的政治、社會現狀來說是「復興」甚至是「新生」之物，因而激進派在當下中國的表現形式，是指儒學立場的激進的、徹底的復古主張。激進復古以否定現狀為邏輯前提。他們在復古的內容上與古代中國的保守派頗多相似。在這種激進復古主張大行其道的今天，商鞅在兩千多年以前的論辯仍擲地有聲：「前世不同教，何古之法？帝王不相復，何禮之循？」「禮法以時而定。制令各順其宜。」「治世不一道，便國不必法古。湯、武之

〔註7〕 馮友蘭在構建新理學時就曾強調，「新理學知道它所講底是哲學，知道哲學本來只能提高人的境界，本來不能使人有對於實際事物底積極底知識，因此亦不能使人有駕馭實際事物底才能。」馮友蘭：《新原道》，《貞元六書》，北京：中華書局 2014 年版，第 925 頁。然而自我意識的覺醒，是促使個人追求駕馭實際事物能力的最寶貴的動力。

〔註8〕 相關討論參見湯一介：《融「中西古今」之學，創「反本開新」之路》，見《思考中國哲學》，北京：中國人民大學出版社 2015 年版，第 210～227 頁。

王也，不循古而興。殷、夏之滅也，不易禮而亡。」〔註9〕若在今天仍不加分辨而試圖全面復古，豈不是不知有漢，無論魏晉？一枕黃粱再現，能有何為？

同時，在今天的保守派（保守現狀）看來，歷史中的一切已經陳舊，進化式的發展已經將其淘汰，當今世界的任何國家都在政治民主化、經濟全球化、社會信息化的大潮之中。儒學應該在博物館中有富麗堂皇的展廳，而在現實中不應該有「僵屍的出祟」。所以我們現在只需順著這個現代化的大潮向前走，不必改變，更不必回頭。〔註10〕這種認識是存在著一定的道理的。

然而問題在於，今人與古人雖然世殊事異，但都面臨著一個共同的問題──人類社會的治理問題。這個問題是歷久彌新的。人類社會的健康運行需要秩序，只要人類社會存在，活著的人們就必須對這個問題進行永無休止的探索和實踐。這個問題不會因為思維模式的差異、經濟形態的變化以及科學技術的進步而消失。在人類社會的治理問題上，儒學有許許多多非常有價值的理論探索，也積累了大量的實踐經驗。若對先賢的思考視而不見，則是「不臨深溪，不知地之厚也。不聞先王之遺言，不知學問之大也。」〔註11〕

而在時代已經改變的情況下，這些理論和經驗絕不能照搬。「儒家文明所體現的人們在心理上和倫理上的秩序對任何社會都是必不可少的，問題是怎樣用現代價值來滲透儒家文明，使新的社會秩序化為心理和倫理的秩序。毋庸置疑，封建的因素是要被割走的。」〔註12〕而借鑒儒學資源的基本原則，可以效法王安石的主張：「法先王之政者」，「法其意而已。」〔註13〕在儒學的思想資源中有諸多建議，而我們只是需要學會取捨而已。

在三百年前的中國，「以復古為解放」〔註14〕；在百二十年前的中國，以託古求改制；在五十年前的中國，以批古求進步。在邁入新時代的今天，欲

〔註9〕 公孫鞅：《更法》，見高亨譯注：《商君書譯注》，北京：中華書局1974年版，第17頁。

〔註10〕 然而這個現代化潮流的創造者、最近仍走在我們前面的西方世界，已然出現了一些問題，或者說一直存在著某些問題。現代化的潮流能徹底消化掉這些問題嗎？至少現在還沒有。

〔註11〕 荀子：《勸學》，見《荀子新注》，北京：中華書局1979年版，第2頁。

〔註12〕 王滬寧：《儒家文明與華人社會的現代化》，見復旦大學歷史系、復旦大學國際交流辦公室合編：《儒家思想與未來社會》，上海：上海人民出版社1991年版，第101頁。

〔註13〕 王安石：《上仁宗皇帝言事書》，見《王臨川集》第四冊，上海：商務印書館萬有文庫版，第79頁。

〔註14〕 梁啟超：《清代學術概論》，上海：上海古籍出版社1998年版，第7頁。

更新中國的思想學術，為中華民族偉大復興提供理論支撐和精神動力，就應當順應雙軌規則，「鑒古應時」以求新的發展。「鑒古」是借鑒儒學思想資源以求價值正義性，「應時」是適應於當下社會發展特點以求歷史正當性。惟有如此，方能夠吸取前人的智慧，做我們自己的事業。

二、三分一統　再造文明

在民國時期，對決定國家命運的「中國向何處去」這一問題的探索和回答，往往是以「主義」的宣傳與實踐的形式展開的。「主義」決定了中國的方向，從而決定了從根本上解決中國一切問題的方法和程序。而新的「主義」落地生根的過程，也就是新意識形態的傳入以及對傳統意識形態的改造過程。因此，在一定程度上可以認為，「一部中國近代思想史，基本上只是一部意識形態史。」〔註15〕

回顧民國時期國家意識形態在實踐領域的兩次建設，我們可以看到，其失敗的主要原因並不在國家意識形態理論的內部；某意識形態即使能夠理論自洽，卻往往因無法應付來自其自身之外的政治、軍事的衝擊而崩潰。晚清至民國時期儒學意識形態的崩潰即是如此。世界歷史的進程不是某一理念在歷史中的展開，無論這在人們的頭腦中看起來多麼真實。我們的歷史觀絕對不能顛倒。

活著的個人無法置身於他所處的時代之外，但思維卻可以超越時代。古人曾有「當局者迷，旁觀者清」，「不知廬山真面目，只緣身在此山中」〔註16〕的深刻認識。借助某一理論工具，可以「探明我們自己在歷史總體中的地位」，「啟發關於時代的意識，指出我們身居何處。」〔註17〕而現在，這個能夠幫助我們站在我們身處的時代之外來上下求索的理論工具之一，就是「國家意識形態」概念。意識形態概念產生於近現代西方哲學的認識論之中，在發展中又具有了政治的現實性，從而能夠集理論性與實踐性於一體。通過對「國家意識形態」概念進行合理的理論改造與運用，也許能夠在一定程度上幫助

〔註15〕余英時：《意識形態與學術思想》，見《中國思想傳統的現代詮釋》，臺北：聯經出版事業公司 1987 年版，第 73 頁。

〔註16〕蘇軾：《題西林壁》，見劉乃昌選注：《蘇軾選集》，濟南：齊魯書社 2005 年版，第 85 頁。

〔註17〕（德）卡爾·雅斯貝斯著，魏楚雄、俞新天譯：《歷史的起源與目標》，北京：華夏出版社 1989 年版，第 95 頁。

我們在過去和將來之間，在學術與政治之間，在理論和實踐之間找到一個恰當的觀察窗口。

通過「國家意識形態」這個觀察窗口我們可以看到，在辛亥革命以來的百餘年中，每當意識形態在中國兩兩相斥之時，都出現了巨大的社會動盪和思想變動。如民國初期的二次革命，五四時期的「打孔家店」，解放戰爭時期的「兩種命運」，文革時期的「反右」「批孔」，80年代末的「反對資產階級自由化」等等，這些歷史事件其實都是兩種意識形態在不同領域裏、不同程度上直接對抗的結果。中國近代政治上的改良與革命、革命與反革命，文化上的保守與激進，本質上大都可以歸結為各方政治力量所主張的不同的意識形態在理論指向和政治實踐上的矛盾。這種意識形態的鬥爭是近代中國不斷「革命」，以至於持續激進的思維慣性所形成的根源。

在這個過程之中，第一代現代新儒家開創的融匯儒學與民主科學的路徑，孫中山晚年開創的「集合中外精華」的道路，毛澤東在新民主主義革命時期強調的「從孔夫子到孫中山」的傳統，並沒有在實踐中真正得到貫徹。而在只有意識形態對抗和鬥爭的環境中是不可能有真正的文明創新的，在碰撞衝突中走向交流融合，才是孕育新思想新文明的基本趨勢。

如果我們真正看清中國20世紀的國家意識形態演化過程，就能夠發現：馬克思主義、儒學與自由主義已經並存於當代中國，這是不爭的事實；當下任何一種意識形態主張都不可能獨自回答「中國向何處去」的問題，這也是不可否認的。在近百年中，我們對儒學與民主政治的交匯融合進行了大量理論探索，也正在探索以馬克思主義來借鑒、吸收儒學的基本路徑，而馬克思主義在發展過程中特別是在中國化的過程中，已經批判地吸收了民主政治和市場經濟的某些優點。因此，在當代中國以馬克思主義為指導的「三分可一」的發展局面已經基本形成。〔註18〕在馬克思主義中國化的康莊大道上，對近現代中國有巨大影響的儒學和自由主義都應該有屬於她們的位置。

在理論探索層面上，由張申府先生首次提出的「中、西、馬」「三流合一」的主張，經由張岱年先生和方克立先生的理論創造，已經指明了一個正確的方向。這一正確主張不應該僅僅是一個方向，也應該成為一條道路；她也不能僅僅是一種思想體系，而應該形成系統的實踐政策。我們應該在現實之上

〔註18〕參見方克立等著，謝青松編：《馬魂中體西用：中國文化發展的現實道路》，北京：人民出版社2015年版。

有更完美的追求和更遠大的理想，而實幹家和空想家之間的差別就在於，實幹家能夠在實然與應然之間搭建一座橋樑。因此，繼承並推動這個交流融合的局面，充分借鑒吸收人類已經創造出來的思想資源和理論精華，推動中華文明走向更高層次，從而為中國的發展建設和人類的文明新創造探索出一條更寬廣的道路，是當代中國知識分子應該自覺擔負起的時代使命。

立足於當下的新時代中國特色社會主義的實踐，立足於新時代思想學術的建設需要，以「國家意識形態」作為觀察思想學術變化發展的工具，總結馬克思主義中國化在革命、建設、改革的不同歷史時期的發展經驗，我們才能深刻理解中國國家領導人提出「中國共產黨人始終是中國優秀傳統文化的忠實繼承者和弘揚者」論斷的現實用意。在馬克思主義中國化的大道上，中國人以實事求是的思想精髓探索出了革命和建設時期的毛澤東思想，以與時俱進的理論質量探索出了改革開放時期的鄧小平理論，在今天又以承前啟後的時代使命自覺繼承著中華民族的優秀文化傳統，

馬克思主義中國化的中國特色社會主義理論體系就是當代中國的國家意識形態。在馬克思主義基本原理指導下，它已經批判吸收了民主政治的基本形式，形成了民主集中制的人民代表大會制度，並借鑒了市場經濟的某些合理成分。它正在批判、借鑒、吸收中華優秀傳統文化的有益方面，這個有益方面，應該包括儒學的某些基本精神和治世經驗。

力爭把中華優秀傳統文化當代化、自由主義本土化的思想進程納入到馬克思主義中國化的道路上來，不僅能夠使得以儒學為代表的中華優秀傳統文化重現勃勃生機，也必將推動當代馬克思主義中國化的與時俱進的理論再創造進入新的時代。這是當代中國思想演化的主流方向之一，也應是當代中國知識分子的理論探索方向。

主要參考文獻

（以出版年份為序）

一、原始文獻

1. （美）塞利格曼：《經濟史觀》，陳石孚譯，上海：商務印書館 1922 年版。

2. 范壽康、施存統、化魯譯述：《馬克思主義與唯物史觀》，上海：商務印書館 1924 年版。

3. 李天培譯述：《改訂近世經濟思想史論》，上海：學術研究會總會叢書部 1924 年版。

4. 何松齡等譯述：《唯物史觀研究》，上海：商務印書館 1926 年版。

5. 任國楨編譯：《俄蘇的文藝論戰》，北平：北新書局 1927 年版。

6. 魯迅等譯述：《俄蘇的文藝政策》，上海：水沫書店 1930 年版。

7. 普列哈諾夫等編：《唯物史觀的根本問題》，劉侃元譯，上海：春秋書店 1930 年版。

8. 胡秋原編：《唯物史觀藝術論——樸列汗諾夫及其藝術理論之研究》，上海：神州國光社 1932 年版。

9. 汗血月刊社編：《新縣政研究》，上海：汗血書店 1935 年版。

10. 蔣介石：《蔣委員長抗戰言論集》，〔出版地不詳〕：新生活運動促進總會編印 1938 年版。

11. 李達：《社會學大綱》，上海：筆耕堂書店 1939 年版。

12. 永田廣志：《唯物史觀講話》，阮均石譯，武漢：新知書店 1939 年版。

13. 普列漢諾夫：《社會科學的基本問題》，張仲實譯，上海：新知書店 1939

—171—

年版。

14. 中國「國民黨中央宣傳部」編：《新生活運動言論集》，南京：正中書局 1940 年版。

15. 戴季陶：《國民革命與中國國民黨》，上海：中國文化服務社 1946 年版。

16. 聯共（布）中央特設委員會編：《聯共（布）黨史簡明教程》，莫斯科：外國文書籍出版局 1949 年版。

17. 斯大林著，中共中央馬克思恩格斯列寧斯大林著作編譯局譯：《斯大林全集》，北京：人民出版社 1953～1956 年版。

18. 中國人民政治協商會議全國委員會文史資料研究委員會編：《文史資料選輯》，北京：中華書局 1960 年版。

19. 舒新城編：《中國近代教育史資料》，北京：人民教育出版社 1961 年版。

20. 沈雲龍主編：《近代中國史料叢刊》，臺北：文海出版社 1966 年始。

21. （美）埃德加‧斯諾著，董樂山譯：《西行漫記》，北京：三聯書店 1979 年版。

22. 陳望道著，復旦大學語言研究室編：《陳望道文集》，上海：上海人民出版社 1979～1990 年版。

23. 宋教仁著，陳旭麓主編：《宋教仁集》，北京：中華書局 1981 年版。

24. 康有為著，上海市文物保管委員會編：《康有為與保皇會》，上海：上海人民出版社 1982 年版。

25. 中共中央文獻研究室編：《關於建國以來黨的若干歷史問題的決議》注釋本，北京：人民出版社 1983 年版。

26. 蔣介石著，張其昀主編：《先總統蔣公全集》，臺北：中國文化大學出版部 1984 年版。

27. 吳虞著，中國革命博物館整理、榮孟源審校：《吳虞日記》（上），成都：四川人民出版社 1984 年版。

28. 楊度著，劉晴波主編：《楊度集》，長沙：湖南人民出版社 1985 年版。

29. 楊匏安：《楊匏安文集》，廣州：廣東人民出版社 1986 年版。

30. 陳獨秀：《獨秀文存》，合肥：安徽人民出版社 1987 年版。

31. 中共中央黨校中共黨史教研室編：《三民主義歷史文獻選編》，北京：中共中央黨校科研辦公室發行 1987 年版。

32. 中央文獻研究室編：《毛澤東哲學批註集》，北京：中央文獻出版社1988年版。

33. 《民國叢書》編輯委員會編：《民國叢書》，上海：上海書店1989～1996年版。

34. 梁啟超：《飲冰室合集》，北京：中華書局1989年版。

35. 毛澤東：《毛澤東選集》，北京：人民出版社1991年版。

36. 唐縱：《在蔣介石身邊八年——侍從室高級幕僚唐縱日記》，北京：群眾出版社1991年版。

37. 中國第二歷史檔案館編：《中華民國史檔案數據彙編》，南京：江蘇古籍出版社1991年版。

38. 陳立夫：《成敗之鑒：陳立夫回憶錄》，臺北：正中書局1994年版。

39. 宋志明編：《儒家思想的新開展：賀麟新儒學論著輯要》，北京：中國廣播電視出版社1995年版。

40. 天津市歷史博物館藏：《北洋軍閥史料》，天津：天津古籍出版社1996年版。

41. 蔡元培：《蔡元培全集》，杭州：浙江教育出版社1998年版。

42. （美）古德諾著，蔡向陽、李茂增譯：《解析中國》，北京：國際文化出版公司1998年版。

43. 中國史學會主編：《中國近代史資料叢刊》，上海：上海人民出版社2000年版。

44. 柴德賡等編：《辛亥革命》，上海：上海人民出版社2000年版。

45. 傅永聚、韓鍾文主編：《20世紀儒學研究大系》，北京：中華書局2003年版。

46. 陸學藝、王處輝主編：《中國社會思想史資料選輯》，桂林：廣西人民出版社2005～2007年版。

47. 李大釗著，中國李大釗研究會編：《李大釗全集》，北京：人民出版社2006年版。

48. 張君勱：《新儒家思想史》，北京：中國人民大學出版社2006年版。

49. 羅榮渠主編：《從「西化」到現代化：五四以來有關中國的文化趨向和發展道路論爭文選》，合肥：黃山書社2008年版。

50. 吳虞：《吳虞文錄》，合肥：黃山書社 2008 年版。

51. 陳布雷：《陳布雷回憶錄》，上海：東方出版社 2009 年版。

52. 陳序經：《中國文化的出路》，長沙：嶽麓書社 2010 年版。

53. 梁漱溟：《東西文化及其哲學》，北京：商務印書館 2010 年版。

54. 牟宗三：《政道與治道》，長春：吉林出版集團有限責任公司 2010 年版。

55. 康有為著，姜義華、張榮華編校：《孔子改制考》，北京：中國人民大學出版社 2010 年版。

56. 黃興著，湖南社會科學院編：《黃興集》，北京：中華書局 2011 年版。

57. 孫中山著，廣東省社會科學院歷史研究室、中國社會科學院近代史研究所中華民國史研究室、中山大學歷史系孫中山研究室合編：《孫中山全集》，北京：中華書局 2011 年版。

58. 袁世凱著，駱寶善、劉路生主編：《袁世凱全集》，鄭州：河南大學出版社 2012 年版。

59. 侯惠勤主編：《馬克思恩格斯列寧斯大林：論意識形態》，北京：中國社會科學出版社 2012 年版。

60. 列寧著，中共中央馬克思恩格斯列寧斯大林著作編譯局編譯：《列寧全集》，北京：人民出版社 2013～2017 年第 2 版。

61. 陳子展：《中國近代文學之變遷：最近三十年中國文學史》，上海：上海古籍出版社 2013 年版。

62. 胡適 等著，中國社會科學院中華民國史研究室編：《胡適往來書信選》，北京：社會科學文獻出版社 2013 年版。

63. 戴季陶著，桑兵、朱鳳林編：《中國近代思想家文庫·戴季陶卷》，北京：中國人民大學出版社 2014 年版。

64. 馮友蘭：《貞元六書》，北京：中華書局 2014 年版。

65. 胡漢民著，陳紅民、方勇編：《中國近代思想家文庫·胡漢民卷》，北京：中國人民大學出版社 2014 年版。

66. 胡適：《我的歧路：胡適自述》，瀋陽：萬卷出版公司 2014 年版。

67. 民國時期文獻保護中心、中國社科院近代史研究所編：《民國文獻類編》，北京：國家圖書館出版社 2015 年版。

68. 舒新城編：《近代中國教育史料》，上海：上海科學技術出版社 2015 年版。

69. 方激編譯：《龍蛇北洋：〈泰晤士報〉民初政局觀察記》，重慶：重慶出版社 2017 年版。

70. 張申府著，張燕妮選編：《我相信中國》，桂林：廣西師範大學出版社 2017 年版。

71. 常用數據庫：
（1）晚清、民國時期期刊全文數據庫（1833～1949）
（2）瀚堂近代報刊數據庫
（3）瀚文民國書庫
（4）CNKI-中國學術文獻總庫
（5）超星數字圖書館（匯雅電子圖書）

二、著作

1. 馬克思、恩格斯著，中共中央馬克思恩格斯列寧斯大林著作編譯局譯：《馬克思恩格斯全集》，北京：人民出版社 1953～1983 年版。

2. 侯外廬：《中國近代哲學史》，北京：人民出版社 1978 年版。

3. 丁守和、殷敘彝：《從五四啟蒙運動到馬克思主義的傳播》，北京：三聯書店 1979 年第 2 版。

4. 來新夏主編：《北洋軍閥史稿》，武漢：湖北人民出版社 1983 年版。

5. 王光遠編：《陳獨秀年譜（1879～1942）》，重慶：重慶出版社 1987 年版。

6. 余英時：《中國思想傳統的現代詮釋》，臺北：聯經出版事業公司 1987 年版。

7. （德）卡爾·雅斯貝斯著，魏楚雄、俞新天譯：《歷史的起源與目標》，北京：華夏出版社 1989 年版。

8. （美）約瑟夫·W·埃謝里克編著，羅清、趙仲強譯：《在中國失掉的機會：美國前駐華外交官約翰·S·謝偉思第二次世界大戰時期的報告》，北京：國際文化出版公司 1989 年版。

9. 復旦大學歷史系、復旦大學國際交流辦公室合編：《儒家思想與未來社會》，上海：上海人民出版社 1991 年版。

10. 宋仲福、趙吉惠、裴大洋：《儒學在現代中國》，鄭州：中州古籍出版社 1991 年版。

11. 宋惠昌：《當代意識形態研究》，北京：中共中央黨校出版社 1993 年版。

12. 俞吾金：《意識形態論》，上海：上海人民出版社 1993 年版。

13. 陳振明、陳炳輝、駱沙舟等：《「西方馬克思主義」的社會政治理論》，北京：中國人民大學出版社 1996 年版。

14. 郭湛波：《近五十年中國思想史》，濟南：山東人民出版社 1997 年版。

15. 龐樸主編：《中國儒學》，上海：東方出版中心 1997 年版。

16. 沙健孫、龔書鐸主編：《走什麼路：關於中國近現代歷史上的若干重大是非問題》，濟南：山東人民出版社 1997 年版。

17. 譚好哲：《文藝與意識形態》，濟南：山東大學出版社 2000 年版。

18. （美）費正清、費維愷編，楊品泉等譯：《劍橋中華民國史：1912～1949》，北京：中國社會科學出版社 1998 年版。

19. 梁啟超：《清代學術概論》，上海：上海古籍出版社 1998 年版。

20. 余英時：《現代儒學論》，上海：上海人民出版社 1998 年版。

21. 彭明、程嘯主編：《近代中國的思想歷程：1840～1949》，北京：中國人民大學出版社 1999 年版。

22. 胡逢祥：《社會變革與文化傳統：中國近代文化保守主義思潮研究》，上海：上海人民出版社 2000 年版。

23. 湯志鈞：《近代經學與政治》，北京：中華書局 2000 年版。

24. 曾業英主編：《五十年來的中國近代史研究》，上海：上海書店出版社 2000 年版。

25. 桑兵：《晚清民國的國學研究》，上海：上海古籍出版社 2001 年版。

26. 賀淵：《三民主義與中國政治》，北京：社會科學文獻出版社 2002 第 3 版。

27. （美）柯文著，林同奇譯：《在中國發現歷史：中國中心觀在美國的興起》，北京：中華書局 2002 年版。

28. （美）伊曼努爾‧華勒斯坦等著，郝名瑋、張凡譯：《自由主義的終結》，北京：社會科學文獻出版社 2002 年版。

29. （德）馬克斯‧韋伯著，洪天富譯：《儒教與道教》，南京：江蘇人民出版社 2003 年版。

30. 宋惠昌等：《政治哲學》，北京：中共中央黨校出版社 2003 年版。

31. 吳江：《中國封建意識形態研究》，蘭州：蘭州大學出版社 2003 年版。

32. （德）李博：《漢語中的馬克思主義術語的起源與作用：從詞彙—概念角度看日本和中國對馬克思主義的接受》，趙倩、王草、葛平竹譯，北京：中國社會科學出版社 2003 年版。

33. 馬克鋒：《文化中國與近代思潮》，北京：光明日報出版社 2004 年版。

34. 余英時：《現代儒學的回顧與展望》，北京：三聯書店 2004 年版。

35. 余英時：《文史傳統與文化重建》，北京：三聯書店 2004 年版。

36. 趙汀陽主編：《年度學術：人們對世界的想像》，北京：中國人民大學出版社 2004 年版。

37. 茅家琦等：《百年滄桑：中國國民黨史》，廈門：鷺江出版社 2005 年版。

38. 季廣茂：《意識形態》，桂林：廣西師範大學出版社 2005 年版。

39. （英）約翰・格雷著，曹海軍、劉訓練譯：《自由主義》，長春：吉林人民出版社 2005 年版。

40. 陳旭麓：《近代中國社會的新陳代謝》，上海：上海社會科學院出版社 2006 年版。

41. 甘陽：《八十年代文化意識》，上海：上海人民出版社 2006 年版。

42. 何曉明：《返本與開新：近代中國文化保守主義新論》，北京：商務印書館 2006 年版。

43. 劉統：《中國的 1948 年：兩種命運的決戰》，北京：三聯書店 2006 年版。

44. 許紀霖、陳達凱主編：《中國現代化史》，上海：學林出版社 2006 年版。

45. 張衛波：《民國初期尊孔思潮研究》，北京：人民出版社 2006 年版。

46. 張珊珍：《陳立夫生平與思想評傳》，北京：中共中央黨校出版社 2006 年版。

47. 張憲文等著：《中華民國史》，南京：南京大學出版社 2006 年版。

48. （美）克拉莫尼克，（美）華特金斯著，章必功譯：《意識形態的時代：近代政治思想簡史》，上海：同濟大學出版社 2006 年第 2 版。

49. （美）舒衡哲著，劉京建譯：《中國啟蒙運動：知識分子與五四遺產》，北京：新星出版社 2007 年版。

50. 梁啟超：《中國近三百年學術史》，北京：人民出版社 2008 年版。

51. 白文剛：《應變與困境：清末新政時期的意識形態控制》，北京：中國傳媒大學出版社 2008 年版。

52. 余英時：《宋明理學與政治文化》，長春：吉林出版集團有限責任公司 2008 年版。

53. 方克立：《現代新儒學與中國現代化》，長春：長春出版社 2008 年版。

54. 梁建新：《穿越意識形態終結的幻象：西方意識形態終結論思潮評析》，北京：中國社會科學出版社 2008 年版。

55. 李澤厚：《中國近代思想史論》，北京：三聯書店 2008 年版。

56. 李澤厚：《中國現代思想史論》，北京：三聯書店 2008 年版。

57. 馬震東：《袁氏當國史》，北京：團結出版社 2008 年版。

58. 楊天石：《找尋真實的蔣介石：蔣介石日記解讀》，太原：山西人民出版社 2008 年版。

59. （美）德里克著，翁賀凱譯：《革命與歷史：中國馬克思主義歷史學的起源：1919～1937》，南京：江蘇人民出版社 2008 年版。

60. 耿雲志等：《開放的文化觀念及其他——紀念新文化運動九十週年》，北京：國家圖書館出版社 2009 年版。

61. （德）黑格爾著，賀麟譯：《小邏輯》，上海：上海人民出版社 2009 年版。

62. （英）約翰·密爾著，許寶騤譯：《論自由》，北京：商務印書館 2009 年版。

63. （美）約瑟夫·列文森著，鄭大華、任菁譯：《儒教中國及其現代命運》，桂林：廣西師範大學出版社 2009 年版。

64. （英）休·塞西爾著，杜汝楫譯：《保守主義》，北京：商務印書館 2009 年版。

65. 楊念群：《「五四」九十週年祭：一個「問題史」的回溯與反思》，北京：世界圖書出版公司 2009 年版。

66. 金觀濤、劉青峰：《開放中的變遷——再論中國社會超穩定結構》，北京：法律出版社 2010 年版。

67. 馮友蘭：《中國哲學史》，上海：華東師範大學出版社 2010 年版。

68. 傅靜：《意識形態與近代中國政治發展》，濟南：山東文藝出版社 2010 年版。

69. 孟慶順等：《全球化時代世界意識形態流派述評》，北京：人民出版社 2010 年版。

70. 劉建軍:《當代中國政治思潮》,上海:復旦大學出版社 2010 年版。

71. 王奇生:《黨員、黨權與黨爭:1924～1949 年中國國民黨的組織形態》,北京:華文出版社 2010 年修訂增補本。

72. 徐慶文:《20 世紀儒學發展研究》,濟南:山東文藝出版社 2010 年版。

73. 黃明同、張冰、張樹旺等著:《孫中山的儒學情結:中華文化的承傳與超》,北京:社會科學文獻出版社 2010 年版。

74. 鄭大華:《民國思想史論:續集》,北京:社會科學文獻出版社 2010 年版。

75. 丁偉志、陳崧:《中國近代文化思潮》,北京:社會科學文獻出版社 2011 年版。

76. 侯惠勤等:《馬克思主義意識形態論》,南京:南京大學出版社 2011 年版。

77. 金觀濤、劉青峰:《中國現代思想的起源:超穩定結構與中國政治文化的演變》,北京:法律出版社 2011 年版。

78. 湯一介、李中華主編:《中國儒學史》,北京:北京大學出版社 2011 年版。

79. 吳雁南等主編:《中國近代社會思潮:1840～1949》,長沙:湖南教育出版社 2011 年第 2 版。

80. 楊幼炯著,范忠信等校:《近代中國立法史》,北京:中國政法大學出版社 2011 年版。

81. 鄒魯編:《中國國民黨史稿》,上海:東方出版中心 2011 年版。

82. 馬立誠:《當代中國八種社會思潮》,北京:社會科學文獻出版社 2012 年版。

83. 崔罡等:《新世紀大陸新儒家研究》,合肥:安徽人民出版社 2012 年版。

84. 干春松:《制度化儒家及其解體》,北京:中國人民大學出版社 2012 年修訂版。

85. 紀寶成:《重估國學的價值》,北京:中國人民大學出版社 2012 年版。

86. 林建華:《1940 年代的中國自由主義思潮》,北京:中國社會科學出版社 2012 年版。

87. 歐陽哲生:《五四運動的歷史詮釋》,北京:北京大學出版社 2012 年版。

88. 余英時：《現代儒學的回顧與展望》，北京：三聯書店 2012 年版。

89. 張昭軍、孫燕京主編：《中國近代文化史》，北京：中華書局 2012 年版。

90. 賈維：《三民主義青年團史稿》，北京：社會科學文獻出版社 2013 年版。

91. 陶菊隱：《北洋軍閥統治時期史話》，太原：山西人民出版社 2013 年版。

92. 沈雲龍：《徐世昌評傳》，北京：中國大百科全書出版社 2013 年版。

93. 肖高華：《現代國家建構：20 世紀 20 年代中國知識界的政制設計及論爭》，北京：中國社會科學出版社 2013 年版。

94. 費孝通、吳晗等著：《皇權與紳權》，北京：三聯書店 2013 年版。

95. 張朋園：《梁啟超與民國政治》，上海：三聯書店 2013 年版。

96. 呂厚軒：《接續「道統」：國民黨實權派對儒家思想的改造與利用（1927～1949）》，濟南：山東人民出版社 2013 年版。

97. 陳壁生，《經學的瓦解》，上海：華東師範大學出版社 2014 年版。

98. （英）埃德蒙·柏克著，張雅楠譯：《反思法國大革命》，上海：上海社會科學院出版社 2014 年版。

99. 鄧曉芒、趙林：《西方哲學史》，北京：高等教育出版社 2014 年修訂版。

100. 馬克鋒：《中國近代文化思與辨》，北京：人民日報出版社 2014 年版。

101. 劉澤華總主編：《中國政治思想通史》，北京：中國人民大學出版社 2014 年版。

102. 蔣慶：《政治儒學：當代儒學的轉向、特質與發展》，福州：福建教育出版社 2014 年修訂本。

103. 張華騰：《中國 1913：民初的政治紛爭與政治轉型》，西安：陝西人民出版社 2014 年版。

104. 方克立等著，謝青松編：《馬魂中體西用：中國文化發展的現實道路》，北京：人民出版社 2015 年版。

105. 湯一介：《思考中國哲學》，北京：中國人民大學出版社 2015 年版。

106. 唐德剛：《袁氏當國》，桂林：廣西師範大學出版社 2015 第 2 版。

107. 許嘉璐主編：《重寫儒學史：「儒學現代化版本」問題》，北京：人民出版社 2015 年版。

108. 曹天予：《權力與理性：世界中的馬克思主義與自由主義》，上海：華東師範大學出版社 2016 年版。

109. 李雲霖：《樞機轉捩：近代中國代議制度研究》，北京：中國政法大學出版社 2016 年版。

110. 蔣慶、陳明、康曉光、余東海、秋風：《中國必須再儒化》，新加坡：新加坡世界科技出版公司 2016 年版。

111. 鄭永年：《再塑意識形態》，上海：東方出版社 2016 年版。

112. 張華騰：《袁世凱與清末民初社會變革研究》，北京：中國社會科學出版社 2017 年版。

113. 蕭公權：《中國政治思想史》，北京：商務印書館 2017 年版。

三、文章

1. 郭齊勇：《現代化與中國傳統文化芻議》，《武漢大學學報（社會科學版）》1986 年第 5 期。

2. 李侃：《孫中山與傳統儒學》，《歷史研究》1986 年第 5 期。

3. 呂明灼：《五四批孔真相——「打倒孔家店」辨析》，《齊魯學刊》1989 年第 5 期。

4. 黃道炫：《30 年代中國政治出路的討論》，《近代史研究》1992 年第 5 期。

5. 陳鐵健、黃道炫：《王學及其現代命運》，《歷史研究》1994 年第 4 期。

6. 呂明灼：《儒學與民國政治》，《文史哲》1995 年第 3 期。

7. 高華：《近代中國社會轉型的歷史教訓》，《戰略與管理》1995 年第 4 期。

8. 蘇雙碧：《意識形態和中國近代化》，《東南學術》1998 年第 3 期。

9. 宋淑玉：《近代中國尊孔讀經的歷史考察》，山東師範大學碩士學位論文，1999 年。

10. 趙景來：《關於意識形態若干問題研究綜述》，《學術界》2001 年第 4 期。

11. 黃道炫、鍾建安：《1927～1937 年中國的學術研究》，《史學月刊》2001 年第 2 期。

12. 黃道炫：《力行哲學的思想脈絡》，《近代史研究》2002 年第 1 期。

13. 黃道炫：《蔣介石與朱、王二學》，《史學月刊》2002 年第 12 期。

14. 韓華：《民初孔教會與國教運動》，四川大學博士學位論文，2003 年。

15. 陳峰：《社會史論戰與現代中國史學》，山東大學博士學位論文，2005 年。

16. 高華：《在革命辭語的高地上》，《社會科學論壇》2006 年第 8 期。

17. 陳利權：《學術界關於中國國家意識形態的研究綜述（一）》，《政工研究動態》2007 年第 18 期。

18. 汪巧紅：《民國時期湖北的新縣制研究（1939～1949 年）》，華中師範大學博士學位論文，2007 年。

19. 方克立：《關於馬克思主義與儒學關係的三點看法》，《高校理論戰線》2008 年第 11 期。

20. 陳奇：《民國時期儒學的近代化轉型與開新》，「中國傳統學術的近代轉型」國際學術研討會 2009 年 10 月 16 日。

21. 郭齊勇：《儒學與馬克思主義中國化及中國現代化》，《馬克思主義與現實》2009 年第 6 期。

22. 鄭師渠：《新文化運動與反省現代性思潮近代史研究》，《近代史研究》2009 年第 4 期。

23. 陳峰：《在學術與意識形態之間：1930 年代的中國社會史論戰》，《史學月刊》2010 年第 9 期。

24. 王學典：《學術與意識形態的高度綰合──山東大學 1950 年代文科輝煌的由來》，《山東大學報「110 週年校慶特刊」》2011 年 10 月 11 日。

25. 湯一介：《傳承文化命脈，推動文化創新──儒學與馬克思主義在當代中國》，《中國哲學史》2012 年第 4 期。

26. 高瑞泉：《革命世紀與哲學激進主義的興起》，《華東師範大學學報（哲學社會科學版）》2013 年第 6 期。

27. 孫寅沛：《知識分子與近代以來中國社會意識形態興替》，中共中央黨校碩士學位論文，2013 年。

28. 魏建國、谷耀寶：《辛亥百年意識形態的邏輯轉向及其內在規律探究》，《山東農業工程學院學報》2014 年第 1 期。

29. 王學典：《啟蒙的悖論：龐樸與八十年代傳統文化的復興》，《中華讀書報》2014 年 8 月 6 日。

30. 習近平：《中國共產黨人始終是中國優秀傳統文化的忠實繼承者和弘揚者》，《黨建》2014 年第 10 期。

31. 任劍濤：《重寫儒學史與古代史意識形態》，《武漢大學學報（哲學社會科學版）》2015 年第 2 期。

32. 王學典：《中國向何處去：人文社會科學的近期走向》,《清華大學學報（哲學社會科學版）》2016 年第 2 期。

33. 習近平：《在哲學社會科學工作座談會上的講話（2016 年 5 月 17 日）》, 人民網 2016 年 05 月 19 日。

34. 陳陽：《正名以求王道——民國時期宋育仁復辟訴求的經學視野（1912～1924）》,《社會科學研究》2017 年第 4 期。

35. 王學典：《十八大以來儒學變遷之大勢》,《中華讀書報》2017 年 12 月 13 日。

36. 任劍濤：《內聖的歸內聖，外王的歸外王：儒學的現代突破》,《中國人民大學學報》2018 年第 1 期。

附　錄

　　附錄中的三篇短文，皆是著眼於儒學及人文學科的建設現狀與未來發展問題的一些觀察和感想。因學識積累有限、對相關問題思考時間尚短，且後兩篇短文未以學術論文的形式呈現，所以附錄部分在學理依據與理論論證方面仍有待進一步加強。

　　在這裡仍有必要對最初寫作意圖略作交代。「以『文化基因』矯『內在理路』之理論偏失：兼論儒學在近代中國的選擇性表達」一文，意在以「基因的選擇性表達」的生物學理論解釋作為意識形態的儒學在明清以來的演化現象，並試圖作為現有的「內在理路」研究視角的一個補充。同時也有構建「意識形態的選擇性表達」理論，以便進一步解釋中國近代以來的三大意識形態本土化與當代化的歷史進程的用意。

　　「儒學復興路徑芻議」一文，意在強調儒學在當下的創新性發展方向未明、創造性轉化共識未立之際，其重點應是在回應現時代關切的問題意識基礎上，進行方向探索與理論重塑。只有儒學理論建構的基本方向正確，精耕細作的儒學研究、大刀闊斧的儒學宣傳實踐才有意義。

　　「論人文學科發展的地利之便」一文，一是有感於高校文科建設尤其是各校區分散發展的弊端，因身處其中頗有憂慮而發；二則意在指明包括儒學在內的人文學科建設必須觸摸時代脈搏才有廣闊的發展前景，因而當代中國人文學科建設必須依託於（區域性）政治文化中心。

一、以「文化基因」矯「內在理路」之理論偏失：兼論儒學在近代中國的選擇性表達

　　儒學在近代中國的命運，一直是備受學界關注的問題。儒學在整個 20 世紀的中國經歷了一個由起伏跌宕到一蹶不振的命運，余英時先生據此提出，儒學已經成了無所依傍的「遊魂」；也有中國大陸學者在改革開放後一再明確宣稱：「經學已死，經學史的研究應該開始」。在這樣的認識下，儒學的當代實踐價值似乎已經喪失殆盡，只能在學術界內求依存。而在學理層面，儒學史或經學史卻在 20 世紀末期的中國逐步成為一個研究熱點。基於儒學史的研究，余英時先生在其名著《論戴震與章學誠》中提出「內在理路」用以「闡明理學轉入考證學的過程」〔註 1〕，為我們深入研究明清以來的中國儒學史提供了一個嶄新的而富有理論指導意義的理解視角。

　　21 世紀尤其是 2012 年以來，儒學復興運動在中國大陸漸成潮流，目前已經形成了由政府、學界、民間三方力量共同推動的發展局面。儒學的實踐價值又在 21 世紀的中國得到彰顯。余英時先生以冷眼旁觀的態度，認為在當前的局面下，大陸的儒家復興將會使儒學面臨一種悲劇命運。從「內在理路」的研究指向和「反智主義」的判斷，再到對當代中國儒學復興的悲觀認識，竊以為，這其中是否有一些對儒學的誤解，或者說是對儒學的治世理想的迴

<hr>

〔註 1〕 余英時：《論戴震與章學誠：清代中期學術思想史研究》，北京：三聯書店 2005 年版，第 2 頁。

避？這進而就牽涉出一個不容易準確說明，而又必須面對的問題──儒學的基本屬性到底是什麼？

反觀中國歷史上儒學的演化歷程則可以發現，「內在理路」說與中國古代特別是明清以來儒學演變的歷史事實之間，存在著理論上的張力。因而從「內在理路」視角出發的觀察，就不能十分準確地揭示儒學的理論特質反演化特性。

本文提出的「文化基因」說，意在強調儒學的演變離不開「內在理路」的可能性空間和「外緣影響」的選擇性表達調控的共同作用；用「文化基因的選擇性表達」理論來解釋儒學在近現代中國的演變過程，可以展示出儒學的文化基因在現實社會中被表達或被抑制的情況。這一觀察視角，或許能夠啟發我們一些新的思考。

（一）「內在理路」說與明清儒學演變之間的張力

首先該承認的是，儒學的學理演化脈絡的存在，是顯而易見的歷史事實。首先應該承認的是，由宋明理學演變到清代考證學的內在理路是存在的，清代考證學的興盛必然需要學理的內在支撐，這是某學術流派自證其價值並能夠持續發展的生命力。「內在理論」說的提出，不啻於儒學史乃至思想史研究上的一大發現。

但在另一方面，余英時先生同時也提到，清代考證學的傳承後期失去了學術演進的方向感：在乾嘉考證學鼎盛之際，已經發展到以「為經學而治經學」為高尚。梁啟超也明確談到考證學後期的式微，「（清代學術）啟蒙期之考證學，不過居一部分勢力。全盛期則佔領全學界。」〔註2〕重學問的「智識主義」是清代考證學的鮮明特點，所以考證學才給今人留下如此豐厚的文獻學遺產；然而問題在於，清代考證學既然是重「智識」的、甚至包含著能夠與現代學術直接接軌的科學的研究方法，那麼考證學為什麼會在晚清走向式微呢？

用「內在理路」的分析方法，似乎只能夠解釋由晚明空疏義理的王學末流走向清代經書研讀的必然性，「論學一定要『取證於經書』」〔註3〕是這一轉

〔註2〕梁啟超：《清代學術概論》，上海：上海古籍出版社1998年版，第29頁。
〔註3〕余英時：《論戴震與章學誠：清代中期學術思想史研究》，北京：三聯書店2005年版，第334頁。

變的內在關鍵理路。由此得出的令人信服的結論，似乎也只是儒學在明末清初尚可以說是由「尊德性」向「道問學」轉變，以及乾嘉時期考證學風內部演進的「理路」。

如果細察考證學自身演化的理路，卻能夠發現乾嘉時期的考證學與清初儒者顧炎武等提出「取證於經書」的論學目的差距頗大。「治經先考字義，次通文理，志存聞道，」〔註4〕是清初儒者注重經書的初衷。但從考證學鼎盛時期的學術成果來看，乾嘉學者往往專於「考字義」的舟楫而忘「義理」的江河，全然忘掉了「考字義」的初心，更不知還有「大道」的天下。這就並非是清初儒者的「取證於經書」，然後求證於大道的原本追求了。

雖然考證學可以聲稱辨別經書真偽是根本性的工作，但經學在考證學中成為經書之學，卻也是事實。失卻「道」的追求的考證學，雖然考據的材料是經書，因失掉了「經世」的精神故也難再稱為儒學。戴震明確指出，「今之博雅能文章，善考核者，皆未志乎聞道。」〔註5〕也就是說，考證學「取證於經書」的證明對象已經不是「道」了，而大多轉為古書真偽，一字音義而已。在清代考據之風大盛之時，大部學者已經與戴震不同，從「道問學」發展為棄道就學，專注於文字音韻之學。〔註6〕這就是由考證學即清代學術之正統派，所引領的有清一代之學風。

正是在埋頭文字訓詁的學術風氣下，戴震的義理之學才被認為是空疏無用，章學誠的「刺蝟」作風才終其一生也得不到清代學界認可，直到20世紀初戴震、章學誠在儒學義理方面的價值才被梁啟超、胡適等人重新「發掘」出來。在走出乾嘉理路的民國初年，章太炎在評價清代考證學時也明確指出，清代學術「不以經術明治亂，故短於風議」，「自今文而外，大體與漢儒絕異。」〔註7〕這樣的考證學不僅與漢儒絕異，也和唐宋儒生的主張大相徑庭，甚至與南宋「道問學」的主張者朱熹、甚至與清代考證學的啟蒙者顧炎武等明末清

〔註4〕 戴震：《與某書·戴震全集》第一冊.北京：清華大學出版社1991年版，第211頁。

〔註5〕 戴震：《答鄭丈用牧書，戴震全集》卷十一；轉引自余英時：《論戴震與章學誠：清代中期學術思想史研究》，北京：三聯書店2005年版，第99頁。

〔註6〕 參見余英時：《論戴震與章學誠：清代中期學術思想史研究》，北京：三聯書店2005年版，第146～149，350頁。

〔註7〕 章太炎著，徐復注：《訄書詳注》，上海：上海古籍出版社2017年版，第161頁。

初學人的「經世」觀念，亦分途陌路。儒學的治學氣質至清代陡然大變，甚至迴異此前數朝。

清代考證學發展到如此極端的地步，僅僅依靠「內在理路」的分析顯然無法準確說明問題。錢穆在提到這個問題時也強調「滿洲人大興文字獄，以後的人，不知道在什麼地方會觸犯到朝廷的政令，只有避免不講現實問題，於是就變成專講古代經學，這就是乾嘉時代；清朝初年人不這樣的。」〔註8〕

同時，梁啟超在分析清初學術生態時，也明確論述了「清代學術變遷與政治的影響」。梁啟超在強調清代考據學產生的明末五大學術性先驅條件的同時，也認為明清學風的轉變「須拿政治現象來說明」「內中環境一項包含範圍很廣，而政治現象關係最大」。〔註9〕而梁啟超對清學產生的政治因素的分析，顯然是從「其思必有相當之價值，而又適合於時代之要求」〔註10〕的認識基礎出發的。這一點與錢穆的上述認識大致相當。而余英時試圖延續乃師錢穆之糾偏梁啟超的做法，顯然是欲以「內在理路」糾正梁啟超在分析清代學術時過度強調政治影響的理論偏失。但余英時僅以「內在理路」說立論，強調「取證于經書」對清代考證學產生的學理影響，並強調二者須分而論之，則相關論述似乎又陷入了另一個極端。

應該承認，「內在理路」分析視角的提出，相比於單純外緣影響的「反滿說」或「市民階級說」，無疑是對清代學術氣質轉變這一問題在理論認知上的巨大進步，其對學術研究的推進意義是不言而喻的。如果作為主導因素的「內在理路」可以完美解釋清代考證學的興盛，即清人為反理學進而轉向「道問學」而專事考據〔註11〕；那麼由此內在理路發展，我們也可以做大膽推論，清代儒學的演化終將完全丟失「道」的意義，而成為以經書作為整理考證對象的文獻學。然而清代儒學的發展顯然並未如此。可見，「內在理路」用以「闡明理學轉入考證學的過程」似乎仍有可存疑之處，因而「內在理路」也就不能合理解釋考證學在清代的整個演化歷程，及其何以式微的最終命運。

〔註8〕 錢穆：《經學大要》，見《講堂遺錄》，北京：九州島出版社2011年版，第810頁。

〔註9〕 梁啟超：《中國近三百年學術史》，北京：人民出版社2008年版，第20頁。

〔註10〕 梁啟超：《中國近三百年學術史》，北京：人民出版社2008年版，第12、14頁。

〔註11〕 余英時：《論戴震與章學誠：清代中期學術思想史研究》，北京：三聯書店2005年版，第348～350頁。

如果例之以考證學的式微，這一疑問則更為凸顯。晚清時期為救世之弊的今文經學的興起，中斷了清代考證學的純粹文本考證的發展勢頭。這個轉變為什麼會發生呢？清代考證學興衰勃然突然的原因何在？在其興與衰的背後，是否有某些相似的動因？梁啟超指出的「以復古為解放」現象在學術的考慮之外，是否有對官方程朱理學的消解用意？對這些問題的思考，則必然指向「內在理路」能在多大程度上完美解釋清代考證學產生、演變的問題。如果換一個思考的角度，思想的變動固然可以舉出一二代表性學者作為例證，但對舉世皆對某一學術取向的推崇或貶斥這一現象，則需要納入政治環境的影響，以更廣闊、更宏觀的視野來分析。

如果我們取諸近四十年的事例則可以更清楚地看到，20 世紀 90 年代以來，大陸學界呈現出「思想家淡出，學問家凸顯」〔註 12〕的發展狀況，這一轉向或與清初考據之風的形成有可比之處。就其具體表現來看，古籍整理之風也在此時突然興盛，陳寅恪、胡適、傅斯年等擅考據的民國學者受到熱捧；就其追求來看，不少當代學者也以「為學術而學術」、做純粹的學問為高尚境界——這一現象與乾嘉時期的學風頗多相像。如果僅從「內在理路」來解釋20 世紀90 年代以來大陸學風的這一轉變，大約也是說不明白的。

余英時先生也意識到「內在理路」說所存在的解釋力不足的問題，所以在「內在理路」說提出之後，又調整了研究方向——「80 年代中期以來，我在明、清思想史一方面的研究重心已轉移到外緣的領域，其中較有代表性的是《中國近世宗教倫理與商人精神》《現代儒學的回顧與展望》和《明清社會變動與儒學轉向》三篇專論。」〔註 13〕這其中自然可以視為含有對「內在理路」研究思路進行調整的用意。

但余先生此時所論「『內在理路』與『外緣影響』各有其應用的範圍，離則雙美，合則兩傷」〔註 14〕，實則不敢苟同。敘述可以有不同視角，但歷史事實不容分割。認知理論猶如一個框架，如果不能盡可能地囊括事實的主要方面，則必然顧此失彼；理論框架差之毫釐，結論可能會謬以千里。限於篇章和研究能力，作為研究對象的歷史材料可以分成數塊、數條線索逐方面地

〔註 12〕李澤厚：《三邊互動》，《二十一世紀》1994 年 6 月號，總第二十三期。
〔註 13〕余英時：《論戴震與章學誠：清代中期學術思想史研究》自序，北京：三聯書店 2005 年版，第 4 頁。
〔註 14〕余英時：《論戴震與章學誠：清代中期學術思想史研究》自序，北京：三聯書店 2005 年版，第 4 頁。

進行論述，但作為真實事件的歷史則是一個有機的整體，是數線並行式地演進。這絕不是削弱余先生提出「內在理路」說的學術功績，正是這一理論使我們對清代思想的演進有了更深入的認識。但是，最終我們需要的是面向現實的歷史認知和理論探索，它不再是書齋式的分析，而應該是具有全局性、前瞻性、實踐性的理論創造。

（二）「文化基因」說的理論優勢與實踐面向

儒學從來都不只是書齋中的學問，在各個歷史時期，儒學與現實社會的互動，既有思想性的一面也同時有政治性的一面。如果僅僅把儒學視作西方式的所謂純粹的學術，那就意味著對儒學的切割——這種切割毫無疑問是以中國儒學迎合近代西方學術預設的削足適履。就中國學術的演化特質而言，內在理路與外緣影響都只能表達出儒學某一面向的特徵，而內外兩個方面都是儒學自身演變不可分割的一部分。從這個角度講，「內在理路」的理論指向或許不如「文化基因」的解釋更準確。

這裡借用分子生物學的基因表達理論來做一個模型式的說明，進而嘗試解釋儒學發展演變的特點及原因。之所以選擇這一生物學的理論來解釋儒學的演變，不僅僅是因為「文化基因」這一概念早已被一些學者用來指稱儒學，更重要的是基因在表達的過程中對自身具有的遺傳信息進行選擇性利用的特點，符合儒學在兩千多年中國歷史中的演化面貌。儒學在近代中國的命運雖然起伏劇烈，但仍然能用「文化基因的選擇性表達」來解釋。對「文化基因」這一概念進行進一步的理論提煉，並在歷史學學科內部賦予它系統的解釋力，將有利於我們認識儒學的歷史演化特點和儒學的基本屬性。

但同時必須指出，理論猶如地圖，可使初學者按圖索驥便於理解，省時省力利於學問精進，也有利於把複雜的問題清晰化，把隱藏在表象背後的某些規律性的東西反映出來；然而過分依賴於理論卻可能有刻舟求劍、指鹿為馬的偏失。因此「文化基因」說並不能與儒學的演變歷程完全契合，它只是為了便於理解而創造的一個假說。

現代分子生物學研究表明，「基因表達是 DNA 雙螺旋中的信息轉移到 RNA 和蛋白質中的過程，蛋白質的活性則賦予了一個細胞形態和功能。轉錄是基因表達的第一步，包括將 DNA 複製成 RNA。這一過程是由 RNA 聚

合酶催化的。」〔註15〕在基因表達過程中，「轉錄是指以 DNA 分子為範本合成與其核苷酸順序相對應的 RNA 分子的過程，翻譯是指以 mRNA 分子為範本，依據三聯體密碼規則，合成具有特定氨基酸順序的蛋白質肽鏈的過程。」〔註16〕

在基因表達的具體過程中，「蛋白質是依據信使 RNA（mRNA）的範本在翻譯過程中合成的……蛋白質合成的機器由四個主要的部分組成：mRNA；適配 RNA（tRNA）；氨醯-tRNA 合成酶；核糖體。」〔註17〕也即是說，基因中的遺傳信息最終通過大分子蛋白質在生命體中表達出來，呈現出遺傳信息所具有的某些生命特性，需要經過從 DNA 到 RNA 的轉錄和從 RNA 再到蛋白質的表達。在這兩步關鍵的進程中，都同時需要多種酶和蛋白質的密切協作，僅有 DNA 的遺傳信息是不可能順利完成基因的表達的。分子生物學的這一中心法則為我們理解儒學的演化提供了一個絕佳的觀察實例。

把儒學比作中國文化基因這一觀點並不新鮮，但大都是僅就其文化地位而言，並未深入到運行機制層面去探討。余英時先生研究明清之際儒學演變提出「內在理路」說，指明了作為「文化基因」的儒學，其演變是在自身所具有的邏輯路線和理論支撐之下進行的——清代考證學的產生演變是有其方向次序可循的，這是儒學在清代表達為考證學的「遺傳信息」；但同時也應該看到，就像基因表達離不開遺傳信息和酶、蛋白質的協作一樣，儒學的演變發展同樣離不開「內在理路」的可能性空間和「外緣影響」的表達調控的共同作用。

在分子生物學中，表達調控之所以能夠得以實現，也是通過蛋白質和酶發揮作用的——「基因表達通常由外部信號控制……凡是某一細胞成分的存在使某種細胞功能能夠實現，而這一成分的消失或失活使這一功能不能實現，這種調控屬於正調控。凡是某一細胞成分的存在使某種細胞功能不能實現，而這一成分的消失或失活使這一功能得以實現，這種調控屬於負

〔註15〕（美）J.D.沃森，T.A.貝克，S.P.貝爾，A.甘恩，M.萊文，R.M.洛斯克等編著，楊煥明譯：《基因的分子生物學》，北京：科學出版社 2015 年版，第 481～482 頁。
〔註16〕陳啟民、耿運琪：《分子生物學》，北京：高等教育出版社 2010 年版，第 18～19 頁。
〔註17〕（美）J.D.沃森，T.A.貝克，S.P.貝爾，A.甘恩，M.萊文，R.M.洛斯克等編著，楊煥明譯：《基因的分子生物學》，北京：科學出版社 2015 年版，第 592 頁。

調控。」〔註18〕

以「文化基因的選擇性表達」理論來觀察儒學的演化，則可以觀察到如下特點：其一，儒學在不同社會中，具有選擇性表達的特點。這確實具有「內在理路」所反映的特徵，因為基因不可能同時表達出它所具有的全部遺傳信息，更不可能表達出它所不具有的遺傳特性；其二，在儒學的選擇性表達過程中，發揮作用的不僅僅是作為遺傳信息的經典文本。這其中還有控制遺傳信息表達的多種酶以及啟動物、阻遏物等蛋白質，即這些外在的、客觀的「存在物」，共同組成了儒學選擇性表達的外部環境；其三，如同生物的生命特徵最終是通過蛋白質的組合表達出來的，儒學的具體形態在實踐中的映像，同樣也是通過儒生群體來實現的。在這一過程中，如果說儒學經典文本是遺傳信息，儒學在不同時代的社會中的選擇性應用是基因表達，那麼中國歷史上的儒生大致上扮演了具有遺傳信息搬運作用的 RNA 的角色。

對於不能直接觀察這一過程的後時代研究者而言，DNA 的表達過程是難以直接接觸到的，是隱性的；而基因表達出來的由蛋白質組成的生命體是可見的，是顯性的。只通過可見的蛋白質去逆推遺傳物質和表達過程，雖然有大量的處於 RNA 位置的歷史參與者即儒生存留的記錄，但由於 RNA 在文化基因的表達過程中只是局部的參與者，往往沒辦法參與到某一時代文化基因表達的全部過程。因此歷史當事人的記錄往往具有不可避免的歷史侷限性。

同時，在基因表達過程中時刻有大量的酶和蛋白質的參與，並非是僅僅由作為遺傳信息的儒學經典的文本和作為儒家信息搬運者的 RNA 兩方互動的產物。如此則顯而易見，如果僅以遺傳信息的自我演化和 RNA 的片面記錄作為證據，忽略酶和蛋白質在這一過程中所發揮的作用，而去推證——遺傳信息是什麼，或基因表達的過程及原理是什麼——這雖能夠得到符合部分事實的觀察結論，但也必然會在一定程度上造成認識的偏差。

對於由宋明理學發展為乾嘉考證學、又發展為晚清今文經學的演化過程，本文意在指出：正如基因表達的過程受外部多種酶以及啟動物、阻遏物的控制一樣，這一發展與轉變的過程固然有儒學自身內在的思想理路在發揮作用，但同時起著決定作用的，還有外在的時代大局和政治「時宜」。

「把漢宋之爭還原到『道問學』與『尊德性』之爭，我們便可以清楚地

〔註18〕陳啟民、耿運琪：《分子生物學》，北京：高等教育出版社 2010 年版，第 95 ～96 頁。

看到宋明理學轉化為清代考證學的內在線索。」〔註19〕這一內在理路的可能性在乾嘉發展到只有學而罔顧「道」的考據之風盛行的極端狀態，若不能與外緣影響的催化推動之力合而為一，實在不足以解釋為什麼乾嘉考證學離「道」避世到如此地步。余英時先生自己也說，「明清的君主專制是逼使儒學逐步轉移其注意力於民間社會方面的一個根本原因。自晚清以來，我們都認定清朝屢興文字大獄，終使儒學只有在經學考證中求逃避。」〔註20〕也就是說，考證學之所以成為儒學在清代的具體表達，是文化基因的遺傳信息和多種酶、蛋白質共同作用的結果。

如果用這一假說來分析近代儒學的演變，則能更清晰地認識到，儒學在近代中國衰敗的根源，在於其自身的「文化基因」無法直接表達出符合時代需要的生命體。那麼問題出在什麼地方呢？是否像 20 世紀前期一班主張「全盤西化」的學人所認識的那樣，這是儒學自身的缺陷呢？

（三）儒學在近代中國的「選擇性表達」

在一些學者的論述中，作為中國重要的文化基因的儒學，是否具有現代西方自由主義民主政治所要求的思想內涵，幾乎成了決定儒學當代命運的審判之劍。

近幾十年包括港臺新儒家在內的一部分文化保守主義者，也一直在努力論證儒學與西方的某些價值理念具有相似性。余英時先生也提到，「我一直相信中國既是一個古老的文明大國，其中必有合情、合理、合乎人性的文化因子，經過調整之後，可以與普世價值合流，帶動現代化。」〔註21〕儒學合乎人性是不言自明、無須懷疑的，歷史上中華文明圈的存在就是明證；但是儒學在近代中國衰敗的根源，並不是因為近三百年的儒學形態違背人性或者違背西方化的期待。

儒學在近代中國衰敗的緣由或在於，在秦代以來尤其是在最近的三百年間，儒學所選擇性表達出的生命體，與逐漸成為世界潮流的、西方近兩百年來的民主政治發展方向是迥異的。這個巨大差異，導致了兩者在相遇時的劇烈衝突。即儒學在近代中國之所以衰敗至此，是調控蛋白酶和 RNA 的基因表

〔註19〕余英時：《論戴震與章學誠：清代中期學術思想史研究》自序，北京：三聯書店 2005 年版，第 150 頁。

〔註20〕余英時：《現代儒學的回顧與展望》，北京：三聯書店 2012 年版，第 175 頁。

〔註21〕余英時：《余英時回憶錄》，臺北：允晨文化實業 2018 版，第 70 頁。

達環節出了問題；而對儒學的這個表達環節發揮過決定性作用的，就是由帝制時代的思想、制度、風俗等共同決定的時代大勢，包括在這種大勢中孕育產生的、能夠控制文化基因表達的多種「酶」以及啟動物、阻遏物等「蛋白質」。

晚清儒生張之洞認為，「古來世運之明晦，人才之盛衰，其表在政，其裏在學。」〔註22〕社會、國家若要興旺發達，必須有一種博大精深、四平八穩的思想體系作為指導。清代考證學的興盛，是時代局勢壓迫的結果；而晚清政局晦暗政治動盪，也是因為作為政治理想和頂層設計的意識形態的陳晦，從而導致了國家發展道路不明朗。這兩者之間是相互作用的。

就儒學自身來說，清代儒學的主流曾以避世為高尚，不再時刻為「救世」作理論準備的工作。所以當晚清時期當政治局勢詭譎莫測之時，雖有龔魏、康梁等人起而救世，但倉促間難有作為。大廈將傾，平靜的書桌又能安放在哪裏？所以曾經作為治國理政思想資源的儒學也命途多舛。清末廢科舉標誌著儒學與政治體制的脫離，民國初年的新文化運動明確舉起反孔的大旗，直至新中國成立後儒學被送進博物館。〔註23〕這期間雖有幾次尊孔風潮，都沒能扭轉儒學式微的方向。這是為什麼？

如果用內在理路的分析，儒學內部從來不乏學識淵博、「苟利國家生死以」的儒生，不乏以生命相託、以之為畢生志業的學者；晚清以來的今文經學派起而救世，先有「師夷之長技」及「中體西用」，後有「戊戌維新」，民國年間尚有孔教會「學衡派」、「中國本位文化」建設派，亦不乏其理路——為何儒學在近代以來卻日漸式微成為「遊魂」，成為塵封在博物館中的展品而不得表達？這不是儒學演化的「內在理路」出了問題，這完全是新的政治理想與新的時代變局的衝擊造成的。

中國近代以來的危機，正是時代變局的衝擊造成的。正是與傳統中國不同的、西方的堅船利炮和民主共和制度以及自由平思想等等的共同衝擊，才形成了「三千年未有之大變局」。這種新的外來力量一旦衝垮了清帝國的政權，就會繼續衝擊中國傳統政治體制的思想資源——儒學。當儒學內在的自救機制全都無力挽救危局時，倒下去的不僅僅是政權，還有這種政治體制，以及

〔註22〕張之洞：《勸學篇》，北京：北京師範大學出版社 2014 版，第 21 頁。

〔註23〕（美）列文森著，鄭大華、任菁譯：《儒教中國及其現代命運》，桂林：廣西師範大學出版社 2009 年版，第 319~325 頁。

政治體制背後的治世理想。而儒學不同於西方的宗教，它沒有自己相對獨立的組織，政治體制被衝擊以後，儒學沒有自我聚土成山的力量。

新中國成立之後的建設理想與實踐道路，不得不捨棄尚與帝制糾纏不清的儒學。所以從學術內在理路看，儒學無所依傍成了遊魂；從文化基因表達上看，儒學被從社會中剔除進了博物館。

儒學在近百年間國家意識形態地位的喪失，以及其後面臨的動盪起伏的歷史命運，這並不是儒學內部的理論缺陷造成的；而是由於儒學無法應對來自其他意識形態的理論衝擊，無法回答中國在近代歷史進程中提出的時代問題而造成的。儒學在古代中國興盛的原因，在於它成功指導了古代中國的政治實踐；而儒學在近代中國衰敗的原因，則是無法繼續指導近代中國的政治實踐。

由此我們可以看到，中國歷史上的儒學具有兩種不同的面向，其一是以學術思想的形態呈現的，這一面向中的儒學在當代中國以中國哲學史、中國思想史、中國儒學史等等學術形態繼續存在著；其二則是作為「王官學」、「意識形態」呈現的。這一面向中的儒學，其最高理論指向是「以經術明治亂」，是「為萬世開太平」。

儒學從其創始人孔子開始，就已經具有「學」與「仕」的雙重價值追求。儒學的這種雙重理論特質在近三百年間被迫一分為二，清代考證學者獨得其「學」而不問世事，清代官方程朱理學者獨得其「仕」而不顧興亡。〔註24〕儒學在這種局面下演進，以至於學問流於細碎，政治淪於專斷，在國家存亡絕續的緊要關頭，兩方都只有徒呼奈何。清亡以後，清代考證學在西方學科體系中找到了容身之地，而清代官方程朱學因難脫專制的窠臼而被拋棄。

就具有意識形態性質即「仕」的儒學而言，其在近代之所以逐漸成為遊魂，是控制儒學這個「文化基因」表達的、由多種酶以及啟動物、阻遏物共同組成的環境發生了變化，許多調控蛋白酶的變化抑制了儒學原有的表達方式。抑制它的原因在於，從秦制確立以來，儒學的文化基因已經表達出了一個適應於帝制社會的生命體，「孔教與帝制，有不可離散之因緣」〔註25〕；而近代中國需要走出清代的政治形態，開闢一個不同於兩千年帝制社會的新道路，這是不可逆的時代大勢。儒學未能在近代以來的新的時代大勢下，形成新的文化基因的表

〔註24〕參見王勝軍：《清初廟堂理學研究》，長沙：嶽麓書社 2015 年版。
〔註25〕陳獨秀：《駁康有為致總統總理書》，《新青年》1916 年第 10 卷第 1 號。

達方式。這是文化基因說用以解釋儒學近代命運的理論指向之一。

其二，作為「文化基因」的儒學能夠，而且必須表達出適合當代中國需要的生命體。雖然在兩千年帝制社會的選擇性表達調控下，儒學的文化基因中有利於帝制社會的方面被選擇性啟動並表達出來，不利於帝制社會的方面被選擇性阻遏甚至被抹除，但這並不意味著儒學只有與帝制社會適應的文化基因。

儒學誕生於周秦之際這個思想多元開放的時代，雖然因為吸納了三代的思想資源而帶有封建時代的烙印；但孔子、孟子等先賢對儒學典籍與思想進行再創造時，所追求的都是完美的人間理想的實現，不是為了對當時的王權的合理性進行論證。所以，儒學的文化基因中必定含有比較充足的關於如何塑造人類理想社會的、非帝制的「遺傳信息」供後人發掘，這是儒學能夠表達出適合當代中國所需要的生命體的根本特質。同時，根據「文化基因」說解釋的儒學在歷史中國的演化機制，儒學能否生長出適應時代需要的生命體的關鍵，也在於當代學者對儒學典籍的重新發掘和理論創造。畢竟孔子誕生之前沒有儒家學派，馬克思誕生之前沒有馬克思主義，孫中山誕生之前也沒有三民主義。古今中外的主義、思想、學派的演化已經充分證明，「人能弘道，非道弘人」。

在中華民族復興的今天，在實現儒學的創造性轉化與創新性發展的基礎上，儒學將能夠而且必能夠作為中華民族的文化基因和治國理政的思想資源再次發揮重要作用。提取儒學中適合當代中國的文化基因信息，發掘儒學的文化基因中適合時代需要的精神內核，在多種「酶、RNA和蛋白質」的協作下生長出新的生命體，這將是實現儒學的創造性轉化與創新性發展的必由之路。

結語

儒學在當代中國已經是「遊魂」，這是不爭的事實。我們現在能看到的儒學的基本面貌，已經經歷了兩千年帝制社會的選擇和改造，其被強調和被表達的是有利於帝制社會的文化基因。同時，儒學的文化基因中這個已經被選擇性表達的部分，大部分內容是中國現代化建設的障礙，這是必須要講清楚的。

然而，無論在理論探索上還是在實踐上，剔除儒學的帝製成分都是一個困難重重的思想課題。辛亥革命以來的民主法制建設曲折艱辛，新文化運動以來對儒學的理論探索也存在著矯枉過正；但我們不能因為道路艱險就裹足

不前，不能因為恐懼現實政治就冷眼旁觀。「虎兕出於柙，龜玉毀於櫝中，是誰之過與？」對當代中國學者來說，放得下歷史的包袱，總結得了實踐的經驗，才能面向未來。

同時也必須看到，雖然中國與西方國家、今天的中國與帝制時代的中國存在著巨大差異，但是毫無疑問都面臨著一個共同的問題——人類社會的治理問題。這個問題是中外相似、歷久彌新的。人類社會的健康運行需要一定的秩序，只要人類社會存在，活著的人們就必須對這個問題進行永無休止的探索和實踐。這個問題不會因為思維模式的差異、經濟形態的變化以及科學技術的進步而消失。

在人類社會的治理問題上，「祖述堯舜，憲章文武」的儒學有許多非常有價值的理論探索，也積累了大量實踐經驗，是治國理政的寶貴思想資源。承認儒學的當代價值，恰當解釋儒學在帝制時代所發揮過的作用，從而找到使儒學在當代中國重塑、再生的那個恰當的切入點，是我們在當代中國的建設實踐中轉化儒學和發展儒學的第一步。

此文作於余先生在世時，惜乎未能得一字之教誨。後驚聞噩耗，曾哀挽「丘首故國有餘恨　魂潛新亞待英時」以為紀念。後學讀其文，每開卷有益。

初稿完成於 2016 年 8 月，以《論「文化基因」視角下儒家的選擇與表達》為題發表於《宜賓學院學報》2020 年第 5 期

二、儒學復興路徑芻議

　　儒學的復興，是當下中國思想文化界的一個新動向。這個新動向由涓涓細流到匯聚成潮，已經走過了近三十年的時間。十八大以來，儒學作為中華優秀傳統文化的一個重要組成部分，得到了政府的肯定和支持。儒學復興由此形成了由學界、政府、民間等多方力量共同推進的發展態勢。在強大的推力下，儒學的諸多意義指向都出現了新的主張，因而正逐漸形成「百家爭鳴」的局面。新生的思想主張只有經過互相的敲打、借鑒，才能得到錘鍊；千錘百鍊的理論，才有可能經受得住實踐的檢驗。因此，百家爭鳴的局面是進行理論創新的肥沃土壤。

　　同時，「天下一致而百慮，同歸而殊途」，爭鳴的理想狀態是百川匯海，錘鍊出一個更完善的理論體系；而不應該如江河泛濫，一發不可收拾。因此在儒學的復興、新思想的形成過程中，一個可以讓多種思想主張碰撞、借鑒、融通的平臺，就顯得尤為必要了。在儒學復興中，各種主張能否「百慮而一致」的關鍵問題之一，就是有沒有這樣一個平臺，有沒有這樣一個思想發展的路徑。構建並疏通這個路徑，是當代儒學復興的當務之急。

（一）儒學復興的必要性

　　以儒學為代表的中華優秀傳統文化，是構建中國特色哲學社會科學的必不可少的寶貴資源。中國特色哲學社會科學的構建，立足於當代中國社會實踐，將能夠為未來的學科建設、人才培養、國家和社會治理乃至人類命運共同體的形成提供理論指導。這樣一種理論體系不可能是憑空產生的，它不可能、也不應該拒絕人類已經創造出來的思想結晶。儒學是曾與我們生活在同

一片土地上的祖先們的思想結晶，是我們不可多得的寶貴思想資源。它毫無疑問帶有時代的烙印，也曾因沒能適應時代的巨變而被批判、被拋棄。但我們不能因噎廢食般地徹底否定儒學的價值。戰亂動盪和物質貧困的時代問題都已經解決，當下的中國處在需要中國特色的哲學社會科學理論的時代。在構建中國特色哲學社會科學的過程中，如果我們不能拒絕國外哲學社會科學的思想資源，那麼我們更不能拒絕儒學的思想資源。任何固步自封、墨守陳規的思想體系都不可能具有長久的生命力。

同時，儒學是在歷史的中國形成並發展起來的，是帶有鮮明的帝制時代烙印的思想體系，因此，帝制時代的儒學就必然帶有某些不合於現時代的成分。任何照搬、移植儒學的主張都是不合時宜的；任何不加分辨、不知損益的態度都是激進的。我們立足於當代社會實踐的需要而借鑒、吸收儒學的思想資源，需要的是儒學的基本精神、基本指向——即儒學的精神內核。而其制度外殼，則必須依據現代國家的治理原則進行大面積的改造。歷史上的任何思想主張，都不可能為當下問題的解決提供現成的答案。就儒學來說，我們需要的是復興和重生的儒學，不是古老而僵化的教條。

（二）儒學復興的階段性定位

當前儒學復興局面的形成，在很大程度上依託於政府的倡導和支持。政府政策的制定必須符合社會現狀，必須具有連續性和穩定性，因而不能如理論探索一般大踏步地推進，或多方向的嘗試。「始生之物，蒙昧未明。」儒學這一重生之物的現實形態及其實踐指向還並不明朗，目前只宜處於理論探索的階段。以儒學為代表的中華優秀傳統文化，是構建中國特色哲學社會科學的三方思想資源之一，是對儒學發展階段的精準定位。儒學的復興還處在「摸著石頭過河」的狀態，理論層面的創新需要反覆推敲，實踐層面的探索尤其要小心翼翼。一旦實踐層面的某些探索出現了失誤，社會輿論將可能直接攻擊儒學的價值正義性。如果理論層面的探索創新是當下儒學復興的重心，那麼以高校為代表的研究機構，就應該成為儒學復興的中心。

自「五四」時代以來，反傳統也逐漸成為一種傳統。儒學這一重生之物，在近三十年走過了正名的階段，當下正在進入承啟（或稱接續）階段。在對儒學的認識尚未達成廣泛共識、對儒學的理論探索尚未明確方向的情況下，推進階段的一些工作還不宜過早展開。立足於高校文科建設的儒學復興，在

這一階段的任務應是承上啟下、承前啟後。上承政府對中華優秀傳統文化的提倡，下啟當代社會對溫情道德、誠信秩序的呼喚，順乎上而應乎下。承接高考改革的現行大勢，扭轉「道術為天下裂」的局面，下啟高校學科交叉、融合、創新的學術趨向。前承現有的各學科資源，以儒學引領人文學科的演化方向並進行整合，後啟中國特色哲學社會科學的話語體系、研究範式的建構。在這一承啟工作的落實過程中，將可能同時完成學科轉型、人才培養和儒學的理論探索三大任務。在對儒學進行合乎時代需要的「損益」工作之後，在獲得了必要的人才儲備之後，再依據社會現實選取一個恰當的切入點著力推進。這將是儒學思想資源參與當代中國特色社會主義建設的可行性路徑之一。

（三）儒學復興的學科路徑

　　處於理論探索階段的儒學復興運動，主要依託應該是以高校為代表的（包括官方智庫和民間書院）研究機構，因此儒學復興必須承接現有的人文學科的運行體系和學術成果。完全捨棄現有資源而另起爐灶的主張，不僅會造成學科建設上的混亂，而且在現實中也會破壞教育政策的穩健性和連續性。在高校人文各一級學科的改革整合過程中，儒學所具有的面向社會現實問題的經世致用精神，將是一種良好的催化融合劑。人文各一級學科雖然角度、理論各異，但都是面向唯一的人類社會——這個鮮活而統一的整體。人文類各學科、各思想主張的生命力也必然來自於人類的實踐活動。如果距離這個母體太遠，無論其多麼理論自洽，也終究會走向衰敗和枯萎。因此，人文學科能夠而且應該指向人類實踐活動中的現實問題。

　　「問題是創新的起點，也是創新的動力源。」以產生於社會現實中的問題意識為核心引領，以中央及地方政府的研究立項為推動力，以現有學科為落腳點；充分利用「雙一流」大學建設、國家智庫建設、中華優秀傳統文化傳承發展工程的時代契機，實現學科轉型、人才培養和儒學復興三位一體的建設目標。在建設過程中以馬克思主義基本原則、基本方法為指導，並合理借鑒國外哲學社會科學的理論成果，從而構建中國特色哲學社會科學。

　　以目前的高校人文學科建設和學界對儒學的研究現狀為基礎，儒學復興的學科路徑可以問題研究為核心，整合哲學、政治學、歷史學三方的學科資源，並以中國古典文獻學作為其文獻基礎。其中，哲學指向的是義理儒學、心性儒學的方向，包括以西方哲學體系重構中國哲學的一些理論成果等等；

政治學指向的是政治儒學、制度儒學和社會儒學的方向，包括傳統的易學、今文經學的內容等等。歷史學主要指向儒學史的方向，它一方面可以通過中國哲學史連接哲學學科，通過中國政治史連接政治學學科；另一方面可以立足現實，連接過去與將來，為現實問題的研究提供一個歷史性的說明和前瞻性的思考，實質上是發揮一個連接性的作用。中國古典文獻學領域，已在傳世古籍整理、域外漢籍合璧、出土文獻整理與釋讀三個方面取得了豐碩成果。三方成果的綜合，必將為當代儒學研究乃至中國古典學術研究提供堅實的文獻基礎。整合哲學、政治學、歷史學、中國古典文獻學四大學科的力量，可以共同對一個甚至數個從當代社會實踐中提煉出來的問題進行理論研究。在獲得政府立項支持的同時，充分總結相關試點建設的經驗，並召開社會學、法學、管理學、經濟學等相關學科的專家聽證會。如此形成的結項成果，才可能對社會治理和國家人才培養提供直接的參考。結構圖標如下：

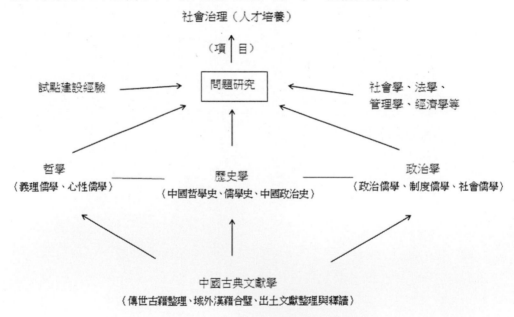

（四）儒學復興的理論指向及其模式

當下儒學復興局面的形成，是學界、政府、民間等多方力量共同推動的結果，這就表明儒學的復興不僅具有學術思想的內涵，還應該具有指導社會實踐的價值。以理論創新為邏輯起點的當代儒學復興運動，其最高指向必然是國家社會治理以及人類社會治理。中國道路、中國方案的形成，必須首先成功解決我國的社會治理問題，然後才有可能走出國門，走向世界。充分聯

繫實際、成功指導實踐的理論創新，才可能具有長久的生命力；容納人類思想結晶、具有理論預判的社會實踐，才有可能持續推進。理論創新和社會治理的實際承擔者，都要落實到人才上，這就要求儒學復興要兼顧理論上和實踐上的人才培養。

在當代人文學科建設過程中，已經積累了一些經驗，正在探索或探索出了一些建設模式。如高校內學科之間的交叉融合模式、校與校之間的協同創新模式、高校與政府之間的智庫模式等等。因儒學復興的實踐指向，必然離不開行政力量的支持。並且在中國特色哲學社會科學、中國道路建構過程中，應該充分借鑒我國改革開放以來經濟建設上的成功經驗——試點建設。在理論探索的成果初步成熟之後，選取一個小範圍的、易操作的「試點」做實踐探索，然後以實踐經驗的總結來調整、補充、完善理論。並在推廣過程中進行新一輪的理論與實踐的互相檢驗，使理論在實踐中一步步走向成熟。在這一過程中，只有多方力量同心協力，才可能實現協同發展的目標，進而為實現中華民族偉大復興的中國夢貢獻力量。

此外，儒學復興還應注意三個方面的問題。

其一，理論自洽不能成為唯一的標準。百年前儒學國家意識形態地位的喪失，及其隨後動盪起伏的歷史命運，並不是儒學體系內部的理論矛盾造成的；而是由於儒學無法應對來自其他意識形態的理論衝擊，無法回答中國人民在社會實踐中提出的時代問題而造成的。只知邏輯推理而不顧天下大勢，思想的演進必將進入死胡同。因此，當代儒學復興要避免陷入邏輯誤區，必須具有與時俱進的理論質量，必須堅持理論聯繫實際的原則。

其二，「人能弘道，非道弘人。」自韓愈明確提出「道統」說以來，以道統繼承者自我標榜、自抬身價的陋儒層出不窮。甚至為躋身「道統傳人」的名單而窮盡畢生才智，卻不知「仁以為己任」的擔當為何物，不知「斯文在茲」的理論自信為何物。儒學是活的思想，不是僵化的教條。任何照搬模仿、固步自封的所謂儒學復興的主張，無論其傳承道統的口號多麼動聽，也必定不會長久。為儒學正名的階段已基本過去，現在需要做紮實的研究探索工作。繼承先賢傳世的基本精神，做我們自己的事業，才是以人弘道。

其三，「欲速則不達。」思想的演化發展、理論在實踐中的展開、人才的培養等等，都有其客觀規律和階段性特點。儒學的復興是一個過程，也必然符合發展的某些客觀規律。如果能以發展的眼光看待儒學復興問題，準確把

握當下的發展階段，就能理解哪些主張或方式、方法是不合時宜的。以此觀察我國社會主義建設的階段性特點，就有可能使我們理解建構中國特色哲學社會科學的重要性和緊迫性。為了理論探索工作的穩步、順利推進，就更要理解前人「欲速則不達」、「過猶不及」的告誡，正確把握事物發展的客觀規律，密切聯繫實際，不可操之過急，竭力避免理論探索工作誤入歧途。

在歷史的長河中，一切渺小的東西終會歸於消滅，一切偉大的東西必將生命不絕。儒學如果有這個理論自信，它就不會懼怕歷史與社會實踐的檢驗。

完成於 2018 年 1 月，發表於《人文天下》2018 年第 9 期

三、論人文學科發展的地利之便

　　在當下的中國，一種新的極富生機的東西正在生長。這是一條道路，是一種文化，也是一種理解世界的方式。它根植於中華優秀傳統文化的土壤，同時正在汲取著國外優秀文化的養分。孕育它的母體，則是中國的人文學科（即哲學社會科學）。

　　2012 年以來，隨著對中華優秀傳統文化的逐漸重視，中國人文學科終於重獲發展的天時。中國國家領導人習近平在哲學社會科學工作座談會上強調：「當代中國正經歷著我國歷史上最為廣泛而深刻的社會變革，也正在進行著人類歷史上最為宏大而獨特的實踐創新。這種前無古人的偉大實踐，必將給理論創造、學術繁榮提供強大動力和廣闊空間。這是一個需要理論而且一定能夠產生理論的時代，這是一個需要思想而且一定能夠產生思想的時代。我們不能辜負了這個時代。」當代中國對理論的呼喚，對人文學科的期待，預示著其發展的天時已經到來。

　　在社會轉型、文明重建的時代大背景中，人文學科融合發展的意義就在於將為中國當下轉型、未來道路的探索提供符合時代特點的認知、思考、設計的文化基礎，也能夠為人類認識世界、改變世界提供一種嶄新的中國方式。既然天時已經具備，請論地利之便。

（一）人文學科的分科治學及其交流平臺

　　近代以來學界主流是分科治學，以儒學為核心的中國經史之學的研究自然也被納入這個體系中。中國借鑒蘇聯的學科建設模式，在學科細化的方向上持續發展，到今天已經暴露了一些弊病。從學科分類上來講，人文學科與

理工學科都以客觀世界作為唯一而和諧的研究對象，而且根據人類認知的特點、思維能力以及學習過程的限制，理工學科的分科治學設計有其合理性，然而這並不意味著理工學科的分科治學辦法可以完全照搬到人文學科之中。人文學科的綜合性與人文性是理工學科不具備的。

就研究方式來說，「近水樓臺先得月，向陽花木易為春」，如果理工學科教學科研依託的是實驗室，那麼人文學科教學研究就不能遠離區域性的政治文化中心。以國家或者人類社會為觀察研究對象的歷史學、經濟學、政治學、法學、社會學、民族學、新聞學、人口學、管理學等等自不必說，無論研究領域是當下還是歷史中的，對現實的觀察理解無疑會具有書本無法替代的認知啟發。哲學、文學、藝術、語言等等，同樣需要政治文化中心所積累的文化資源，和它所提供的廣闊而深刻的時代體驗。

更為重要的是，人文學科的發展比理工學科更需要一個人才匯聚的交流平臺，一個可以進行交流思想、拓展眼界和辯論批評、學習糾正乃至交流借鑒融合的平臺。人才的集散地是優秀學者、思想家成長的沃土。我們熟知的稷下學宮，之所以能成為戰國時代思想交流的中心，成為孟子、騶衍、荀子等思想大師的匯聚地，除了齊國文化政策的鼓勵，經濟的支持外，學宮位於齊國都城，也是促其興盛的必不可少的條件。這群學者最關心的問題，則是如何治國安邦、平定天下。雖然治國觀點各不相同，但國富民安、天下大同的理想是一致的。《管子》《孟子》《荀子》無不反映著這一思想。稷下學宮的思想資源，直至漢武帝時仍發揮著巨大作用。

（二）政治文化中心對人文學科發展的重要性

當代中國的人文學科建設依託於政治文化中心的必要性，不僅在於為人文學科各下屬學科提供了相互借鑒彼此融合的地利之便，為解決學科過渡細化帶來的弊病尋求方法進而促進中國人文學科自身的繁榮發展，更在於中國人文學科所承擔的獨特的探索社會轉型、發展道路的時代任務。這是人文學科發展的天時，也是人文學科必須要回應的現實問題。而在今天，傳統文化的復興為整體理解現實社會提供了可借鑒的思維方式，儒學的提倡喚醒了經世致用的家國情懷，那麼，讓所有有利條件匯聚孕育的沃土必然是區域性政治文化中心。

從人文學科發展的時代背景來看，面對當今中國新的歷史時期的一系列

新問題，人文學者具有得天獨厚的思想優勢。經世致用的現實關懷一直是中國優秀知識分子的靈魂，正是這種精神塑造出了中華民族興旺發達的脊樑。居於指導地位的馬克思主義、我國優秀傳統文化、民主平等文明和諧的社會理想，都是我們寶貴的思想資源。只有同時滿足價值正義性和歷史正當性的理論探索，才符合中國最廣大人民的根本利益和中國道路的發展要求。而這一探索過程，無疑必須從準確認識理解把握我們所處的時代開始。如果說人類歷史上能夠因應現實呼喚的優秀作品「都是時代的產物」，而我們首先要做的，就是觀察我們所處的時代，回答我們的時代問題。只有立足於政治文化中心的發展，只有同時滿足學理進步和現實建設要求的發展，才能孕育出當下中國真正需要的道路，才能培養出中華文明復興的根苗。

從人文學科的研究對象來看，只有佔據政治文化中心的地利之便，以人類社會為直接或間接研究對象的人文學科，才具有最大限度的觀察瞭解體會它的研究對象當下形態的條件，從各類社會角色扮演者的講學活動中獲取對當下社會的整體而鮮活的認識。細化而彼此獨立的學科劃分固然有利於學科自身的發展，卻無法準確而完美地回答現實社會有機體在發展中所提出的問題。只有打破學科界限，在認知層面上還原社會這一有機整體，基於此種認知而提出的對策才具有可預測性和可操作性。如果說一流科學家離不開實驗室，那麼一流的人文學者（哲學社會科學工作者）也離不開他們的觀察室。最好的觀察室毫無疑問應該是區域性政治文化中心。

從學術自身發展的規律來看，現在人文學科中較普遍的觀點是做研究、寫文章要有問題意識，那麼問題意識從哪來呢？依經驗來看，可以認為是從身邊生活中來，從社會狀況中來，從人民群眾的歷史實踐中來。在我們需要回答問題是什麼，為什麼會這樣，將來會怎麼樣之前，必須對其有準確全面的認識理解與把握。政治文化中心是理解把握時代脈搏的最好的觀察室，距之越遠，體會就會越弱，觀察就會越模糊。迴避現實問題的「躲進小樓成一統，管它冬夏與春秋」式的人文學者及其研究成果，因缺乏對社會現實問題的必要的切身性的理解，是不可能圓滿地回答時代問題的。

（三）依託於高校的人文學科建設及其地利問題

人文學科發展的春天已經到來，我們因之歡欣鼓舞、鬥志昂揚。而當下的人文學科的建設仍有一些問題亟待解決。如果中國高校的人文學科建設已

獲天時，那麼目前推動其發展的重要條件就是地利。

從目前中國大陸高校的現狀來看，人文學科的建設發展已呈現出欣欣向榮之勢，但仍存在一些隱憂。具體來看，因分科治學而設的各學院已經分割了人文學科，如果再以校區進一步隔離各學院，對於人文學科間對話交流，是利是弊？當今分科治學盛行的現狀之下，如果遠離了人文學科所共同享有的研究對象，各據一方各執一詞，對於跨學科研討與融合，是利是弊？遠離了區域性政治文化中心的人文學者遠離了他們最好的觀察室，對於他們觀察理解時代脈搏，是利是弊？我們做研究是可以各自依據本學科視角與理論得出各自結論，然而面對同一現實問題，只有一種解決方案可供實行。如果各學科失去了共同的認知環境，遠離了共同的研究對象，那麼對於促進各學科對話借鑒融合，對於「為天下儲人才」，建設高端智庫，是利是弊？我們不得不對這些可能出現的問題給予高度重視。

目前國學熱持續升溫，國學或儒學設立一級學科的建議呼聲不絕於耳。「始生之物，蒙昧未明」，然而這一重生之物必將有光明的前途，在不久的將來必將會對現有人文學科的各一級學科形成巨大衝擊。國學的核心是儒學，儒學所具有的經世致用的精神和整體全面的認識視角，相比於西方化的人文學科研究路徑具有無可比擬的優勢。這是中國儒學的優秀傳統，在未來也必將成為中國人文學科的支撐性精神。然而在各學科、各流派的競相發展中，誰將成為顯學？這取決於誰能完美回答我們這個時代的問題，指明中國未來發展的方向。近代以來馬克思主義在中國的科學性和指導地位的確立就是如此。誰能在馬克思主義的指導下為探索中國發展道路提供同時具有價值正義性與歷史正當性的思考，誰就會具有光明的發展前途。如果說建設國學一級學科是另起爐灶的發展設想，是不依託於任何一門現有學科而試圖獨立成長起來；那麼人文學科現有各一級學科間的整合發展、跨學科融合則是收拾舊山河的漸進式發展，這種整合同樣迫在眉睫。人文學者應具有這種理論自覺和時代使命感。

從國家層面來說，國學發展與人文學科間的整合是並行不悖的兩條學科建設道路，其一是對復興學科的支持，其二是對現有學術資源的整合。如果二者可以合流，不僅可以平穩完成學科轉型的改革，也可以在較短時間內為國家提供巨大的智力支持、不竭的精神動力和豐富的人才儲備。

從人文學者自身的學術發展來說，需要順應天時，並努力站在時代進程

的前列，打破學科壁壘突破認識侷限，以回應國學復興的挑戰，回答時代的問題。唯有如此，人文學科才具有進一步發展的空間，才可能避免危機的出現。各高校的學科建設、各校區的設置是否有利於順應這一趨勢，這也是不容忽視的問題。

結語

孟子曾論天時、地利、人和在戰爭中的重要性，這一思考模式同樣適用於審視當下中國人文學科的建設問題。高校無疑是人才培養的重鎮，是人文學科發展、文化傳承創新的重要場所。今天的中國人文學科具備發展的天時、地利，人才的成長才具備條件。世界一流大學建設規劃使政府投入了巨大的資源，這是中國高校發展得天獨厚的條件。十年樹木，百年樹人。待日後經世之才輩出之日，就是中國人文學科、中國道路乃至中華文明發達興旺之時。

完成於 2016 年 4 月，以《人文學科發展的春天已經到來》為題發表於《聯合日報》2016 年 10 月 11 日